Introdução a uma ciência da linguagem

Coleção de Linguística

Coordenadores
Gabriel de Ávila Othero – Universidade Federal do Rio Grande do Sul (UFRGS)
Sérgio de Moura Menuzzi – Universidade Federal do Rio Grande do Sul (UFRGS)

Conselho consultivo
Alina Villalva – Universidade de Lisboa
Carlos Alberto Faraco – Universidade Federal do Paraná (UFPR)
Dante Lucchesi – Universidade Federal Fluminense (UFF)
Leonel Figueiredo Alencar – Universidade Federal do Ceará (UFC)
Letícia M. Sicuro Correa – Pontifícia Universidade Católica do Rio de Janeiro (PUC-Rio)
Luciani Ester Tenani – Universidade Estadual de São Paulo (Unesp)
Maria Cristina Figueiredo Silva – Universidade Federal do Paraná (UFPR)
Roberta Pires de Oliveira – Universidade Federal de Santa Catarina (UFSC)
Roberto Gomes Camacho – Universidade Estadual de São Paulo (Unesp)
Valdir Flores – Universidade Federal do Rio Grande do Sul (UFRGS)

Dados Internacionais de Catalogação na Publicação (CIP)
(Câmara Brasileira do Livro, SP, Brasil)

Milner, Jean-Claude
    Introdução a uma ciência da linguagem / Jean-Claude Milner. – 1. ed. – Petrópolis, RJ : Editora Vozes, 2021. – (Coleção de Linguística)
    Título original: Introduction à une science du langage
    Vários tradutores.
    Bibliografia
    ISBN 978-65-5713-007-0

    1. Ciências 2. Linguagem 3. Linguística I. Silva, Daniel Costa da. II. Título III. Série.

21-54193   CDD-401

Índices para catálogo sistemático:
1. Ciências da linguagem : Linguística   401

Maria Alice Ferreira – Bibliotecária – CRB-8/7964

JEAN-CLAUDE MILNER

Introdução a uma ciência da linguagem

Tradução de:
Daniel Costa da Silva
Gabriel de Ávila Othero
Heloisa Monteiro Rosário
Valdir do Nascimento Flores (org.)

Petrópolis

© Éditions du Seuil, 1989 a 1995

Tradução realizada a partir do original em francês intitulado *Introduction à une science du langage*

Direitos de publicação em língua portuguesa – Brasil:
2021, Editora Vozes Ltda.
Rua Frei Luís, 100
25689-900 Petrópolis, RJ
www.vozes.com.br
Brasil

Todos os direitos reservados. Nenhuma parte desta obra poderá ser reproduzida ou transmitida por qualquer forma e/ou quaisquer meios (eletrônico ou mecânico, incluindo fotocópia e gravação) ou arquivada em qualquer sistema ou banco de dados sem permissão escrita da editora.

CONSELHO EDITORIAL

Diretor
Gilberto Gonçalves Garcia

Editores
Aline dos Santos Carneiro
Edrian Josué Pasini
Marilac Loraine Oleniki
Welder Lancieri Marchini

Conselheiros
Francisco Morás
Ludovico Garmus
Teobaldo Heidemann
Volney J. Berkenbrock

Secretário executivo
João Batista Kreuch

Editoração: Fernando Sergio Olivetti da Rocha
Diagramação: Sheilandre Desenv. Gráfico
Revisão gráfica: Nilton Braz da Rocha
Capa: Editora Vozes

ISBN 978-65-5713-007-0 (Brasil)
ISBN 978-20-2023-707-9 (França)

Editado conforme o novo acordo ortográfico.

Este livro foi composto e impresso pela Editora Vozes Ltda.

Apresentação da coleção

Esta publicação é parte da **Coleção de Linguística** da Vozes, retomada pela editora em 2014 num esforço de dar continuidade à coleção coordenada, até a década de 1980, pelas professoras Yonne Leite, Miriam Lemle e Marta Coelho. Naquele período, a coleção teve um papel importante no estabelecimento definitivo da Linguística como área de pesquisa regular no Brasil e como disciplina fundamental da formação universitária em áreas como as Letras, a Filosofia, a Psicologia e a Antropologia. Para isso, a coleção não se limitou à publicação de autores fundamentais para o desenvolvimento da Linguística, como Chomsky, Langacker e Halliday, ou de linguistas brasileiros já então reconhecidos, como Mattoso Camara; buscou também veicular obras de estudiosos brasileiros que então surgiam como lideranças intelectuais e que, depois, se tornaram referências para a disciplina no Brasil – como Anthony Naro, Eunice Pontes e Mário Perini. Dessa forma, a **Coleção de Linguística** da Vozes participou ativamente da história da Linguística brasileira, tendo ajudado a formar as gerações de linguistas que ampliaram a disciplina nos anos de 1980 e de 1990 – alguns dos quais ainda hoje atuam intensamente na vida acadêmica nacional.

Com a retomada da **Coleção de Linguística** pela Vozes, a editora quer voltar a participar decisivamente das novas etapas de desenvolvimento da disciplina no Brasil. Agora, trata-se de oferecer um veículo de disseminação da informação e do debate em um novo ambiente: a Linguística é hoje uma disciplina estabelecida nas universidades brasileiras; é também um dos setores de pós-graduação que mais crescem no país; finalmente, o próprio quadro geral das universidades e da pesquisa brasileira atingiu uma dimensão muito superior à que se testemunhava nos anos de 1970 a 1990. Dentro desse quadro, a **Coleção de Linguística** da Vozes tem novas missões a cumprir:

- em primeiro lugar, é preciso oferecer aos cursos de graduação em Letras, Filosofia, Psicologia e áreas afins material renovador, que permita aos alunos integrarem-se ao atual patamar de conhecimento da área de Linguística;
- em segundo lugar, é preciso continuar com a tarefa de colocar à disposição do público de língua portuguesa obras decisivas do desenvolvimento, passado e recente, da Linguística;
- finalmente, é preciso oferecer ao setor de pós-graduação em Linguística e ao novo e amplo conjunto de pesquisadores que nele atua um veículo adequado à disseminação de suas contribuições: um veículo sintonizado, de um lado, com o que se produz na área de Linguística no Brasil; e, de outro, que identifique, nessa produção, aquelas contribuições cuja relevância exija uma disseminação e atinja um público mais amplo, para além da comunidade dos especialistas e dos pesquisadores de pós-graduação.

Em suma, com esta **Coleção de Linguística** esperamos publicar títulos relevantes, cuja qualidade venha a contribuir de modo decisivo não apenas para a formação de novas gerações de linguistas brasileiros, mas também para o progresso geral dos estudos das Humanidades neste início de século XXI.

Gabriel de Ávila Othero
Sérgio de Moura Menuzzi
Organizadores

Sumário

Apresentação à edição brasileira, 9

Preâmbulo, 13

Prefácio, 15

1 A linguística e a ciência, 27
   1 Algumas definições, 27
   2 O objeto da linguística, 44
   3 O *factum grammaticae*, 57
      3.1 A expressão "isso se diz", 57
      3.2 A atividade gramatical, 61
      3.3 A hipótese gramatical, 63
      3.4 A possibilidade da gramática e a objetividade da linguagem, 69
   4 Linguística e gramática, 69
   5 O sólido de referência, 78

2 A ciência da linguagem, 105
   1 A linguística como ciência literalizada, 105
   2 A linguística como ciência experimental, 125
      2.1 Exemplo e experimentação, 125
      2.2 As ferramentas, 147
   3 A epistemologia do dispositivo, 157
      3.1 O dispositivo, 158
      3.2 A ciência linguística e o dispositivo: algumas observações, 163
      3.3 A ciência linguística e o dispositivo: o problema, 173
         3.3.1 Os caracteres gerais de um dispositivo, 173
         3.3.2 A diversidade dos dispositivos, 175

        3.3.3 Algumas confusões, 179
        3.3.4 Algumas observações históricas, 181
    3.4 Dispositivo linguístico ou romance?, 186
    3.5 O risco do dispositivo, 197
        3.5.1 Dispositivo e fantasmagoria, 197
        3.5.2 A teleologia insidiosa, 202

3 A ciência da linguagem e as outras ciências, 209
  1 O horizonte enciclopédico, 209
  2 A ciência da linguagem e a cultura, 215
  3 A ciência da linguagem e as ciências da natureza, 228
    3.1 A ciência da linguagem e o neodarwinismo, 230
        3.1.1 A noção de órgão mental, 234
        3.1.2 O inato, 251
        3.1.3 O específico, 275
    3.2 A cognição, 280
  4 Conclusão, 304

Obras citadas, 307

Index nominum, 313

Index rerum, 317

Apresentação à edição brasileira

Este *Introdução a uma ciência da linguagem* foi publicado originalmente na França, em 1989. A tradução aqui apresentada é de uma versão resumida da obra, datada de 1995.

Como se pode ver, há um considerável – e inexplicável – intervalo de tempo entre a publicação original da obra e a tradução que ora apresentamos. Evidentemente, isso não significa que o livro já não estivesse presente na linguística brasileira. Sim, há aqui linguistas que o referem há bastante tempo. No entanto, não se pode dizer que este *Introdução* obteve a circulação entre nós que certamente teria, caso dele houvesse uma tradução.

Acreditamos que a tradução cumpre um papel importante na difusão de ideias. Poderíamos mesmo dizer que o exercício da tradução é um dos grandes paradigmas da atualidade, que permite pensar um mundo menos fragmentado e mais afeito à natureza intersubjetiva do humano. Seu papel, na contemporaneidade, não pode ser outro que a promoção do diálogo entre as culturas. Quando traduzimos, vemos, em ato, "um homem falando com outro homem", como queria Benveniste; vemos as línguas se interpretando; reconhecemos o incontornável da diversidade das línguas, uma em relação à outra e mesmo no interior de cada uma.

Foi com esse espírito que traduzimos o livro do eminente linguista francês Jean-Claude Milner, pois a linguística brasileira merecia ter contato mais estreito com esta obra que é um marco importante para o entendimento do estatuto epistemológico da linguística como ciência. Certamente, a linguística que se faz no Brasil hoje não ficará indiferente a este livro; ela terá de se posicionar em relação às ideias que Milner tão apropriadamente apresenta. Apenas proporcionar esse debate já seria motivo suficiente para traduzi-lo. Mas há outros ainda.

O leitor verá que se trata de uma obra extremamente original, tanto do ponto de vista do estilo da escrita de seu autor – o que impõe consideráveis dificuldades para a sua tradução – quanto do ponto de vista das ideias que apresenta. Falemos um pouco delas.

O autor busca examinar "a hipótese segundo a qual a linguística é uma ciência, no mesmo sentido em que uma ciência da natureza pode ser uma ciência" (p. 16). Para tanto, assume a perspectiva de que se deve aplicar "à linguística os mesmos conceitos que aplicamos às ciências da natureza" (p. 16). Ora, ainda que Milner diga que, para fazer isso, "não se trata [...] de fundar uma epistemologia geral" (p. 16) e que apenas recorrerá a "noções herdadas" do fazer epistemológico, não há dúvidas de que o resultado produz uma clara (e original) exposição epistemológica da linguística.

Isso não é sem consequência para a linguística e, principalmente, para o linguista que não poderá mais ignorar os limites e o alcance de seu fazer no campo das ciências.

Com este *Introdução* somos levados a entender que não basta dizer que a linguística é uma ciência; é preciso, antes, dizer em que termos ela se configura como ciência. Logo, é necessário apresentar o seu programa e as proposições que o legitimam. Dito de outro modo, é preciso indagar à linguística sobre o que há, na sua configuração epistêmica, da matematização galileana; sobre o que a torna diferente (ou não) das antigas práticas da análise gramatical; sobre o que ela delimita como objeto ao dizer "linguagem", "língua", "línguas" ou algum outro conceito adotado como objeto de investigação científica ("fala", "vernáculo", "língua-I", "*corpus*" etc.).

Para responder a essas e a inúmeras outras questões que o livro coloca, Milner mergulha profundamente no interior da ciência da linguagem – em especial na versão da chamada Escola de Cambridge e sua vinculação a Noam Chomsky – e produz uma teorização que permite avaliar a relação entre a linguística, em geral, e a produção do conhecimento em matéria de linguagem. Nesse sentido, o livro tem importância para todos os que se dedicam aos estudos linguísticos, independentemente da vinculação teórica específica. Seu alcance é amplo e de grandes proporções.

Para encerrar este pequeno prólogo, gostaríamos de registrar que traduzimos este livro com a inquietude que a tarefa requer. O leitor verá ainda: não são poucos os desafios que os tradutores enfrentaram. Esperamos que as soluções apresentadas estejam à altura do texto traduzido e do leitor a quem ele se dirige. Finalmente, gostaríamos de agradecer a Sara Luiza Hoff pelo apoio técnico, sem o qual tudo teria sido mais difícil.

Boa leitura!

Valdir do Nascimento Flores
Gabriel de Ávila Othero
Programa de Pós-graduação em Letras da
Universidade Federal do Rio Grande do Sul.
Porto Alegre, março de 2020.

Preâmbulo

O leitor encontrará aqui a primeira parte de uma obra publicada em 1989. Trata-se, portanto, de uma republicação parcial*.

A prática das versões resumidas não é excepcional em si mesma; as republicações parciais são mais raras. O projeto é, de fato, paradoxal. Afinal, a boa composição de um livro não seria marcada pelo fato de ser difícil, senão impossível, de que uma parte lhe seja retirada? Vamos mais longe: o fato de que este ou aquele capítulo possam ser retomados independentemente dos outros não provaria que a articulação lógica do conjunto estava defeituosa?

Convém retornar brevemente ao projeto que eu havia proposto ao elaborar o livro original. Constatando, como todo o mundo, a multiplicidade de escolas linguísticas, eu supus que, além das diferenças que as separam, existe um programa geral: construir uma ciência da linguagem; restava mostrar esse programa em detalhe e trazer à luz as proposições que o tornam legítimo. Esse foi justamente o objeto de investigação da primeira parte, que vem reproduzida aqui.

Porém, se a ciência da linguagem existe, ela é uma ciência empírica. E nada terá sido feito se não começarmos a articular algumas das proposições empíricas que essa ciência deve emitir. Para ser completa, a *Introdução*

---

* N.T.: Milner faz referência, aqui, a seu livro *Introducion à une Science du langage*, em versão integral, com cerca de 800 páginas, publicado originalmente na França em 1989. Este livro que ora se publica no Brasil é conhecido como *version abrégée*, a versão reduzida do livro original.

deveria, então, combinar dois movimentos: um generalizante, que deveria deixar claro em que condições as palavras *ciência* e *linguagem* adquirem sentido na expressão *ciência da linguagem*; o outro, empírico, que daria início a um trabalho descritivo. Esse início foi o objeto de investigação da segunda e da terceira partes, que foram completamente deixadas de lado.

O movimento generalizante e o movimento empírico são, ao mesmo tempo, ligados e distintos. O primeiro somente se realiza pelo segundo; o segundo se apoia no primeiro. Contudo, a diferença de seus estatutos nos permite separá-los. Considerando apenas as generalidades da primeira parte, o leitor conseguirá formar uma ideia razoavelmente clara sobre o que pode ser uma linguística que pretende se apresentar como ciência. Este é, pelo menos, o objetivo buscado. Se for alcançado, o empreendimento será completamente justificado.

Para tanto, o leitor não terá em mãos informações sobre os procedimentos empíricos da ciência linguística, nem sobre as propriedades quase materiais do objeto singular que é a linguagem. Se quiser saber mais sobre essas questões, o leitor deverá buscar a versão completa deste livro.

Em comparação com a edição de 1989, muito poucas modificações foram feitas no texto e elas se limitam a atualizações formais estritamente técnicas devido à ausência da segunda e terceira partes. Um único corte foi feito, afetando um parágrafo do Prefácio, que está assinalado com reticências.

Prefácio

A linguística deseja ser uma ciência. Além desse desejo, ela não tem nenhum *status* e só lhe resta se confundir com as práticas, muito antigas e muito estimadas, que agrupamos sob o nome de *gramática*. Evidentemente, o nome de ciência não se reveste de nenhuma evidência por si mesmo; sabemos que cabe à epistemologia especificar seu conteúdo; sabemos também que as doutrinas epistemológicas são variadas, de tal modo que a linguística é afetada por todos os equívocos e hesitações que marcam a questão da ciência. Seria muito fácil mostrar que, com o passar do tempo, as idas e vindas que caracterizam o caminhar da linguística foram motivadas parcialmente por esses equívocos e essas hesitações.

Contudo, podemos e devemos ir além da história. Podemos e devemos nos questionar sobre como a questão da ciência é pertinente para a linguística. Ainda mais que, por motivos que deverão ser explicados, a linguística, como disciplina, se revela fortemente preocupada com uma epistemologia. Mais do que qualquer outra, ela desenvolveu proposições sobre seu método, sobre a natureza de seus raciocínios, de seus dados etc. ao ponto que os clássicos da linguística são ou deveriam ser também clássicos da epistemologia; ao ponto que se pôde acreditar, nos anos de 1960, que a linguística, sozinha, seria suficiente para fundar um tipo novo de racionalidade e uma figura específica da cientificidade, separada da figura que desenhavam as ciências da natureza. Pouco importa, acima de tudo, que o estruturalismo, em si mesmo, seja coisa do passado: que ele tenha sido possível, que a linguística tenha sido, fundamentalmente, sua primeira e última justificativa, que tenhamos a partir dele construído modelos de inteligibilidade supostamente válidos para qualquer objeto (lembremos, no mais, que alguns desses modelos foram fecundos), isso sinaliza uma articulação particular da questão da linguística e da questão da ciência.

Sem dúvida, não estamos mais nesse ponto; sem dúvida, não podemos mais acreditar que a linguística possa e deva, sozinha, desenvolver uma epistemologia absolutamente nova e inteiramente original, que legaria ao conjunto das ciências ditas humanas.

De fato, é difícil acreditar hoje em dia que as ciências humanas possam recorrer a uma epistemologia própria. Uma escolha incontornável se impõe: ou as ciências humanas são ciências – então elas o são no mesmo sentido que o são as ciências da natureza e dependem da mesma epistemologia, de sorte que o qualificativo "humana" não recubra nenhuma outra especificidade que não seja mundana; ou elas são efetivamente humanas (ou sociais, ou algum outro termo) – então elas não são ciências e não têm epistemologia. Essa alternativa se apresenta a todas e, em particular, à linguística.

Examinaremos aqui a hipótese segundo a qual a linguística é uma ciência, no mesmo sentido em que uma ciência da natureza pode ser uma ciência. Isso implica que sejam aplicáveis à linguística os mesmos conceitos que aplicamos às ciências da natureza. Como não se trata aqui de fundar uma epistemologia geral, começaremos recorrendo às noções herdadas: visto que, no que concerne a certas ciências da natureza, as noções de refutação, de programa de pesquisa, de *themata*, de experimentação, de teste etc. são aplicáveis de maneira razoavelmente plausível e rigorosa, aplicaremos tais noções à linguística. Evidentemente, é esse movimento em si que levanta o problema: caberá a nós mostrar de que maneira essas noções se revelam aplicáveis em um discurso que, justamente, não pertence imediata e inquestionavelmente ao conjunto das ciências positivas. Pode ser que elas devam ser redefinidas, caso a linguística assim o requeira, ou caso os epistemólogos profissionais tenham usado definições ruins – o que pode também acontecer.

Esse empreendimento, então, quer ser resolutamente científico. Ou, de maneira mais exata, ele consiste em levar a sério o momento científico quando se trata da linguística. Que se trate apenas de um momento, isso pode ser verdadeiro, mas levar esse momento a sério consiste justamente em fazer como se fosse único. Dito de outro modo, tudo passará como se a linguística fosse aqui estrita e integralmente uma ciência positiva [...].

Um semelhante empreendimento não pode deixar de encontrar o programa de pesquisa que conhecemos sob o título de gramática gerativa e que se desenvolveu sob o impulso constante de Noam Chomsky. Não é o caso, evidentemente, que ele tenha sido o único a contar no domínio da ciência da linguagem em geral ou que tenha sido o único a querer articular a linguística às ciências positivas. A Escola de Harris, a de Montague, a de Saumjan, a de Culioli e ainda outras deveriam ser mencionadas para que a relação estivesse completa. De fato, existem vários modelos que se distinguem do programa gerativista, ou mesmo que se opõem a ele; alguns desses modelos têm uma importância sociológica que ultrapassa a do programa gerativista; alguns (não necessariamente os mesmos) têm um valor teórico e empírico que equivale ao do gerativismo. Contudo, é em relação a ele que devemos, ainda, agora, situar uns e outros. Não é exagero considerar que, pela extensão e profundidade de suas análises empíricas e pela atenção dada aos problemas de teorização, o programa gerativista dominou os estudos linguísticos de tal maneira que mesmo aqueles que nele não se inscreviam diretamente foram por ele afetados – seja para dele se diferenciar ou até mesmo para a ele se opor. A existência de tais programas dominantes não é, no mais, absolutamente, algo novo na linguística. A linguística estrutural, dos anos de 1920 até os anos de 1960, havia ocupado uma posição semelhante e, em certo sentido, também a gramática comparada, ao longo do século XIX. Quando tal configuração se apresenta, um dos caminhos que a ciência da linguagem pode tomar para assegurar seu progresso consiste em proceder de maneira crítica: avaliar o programa dominante, refutá-lo em certos pontos, legitimá-lo em outros[1]. Assim, uma teoria poderá, por diferenças e semelhanças com aquilo que já foi dito, explicar o que lhe importa e o que ainda não foi dito.

Porém, para essa problemática geral, que encontramos em diversas etapas da ciência, acrescenta-se, para nós, algo mais específico e mais importante: através de sua evolução, o programa gerativista manteve firmemente, como eixo de seu projeto, o cientificismo explícito e assumido, algo que nos interessa aqui. Parece mesmo que, entre os linguistas, Chomsky tem sido o único a reivindicar isso de maneira consequente, não sem se referir a Galileu. Uma única citação será suficiente: "Não há nenhuma razão para abandonar o método de abordagem geral das ciências naturais quando abordamos o estudo dos seres humanos e da sociedade. Qualquer abordagem séria dessas questões vai tentar [...] adotar o estilo galileano"[2].

Até que ponto este projeto foi realizado de maneira bem-sucedida pelo programa gerativista? Ele interpretou de maneira correta esse projeto? As noções de "ciência", de "natureza", as referências a Galileu que aí aparecem deveriam ser levadas a sério? Em que medida as proposições, efetivamente apresentadas por aqueles que reivindicam tal projeto, contribuiriam para sua realização? No fim das contas, poderia acontecer que, querendo realizar um programa, sejamos de tal modo tomados por esse desejo que isso acabe se tornando muito mais um obstáculo.

Entendemos que se devem examinar todas essas questões.

Evidentemente, tal exame encontra, em si mesmo, sua própria justificativa. No entanto, tem também uma justificativa de conjuntura. Afinal, um programa de pesquisa é tudo, menos eterno; essa é, justamente, uma de

---

1. No que tem de melhor, a epistemologia da linguística estrutural se constituiu de início com um único fim de determinar o fundamento conceitual e empírico da gramática comparada. Da mesma forma, a gramática gerativa pôde explicar seu propósito examinando o estruturalismo de maneira crítica (a despeito do que já se disse, essa crítica não foi integralmente polêmica). Veremos adiante por que a ciência da linguagem é levada, quase inevitavelmente, a proceder dessa maneira. Isso diz respeito a razões estruturais que afetam sua relação com dados de observação.

2. CHOMSKY, N. *Rules and representations*. Nova York: Columbia University Press, 1980, p. 219.

suas características fundamentais. O programa gerativista foi formulado em 1956: já tem, portanto, cerca de trinta anos. É uma idade respeitável, senão avançada. Essa razão basta para que, de forma legítima, nos interroguemos sobre o que permanece desse programa atualmente.

Sem dúvida, se nos detivermos em um ponto de vista sociológico, a resposta é fácil: a continuidade institucional, a constituição progressiva das redes de poder, a presença contínua de certos indivíduos, tudo isso indica que a escola de linguística constituída a partir do fim dos anos de 1950 em torno do MIT continua a existir e a funcionar. Mas sabemos também que isso não basta para comprovar a subsistência de um programa. Para não fazer nenhum juízo antecipado, é preferível empregar uma terminologia diferenciada: pela palavra *gerativa* compreendemos um programa de pesquisas que pode ser especificado, caracterizado por um conjunto de hipóteses, conceitos, conclusões; para designar o movimento sociológico que esse programa originou empregamos o nome puramente descritivo de *Escola de Cambridge*.

A continuidade histórica dessa escola não deixa dúvidas: ela é atestada por provas sociológicas sólidas (nomes de pessoas e instituições, redes de poder acadêmico, disputas internas com perdas de uns e vitórias de outros, submissões, ódios, grunhidos e mesquinhez etc.); ela perdura até hoje e não está de modo algum terminada. Mas nada diz que a essa continuidade material corresponde uma continuidade intelectual, a saber, uma continuidade do programa de pesquisa. Em resumo, se é verdade que o empreendimento gerativista (no sentido estritamente como evocado – mas não definido – anteriormente) deu origem à Escola de Cambridge, nada garante que ainda hoje, em termos de continuidade sócio-histórica, ela mereça continuar a receber esse nome. A bem da verdade, duas eventualidades são aventadas: poderia ser o caso de que tal escola não tenha mais um programa consistente; poderia ser o caso também que ela tivesse um programa, mas que tal programa não fosse mais gerativista.

Brevemente formulada, essa problemática, em si mesma normal e ordinária, faz com que apareçam, no entanto, circunstâncias singulares. De muitas maneiras, pareceria que o desenvolvimento do programa gerativista, de um lado, e da Escola de Cambridge, de outro, se confundiriam, aos olhos do público, com a aventura pessoal de um indivíduo: Noam Chomsky. É patente, de fato, que, ao longo dos anos, as mudanças ocorreram dentro do que foi proposto como um programa, e algumas delas se parecem com reviravoltas completas. De um ponto de vista descritivo, pode-se apenas constatar a realidade: as modificações que foram aceitas sempre tiveram o aval de Chomsky. Algumas – e as mais importantes – foram propostas pelo próprio Chomsky; outras conheceram um destino um tanto caricatural: propostas contra Noam Chomsky foram avidamente combatidas por ele. Foi até mesmo demonstrado que essas propostas eram radicalmente incompatíveis com uma doutrina sadia; depois aconteceu que, com algumas modificações de estilo, elas foram aceitas por ele. Subitamente, elas revelaram ser não apenas compatíveis com a doutrina, mas verdadeiramente exigidas por ela. Em suma, não apenas o programa gerativista foi dominante, mas também, no interior do programa, uma individualidade foi dominante; foi ao mesmo tempo uma figura fundadora, inovadora e gestora da rede que executa o programa.

Não se deve minimizar a novidade do fenômeno. Mesmo na ciência linguística, não é possível citar algum outro exemplo exatamente comparável. Essa ciência conheceu, é verdade – e é normal –, outros fenômenos de dominação individual. Podemos citar, entre vários exemplos, aquele da gramática comparada da língua francesa: ela foi dominada de maneira quase exclusiva durante meio século pela figura de Meillet, ao mesmo tempo líder de grupo, inspirador intelectual e criador de carreiras; por razões históricas, que consistem essencialmente na derrota alemã e na vitória francesa de 1918, essa dominação se expandiu, a partir dos anos de 1920, para fora das fronteiras francesas, nos países da Europa Central e na Escandinávia. A partir daí, alcançou depois, por vias indiretas, os Estados Unidos, mas de maneira esporádica. Dito isso, no seio da gramática comparada considerada em um conjunto, a dominação individual de Meillet nunca foi completa: notadamente, os centros de formação alemã não desapareceram em 1918, nem mesmo em

1933; ora, eles sempre escaparam dessa rede de poder. Além disso, de um ponto de vista estritamente intelectual, Meillet não se apresentava como um fundador: o projeto inicial da gramática comparada remontava ao começo do século XIX e havia sido formulado principalmente por Franz Bopp; quanto ao programa particular em que Meillet se inscrevia, seu autor era, como dizia o próprio Meillet, Ferdinand de Saussure. Isso permitia algumas "liberdades", no sentido estritamente mecânico dessa palavra, que se mostraram impossíveis na rede da Escola de Cambridge.

Contudo, a posição de Chomsky, por mais excepcional que seja, responde a uma característica geral das ciências ditas humanas. Além de alguns detalhes anedóticos, ela ilustra somente a conexão entre individualidade e programa de pesquisa, que parece ser a regra nesse campo. Porque é preciso admitir: nas ciências humanas, os programas mais interessantes estão ligados a indivíduos – a pessoas; talvez seja essa a única justificativa por seu nome. Isso deveria ser facilmente compreendido. Enquanto ciências, elas intentam literalizar seu objeto; mas ocorre justamente que esse objeto, tudo leva a crer, não se presta à literalização, porque se trata de um objeto social, ou humano, ou histórico etc. Também essas ciências, enquanto ciências, estão condenadas a ir contra a imaginação – a feri-la, teria dito Freud. Aqueles que, nesse campo, inauguram um programa de investigação ou o renovam, precisam, pelo menos, de audácia e, talvez, em certas circunstâncias, de coragem; em todo o caso, ao contrário da conversa bem-intencionada, precisam de tudo, menos de modéstia e de moderação. Para falar claramente, as formas de individualidade forte, de pessoas excepcionais, de nomes próprios, em uma palavra, são aqui recorrentes, se combinam, com alguma estranheza, à epistemologia ordinária da ciência normal[3].

---

3. É verdade que descrições equivalentes poderiam e deveriam provocar revoluções científicas tal como as define Thomas Kuhn no interior das ciências ditas duras. Talvez fosse preciso considerar que, nas ciências ditas humanas, as revoluções científicas têm uma frequência mais elevada, e isso por causa da tensão que se instaura entre a vontade de literalização e a substância "humana" (ou seja, essencialmente imaginária) dos objetos que devem ser transliterados. Chegaremos a admitir que a revolução científica seria aqui a conjuntura constante e que não haveria um análogo genuíno ao que Kuhn chama de ciência normal?

A linguística não é exceção, nem a Escola de Cambridge. Se algumas de suas características singulares tiverem de ser reconhecidas, isso deveria ser porque os linguistas profissionais se empenham em negar, mas que não deixa de ser verdade: que, na ciência linguística, os movimentos passionais são mais vivos do que em outros lugares e que, em sua organização, os fenômenos de servidão e capricho são mais acentuados. Há, para esse excesso, algumas razões. Cf. *L'amour de la langue* e também aqui mesmo, com um estilo diferente, o cap. 2, seção 2.2.

Estamos diante do que Valéry chamava de profissões delirantes. Que todas as ciências, sendo profissões *acadêmicas*, façam parte disso, não há dúvidas; que as ciências humanas, sendo parte disso, não apenas na sua qualidade de profissões, mas também como *ciências* – e que a linguística faça parte disso mais do que qualquer outra –, tampouco deveria deixar dúvidas. Não podemos concluir, a partir disso, nada que desqualifique quer as ciências ditas humanas quer a linguística. No máximo, poderíamos desejar que elas se conhecessem melhor e que estabelecessem, a cada instante, o ponto de conjuntura: o que existe nelas que não depende deste ou daquele indivíduo (dito de outro modo, o que existe nelas de transmissível) e o que existe nelas que depende de singularidades, de genialidades ou não (dito de outro modo, o que existe nelas de não transmissível, senão pelas vias obscuras da devoção). Mas talvez esse desejo seja vão; em todo o caso, parece que, sobre todos esses pontos, a inconsciência seja sempre e em todos os lugares a regra.

Também não é para satisfazer um ideal de clarificação e honestidade angélica que nós pretendemos examinar a estrutura do programa dito gerativista e sua relação com um nome próprio.

Uma questão de fundo está em jogo.

Podemos articulá-la assim: o nome de Chomsky e a individualidade que ele designa constituiriam de fato o único fator de unidade que subsiste através das variações do programa? Seria como dizer que tal programa não existe – ou não existe mais – e que a Escola de Cambridge não tem outra substância além de sua realidade social, a qual se reduziria, além disso, a uma fidelidade partidária pura e simples. A questão se coloca quando medimos a profundidade das modificações sofridas: entre o *Estruturas sintáticas* e o *Aspectos da teoria da sintaxe* há diferenças, mas não incompatibilidade. Em contrapartida, a suspeita de incompatibilidade nasce quando comparamos diretamente o *Estruturas sintáticas* com as apresentações recentes desenvolvidas notadamente em *Lectures on Government and Binding* (Dordrecht: Foris, 1981) e em *Some Concepts and Consequences of the Theory of Government and Binding* (Cambridge: MIT Press, 1982). Podemos nos perguntar notadamente se uma teoria do tipo que aparece em *Some Concepts* merece ainda ser chamada de gerativista. Desde que, evidentemente, se saiba o que se quer dizer quando se emprega esse termo.

Trata-se de um problema epistemológico importante: se devemos considerar esses diversos conjuntos teóricos como as versões sucessivas de um mesmo modelo, então se supõe que esse último contém proposições que permanecem inalteradas durante sua evolução. Além disso, também se supõe que, em uma medida definível, essas versões sucessivas são mutuamente traduzíveis. Dizer que ainda existe uma gramática gerativa é supor que o termo *gerativo* designa precisamente esse núcleo permanente, esse conjunto de proposições que subsiste, nesse caso, sob formas estilísticas diferentes, mas sempre traduzíveis. Supondo mesmo que essa suposição seja confirmada, duas variantes são ainda possíveis: ou bem esse núcleo é adequado ao conjunto estritamente delimitado de gramáticas que se dizem gerativas (todas e apenas elas) – nesse caso, o programa gerativista terá sido caracterizado –, ora não se pode dizer que ele seja assim atualmente; ou esse núcleo reaparece em outras formas de linguística e, nesse caso, o programa gerativista se dissolve em um programa científico mais abrangente – uma linguística geral. De qualquer forma, pode-se retirar uma informação acerca da teoria linguística.

É preciso ter em mente que não podemos raciocinar somente levando em conta as filiações locais. A epistemologia do programa de pesquisa que é adotada aqui tem, de fato, uma consequência: todo conceito deve ser compreendido como o estenograma das questões que torna acessíveis. Isso significa que compreendemos que os conceitos de mesmo nome podem ser, na realidade, totalmente diferentes, porque eles resumem conjuntos de questões diferentes. De modo oposto, conceitos com nomes diferentes podem ser estritamente equivalentes, porque pode ser que as questões resumidas por eles sejam, na verdade, as mesmas. Mais especificamente, não é porque o termo *transformação* apareça em *Aspectos* e em *Some Concepts* que o programa seja o mesmo. Não é porque a noção de *gerativismo* (*générativité*) tenha desaparecido dos textos que o programa vai deixar de ser gerativo. Na verdade, a regra é simples: é preciso discutir não as palavras, mas os programas que elas resumem. Qual programa seria resumido, em sua origem, pelo termo *gerativista*? Que lugar ocupava a noção de *transformação*? Esse programa seria ainda válido? Aqueles que se dizem hoje pertencer à Escola de Cambridge ainda se inscreveriam no programa gerativista? Aí está uma série de questões legítimas que se colocam. É verdade que, por direito estrito, elas sempre foram legítimas, mas deve-se acrescentar que elas se tornam também cada vez mais urgentes.

Rapidamente, as modificações internas ao modelo desenvolvido pela Escola de Cambridge deveriam ter levantado algumas perguntas. Mas hoje é preciso esclarecer: o programa de Cambridge está em crise e apresenta doravante todas as características de degeneração.

Sabemos que essas coisas acontecem; elas se deixam reconhecer por algumas características:

• Conceder a primazia aos critérios sociológicos: uma proposição receberá determinado peso em função da origem acadêmica de seu autor (ou de sua nacionalidade) e não em função de seu conteúdo científico.
• Substituir a fecundidade empírica pela fecundidade sistêmica: uma proposição supostamente vale não por sua fecundidade com relação aos dados, mas pela maior ou menor comodidade que ela permite na gestão intelectual do modelo.

- Substituir a concepção pela execução. O monopólio da concepção é deixado com alguns indivíduos. O cuidado da execução se torna a única missão reconhecida entre os demais membros do grupo. Ao mesmo tempo, torna-se o único critério que permite julgar esses últimos. Suponhamos então que um sujeito, por contingência histórica, não pertença ao grupo institucionalizado dos fundadores. Ele terá apenas um único direito: dar à execução de concepções propostas por outros (essencialmente um único e sempre o mesmo) o acabamento necessário. Se porventura ele sai desses limites, de qualquer maneira, o novo conceito que ele terá proposto não será reconhecido como tal; se for verdadeiramente um novo conceito, ele será julgado pelo que é de fato: uma falta de fidelidade ao grupo dos criadores.

Tirando esses dados descritivos, podemos destacar alguns sinais ainda mais inquietantes, porque são intrínsecos ao próprio modelo. Se considerarmos as melhores contribuições, entre elas é preciso citar evidentemente as do próprio Chomsky, elas são marcadas pela contradição entre um esforço pela simplicidade dos princípios e a necessidade de incessantes complicações e impulsos requeridos para a adequação empírica. Tudo acontece como se só pudéssemos salvar os fenômenos multiplicando os truques técnicos: pensamos nas versões finais do modelo astronômico de Ptolomeu, onde só era possível salvar os fenômenos através da multiplicação dos epiciclos. Como, por outro lado, os eventos estritamente teóricos, internos ao modelo dominante, acabam correspondendo aos episódios sociológicos, relacionados ao correlato organizacional desse modelo dominante, o novo epiciclo se parece muito com uma nova *diretiva*, ao ponto de que os sujeitos familiarizados com as operações partidárias reconheceriam sem esforço aqui a figura da "diretriz mais recente", tão constante nas organizações fechadas.

A combinação dessa situação, interna ao modelo, e dos fatores sociológicos externos deixa a impressão de uma profunda desordem e de uma opacidade radical: já que tudo supostamente repousa sobre o último epiciclo e que esse último epiciclo somente é acessível na disciplina do mistério, o resultado é muito diferente daquele que deveríamos esperar de um funcionamento baseado na transmissibilidade. Isso não é exclusivo, é bem verdade, da gramática gerativa: Rorty propôs uma descrição semelhante sobre os círculos filosóficos norte-americanos. Observadores bem-informados afirmam que o mesmo acontece nas ciências ditas duras: é preciso aqui pagar o preço do mito do *laboratório*, graças ao qual foram dissimuladas, sob o glorioso nome de equipes de investigação e colaboração científica, as formas mais feudais de poder; é preciso considerar aí igualmente o preço da organização do sistema universitário norte-americano, que é verdadeiramente um dos mais propícios a favorecer os fenômenos de seita. Contudo, mesmo que já possamos prever que as consequências sejam más para a física e para a matemática, pode-se também pensar que, apoiadas nos formalismos restritivos, em ferramentas de imposição ou simplesmente em créditos custosos, tais disciplinas terão algo com que resistir. Aquilo que os anglo-saxões chamam de humanidades corre um risco maior. Começamos a descobrir que, apesar dos esforços dos bajuladores, sua situação não é apenas satisfatória nos Estados Unidos; em todo o caso, para a linguística a situação é grave, porque ela duplica fatores intrínsecos e específicos: as propriedades da própria ciência linguística, sobre as quais voltaremos a falar. No mais, antevemos já o que promete vir pela frente no que diz respeito às doutrinas da língua e da linguagem: de um lado, o apelo a técnicas obtusas; de outro, o ressurgimento das conversas românticas. De qualquer maneira, o fio da ciência está muito próximo de ser rompido.

A linguística e a ciência

1 ALGUMAS DEFINIÇÕES

Não se trata de propor uma epistemologia. Isso é tarefa de outras competências que não a nossa. Contudo, convém que saibamos o que queremos dizer quando falamos da ciência. Devemos dar, então, algumas explicações detalhadas sobre o assunto, mas apenas do tipo de que se espera uma plausibilidade mínima. Elas não serão, portanto, objeto de demonstrações próprias – nem históricas nem teóricas. É verdade que muitos epistemólogos de profissão dificilmente fazem mais do que isso.

1.1 Por ciência, entenderemos aqui uma configuração discursiva que foi moldada com Galileu e não parou de funcionar desde então. Desde Koyré, caracterizamos a ciência pela combinação de dois traços:

(I) A matematização do empírico (a física matemática deveria ser chamada de física matematizada).

(II) a constituição de uma relação com a técnica, de tal forma que a técnica se definisse como uma aplicação prática da ciência (daí o tema da ciência aplicada) e que a ciência se definisse como a teoria da técnica (daí o tema da ciência fundamental).

1.2 Esses dois traços extrínsecos se combinam com um traço intrínseco: para pertencer à ciência, uma configuração discursiva deve emitir proposições falseáveis. Essa caraterização, oriunda de Karl Popper, é necessária, mas não suficiente, uma vez que a ciência não tem o monopólio das proposições falseáveis; é distinta e independente daquilo que precede, sendo, por isso, perfeitamente compatível com ela.

1.3 Por configuração discursiva entenderemos um conjunto de proposições. Assim, uma ciência particular é constituída por proposições, entre as quais o maior número possível reunirá as três características: ser matematizada, manter uma relação com o empírico e ser falseável. Se a linguística é uma ciência, suas proposições devem, portanto, apresentar as características requeridas.

1.4 Por matematização entenderemos o seguinte: não se trata da quantificação (medida), mas daquilo que se poderia denominar o caráter *literal* da matemática: usar símbolos que possam e devam ser tomados literalmente, sem prestar atenção ao que eventualmente designem; que se usem esses símbolos apenas em virtude de suas próprias regras: normalmente se fala, então, de funcionamento cego. Esse caráter cego assegura sozinho a transmissibilidade integral, apoiada no fato de que qualquer um, conhecendo as regras de manejo das letras, as utilizará da mesma maneira: é isso o que podemos denominar a replicabilidade das demonstrações[1].

Separamo-nos, assim, de um critério amplamente difundido, segundo o qual só existe ciência do quantificável. Preferimos dizer: só há ciência do matematizável, e a matematização existe desde que exista literalização e funcionamento cego. Claramente os formalismos da lógica matemática ilustram num alto grau uma matematização semelhante, separada do

---

1. Obviamente estamos falando aqui do ideal. O que acontece de fato é outro assunto. Mesmo quando, para a maioria das concepções, a matematização supostamente acarreta consequências de organização: de fato, se, na ciência constituída, tudo efetivamente se realiza com letras, então, não deveria existir nas organizações sociológicas que a isso correspondem nem disciplina misteriosa, nem subjetividade, nem relações entre mestre e discípulo etc. Sabemos como as coisas são.

quantificável. De resto, tais formalismos não esgotam o campo das matematizações possíveis mais do que fazem os cálculos de medição.

Pode acontecer que os conceitos e as proposições explicitados assim, vistos pela ótica da matemática *stricto sensu*, fiquem elementares. Pode ser que sejam mais sofisticados. Isso não afeta o essencial[2].

Os conceitos e as proposições matemáticas que regem a literalidade de uma determinada ciência são sempre, em rigor, explicitáveis; é possível que, por razões contingentes, de fato não estejam explicitamente presentes na mente de todos os praticantes de uma determinada ciência. Isso tampouco altera o essencial, mas contribui para caracterizar a situação de uma ciência. Uma questão deverá ser considerada para a linguística: em que suas proposições são matematizadas? Em que são literais? Em que seu funcionamento é cego? Em que medida suas proposições matematizadas são explícitas?

1.5 Por empírico entendemos o conjunto do que é representável no espaço e no tempo. Por proposição empírica, entenderemos uma proposição cujo referente é diretamente representável no espaço e no tempo. Por proposição falseável, entenderemos uma proposição tal que seja possível construir *a priori* uma conjunção finita de proposições empíricas que a contradigam.

Por extensão consideraremos que uma ciência é empírica na exata medida que emita proposições falseáveis. De maneira recíproca, uma proposição falseável da ciência terá duas características. De um lado, a possibilidade de enumerar as condições que a fariam falsa. Em consequência, uma proposição da ciência é de início tal que sua negação não resulta contraditória em seus termos. De outro, as condições que fariam essa proposição falsa devem, em rigor, poder ser construídas no espaço e no tempo como

---

2. Ainda que a definição de ciência por matematização se deva a Koyré, é preciso reconhecer que esse autor seguramente não admitisse semelhante ampliação dos critérios. Sua hostilidade é de fato conhecida; também o é seu desprezo pela lógica matemática. Cf. *Épiménide le Menteur (ensemble et catégorie)*. Paris: Hermann, 1947.

configurações materiais observáveis. Consequentemente, essa construção só pode ser dada *a priori*, já que, por hipótese, não se sabe ainda se as circunstâncias que poderiam falseá-la foram ou não realizadas. É compreensível que, a esse respeito, se possa falar, por comodidade, de *predição*[3].

A construção de tal configuração constitui um *teste*. Estabelecer se as circunstâncias falseáveis construídas *a priori* são efetivamente realizadas é o que permite escolher entre uma proposição e sua negação. Em contrapartida, a tradição chama de *experimentação* uma manipulação ativa de dados que permite justamente uma tal escolha. Uma experimentação é, portanto, essencialmente um teste; nem todo teste, contudo, é necessariamente uma experimentação. Uma ciência que conta com testes para experimentação será chamada de *ciência experimental*.

Perguntaremos, de um lado, em que sentido as proposições linguísticas são empíricas e, em particular, se elas são falseáveis por configurações representáveis no espaço e no tempo. Perguntaremos, de outro, se a linguística é uma ciência experimental.

1.6 Não existe experimentação bruta, existem apenas experimentações construídas. Ora, toda construção de experimentação supõe uma teoria mínima prévia; consequentemente, a falsificação é, preferencialmente, uma *refutação*, ou seja, uma demonstração *construída* da falsidade[4]. Sobre isso, a linguística não deve ser diferenciada das outras ciências. Perguntaremos, então, de que teoria mínima a linguística faz uso.

1.7 Por realidade empírica entenderemos aqui o empírico tal como funciona em uma ciência; ora, o empírico somente funciona relativamente às

---

3. A relação que uma proposição da ciência mantém com o empírico é, então, essencialmente da ordem da falsificação. Mas, como o empírico é, ao contrário, manipulável pela técnica, compreende-se que uma ciência empírica seja também a teoria de uma técnica.
4. Dito de outro modo, trata-se aqui de um falsificacionismo sofisticado, seguindo a terminologia de Lakatos, em "Falsification and the methodology of scientific research programmes". In: LAKATOS, I. & MUSGRAVE, A. *Criticism and the growth of knowledge*. Londres: CUP, 1970.

proposições de uma determinada ciência na forma de falsificação; a realidade empírica é, portanto, uma função de falsificação, cujos functores pertencem a um conjunto material representável: digamos, para simplificar, espaçotemporal. De maneira recíproca, a função de falsificação em uma ciência empírica toma exclusivamente a forma da realidade empírica.

Sob pena de circularidade, os functores de falsificação devem poder ser, ao menos localmente, independentes das proposições submetidas à falsificação. Como eles são representáveis no espaço-tempo e independentes das proposições testadas, pode-se dizer que eles possuem uma *substância*[5].

Qualquer que seja o nome que se dê ao objeto da linguística – recordemos que não é tarefa fácil determinar esse nome – será conveniente examinar se existe uma realidade empírica e se há uma substância; compreende-se agora em que condições essas questões adquirem sentido. Sabemos que muito já se disse sobre o assunto, em que se entrechocam entre os termos *linguagem, língua, órgão, código genético* etc. Agora parece que, na maioria dos casos, o que foi dito não tem nenhum sentido, pois negligencia o fato de que realidade empírica e substância somente têm significação por seus efeitos de falsificação. Convém reavaliar tais termos e formular a questão da maneira mais clara possível sobre a substância do objeto da linguística[6].

---

5. O termo pode levar à confusão; ele não é entendido aqui em seu sentido escolástico: o que existe por si, independentemente de qualquer acidente. É preciso entendê-lo mais no sentido em que se fala de substância sólida, líquida ou gasosa (cf. o inglês *stuff*). Também poderíamos ter usado o termo *matéria*, mas as confusões poderiam ser piores.

6. Idealmente, um dado particular não tem *status* em uma teoria a não ser na medida estrita em que ele é o falsificador de ao menos uma proposição P cuja negação não-P é, por seu turno, uma proposição da teoria. Pode-se dizer que aí reside a diferença entre o dado e o fato: o fato é o dado associado ao conjunto de proposições que falsifica. Forçando um pouco as coisas, poder-se-ia dizer que um dado não existe em uma teoria T; apenas seus efeitos de falsificação. Se, porventura, ele não possui nenhum, então se trata de um fato inacessível à T: ficar nessa situação pode ser um grave defeito para uma teoria. Assim, pôde-se objetar não que a linguística estrutural tenha emitido proposições que os dados falseavam, mas que ela não tenha emitido nenhuma proposição sobre um vasto conjunto de dados. Nesse sentido, esses últimos, por não ter *status* de falsificadores para a teoria, literalmente não existiam nela.

Dito de outro modo, examinaremos se a ciência da linguagem admite uma interpretação realista ou se ela está condenada ao convencionalismo[7].

1.8 Por *proposição* entenderemos uma asserção completa e autonomizável que é compreendida na oposição do verdadeiro e do falso. Uma asserção que não seja bipolar não será, portanto, uma proposição. Sendo bipolar, mas sem que tenhamos escolhido entre o verdadeiro e o falso, a proposição é uma *hipótese*. Ora, a escolha entre o verdadeiro e o falso se dá em termos de refutação empírica; como ela permite o direito de escolher entre o verdadeiro e o falso de uma hipótese ou de uma combinação de hipóteses, mas como ela não foi ainda feita, a configuração empírica constitui um *problema*.

Uma proposição separada não é, então, outra coisa que uma molécula autonomizável de refutabilidade. Mesmo sendo autonomizável, ela pode, por sua vez, ser complexa e ser analisada em subsistemas de refutabilidade, de maneira que, idealmente, chega-se aos sistemas mínimos, ou seja, átomos de refutabilidade. Entenderemos por *conceito* da ciência um tal átomo de refutabilidade.

Como uma ciência se expressa através de uma língua natural, espera-se que as formas de expressão da ciência tornem o mais manifesto possível sua estrutura epistemológica. Em particular, espera-se que as unidades de refutabilidade tomem a forma de unidades da língua; assim, as proposições da ciência serão proposições de língua (frases). Os problemas tomarão a forma de frases interrogativas; os átomos de refutabilidade serão átomos de língua, quer dizer, partes do discurso e, de fato, essencialmente substantivos. Contudo, a relação não é necessariamente biunívoca: há conceitos que se dissimulam sob a aparência de adjetivos inofensivos, há frases teóricas

---

7. É preciso levar em conta que essa discussão não deve depender da discussão geral que opôs – e ainda opõe – os epistemólogos no que toca à teoria física ou química. Mais exatamente, os mesmos que admitem o caráter realista da teoria física ou química poderiam ainda recusar tal caráter na teoria linguística (o inverso é menos plausível, mas não está de todo excluído). Por consequência, devemos lembrar a discussão que concerne ao realismo e ao convencionalismo nas ciências da natureza, mas não é nossa tarefa decidir sobre isso.

que não significam nenhuma proposição, há problemas que tomam a forma de uma afirmação etc.

Mais geralmente, para compreender melhor um conceito dentro de uma ciência, convém ligá-lo sistematicamente à proposição refutável que a constitui; além disso, para avaliar corretamente esse conceito, é preciso que essa proposição seja examinada como podendo ser falsa; dito de outro modo, é preciso que seja examinada como uma hipótese. Enfim, é preciso que ela seja examinada com relação às configurações empíricas que a refutam ou não. Dito de outro modo, é preciso que ela seja correlacionada de maneira distintiva aos problemas. Pode-se expressar isso ao dizer que todo conceito deve ser remetido à frase interrogativa que o constitui.

Veremos que, desse ponto de vista, tudo ainda resta a ser feito na ciência da linguagem: o nome *linguagem* em si deve remeter a uma ou várias interrogações, nenhuma delas com resposta absolutamente evidente. *A fortiori*, os nomes *gramática* e *linguística*, bem como todos os termos mais ou menos familiares ou mais ou menos técnicos que puderam ser desenvolvidos com o passar do tempo.

1.9 De maneira geral, uma proposição sempre permite a construção de outras. Por um lado, graças aos procedimentos usuais do raciocínio, obtemos proposições que são necessariamente verdadeiras ou necessariamente falsas; se uma dada proposição P é verdadeira, trata-se, portanto, de lógica. Entretanto, por outro lado, uma proposição permite a construção de esquemas de proposições de dois valores, em que apenas a experiência permite, de fato, determinar qual é o valor verdadeiro.

Dito de outro modo, uma dada proposição nem sempre determina *a priori* se determinada proposição Q é verdadeira ou falsa, mas determina a possibilidade que a escolha entre Q e não-Q tenha um sentido. Ora, existem proposições que excluem por natureza certos esquemas de proposição; nesse caso, é impossível, levando em conta uma proposição P, construir certo esquema de proposição Q/não-Q. Como consequência, existem proposições que excluem de antemão que certos problemas sejam formuláveis. Uma consequência particular: os átomos de refutabilidade ou conceitos limitam as proposições que podem ser construídas pela teoria; de maneira recíproca, essas proposições determinam de antemão que alguns problemas sejam inacessíveis à teoria considerada.

1.10 Essa relação de restrição entre conceitos e problemas acessíveis pode ser descrita em termos de *programa*: ao delimitar de antemão o conjunto de proposições problemáticas que são acessíveis ou inacessíveis, a ciência prevê que os problemas inacessíveis são desprovidos de significação ou de interesse. Essa predição é geralmente implícita ou até mesmo inconsciente: pode ocorrer que os problemas inacessíveis sejam assim até o ponto que eles sejam, na verdade, propriamente inconcebíveis no momento em que determinada ciência se constrói. Na história das ciências, abundam exemplos desse tipo, e a estrutura das rupturas diversas ou das revoluções que marcam essa história pode ser descrita assim: uma proposição P que era propriamente impensável para uma teoria T se revela central para a teoria T', mas, se a proposição P era impensável, também era o caso de que a proposição não-P era igualmente impensável. Na verdade, é o problema da escolha entre P e não-P que estava inacessível.

As diversas teorias linguísticas ilustram bem esse tipo de relações. De fato, em diversas ocasiões, proposições empíricas mudaram completamente de *status* por conta do ritmo das conjunturas: de impensáveis, elas tornam-se pensáveis; de centrais, tornam-se literalmente desprovidas de sentido etc. Será importante, no mais alto grau de importância, que se leve em conta essas revoluções.

Do que precede, pode-se tirar, aparentemente, um princípio de individuação das teorias. Duas teorias se assemelham ou se distinguem pelos problemas que lhes são acessíveis; isso depende diretamente das propriedades de seus conceitos, mas, inversamente, as propriedades dos conceitos somente se revelam pelo exame dos problemas que se revelam acessíveis na teoria considerada. Descrevemos essa situação dizendo que uma teoria determinada escolhe um programa de pesquisa ao invés de outro[8].

Resulta daí que escolher entre duas teorias é escolher entre dois programas. Ora, o que distingue um programa de outro não é que no programa A tal proposição P seja verdadeira e que, no do programa B, a mesma proposição P seja falsa. O que distingue os dois programas é que, fundamentalmente, não se pode falar da mesma proposição P.

Ora, a ciência da linguagem parece ter conhecido múltiplos programas. Isso seria apenas uma aparência ou haveria um núcleo permanente de proposições que caracterizam essa ciência nela mesma e por ela mesma?

1.11 Idealmente, cada dado é o falsificador de, pelo menos, uma proposição P cuja negação é uma proposição da teoria. Pode-se dizer isso de outra forma: idealmente, cada dado é pertinente a, pelo menos, uma proposição da teoria. De maneira recíproca, um dado só existe para uma teoria se for pertinente a, pelo menos, uma proposição dessa teoria. Ora, cada versão particular de uma ciência define um tipo de proposição possível: ela é uma matriz de proposições acessíveis ou inacessíveis. Por consequência, define também o tipo de dados que será pertinente de tal maneira que possa variar de teoria para teoria. Cada termo da teoria, para ser compreendido, deve ser remetido a um conjunto de proposições que permite construir e a um conjunto de dados empíricos que prevê serem pertinentes. Cada dado empírico deve ser remetido ao conjunto das proposições que refuta ou não.

Recordamos que a refutação é construída e se apoia sobre um conjunto de hipóteses e de decisões prévias que constituem uma teoria mínima.

---

8. Pode-se falar, nesse sentido, de relativismo epistemológico. A opinião recente credita geralmente à epistemologia de língua inglesa ter definido as noções pertinentes: cita-se Lakatos, Kuhn ou Holton. Esquece-se que, sobre esse assunto, a tradição mais longa e mais instrutiva é aquela da epistemologia de língua francesa; com nuanças importantes, Bachelard, Koyré, Metzger, Canguilhem, Althusser exploraram as diversas variantes do relativismo epistemológico e pode-se dizer que Foucault expôs seus fundamentos propriamente filosóficos. No mais, basta ler o prefácio de Kuhn em *A estrutura das revoluções científicas* para saber de onde ele tirou sua inspiração principal.

Pretender que essa teoria mínima seja, em si, submetida à exigência de refutabilidade é, evidentemente, envolver-se em uma regressão ao infinito. Daí decorre a necessidade de critérios de outra ordem para julgar a teoria mínima: a fecundidade, oposta à esterilidade ou à degeneração (seguindo o termo de Lakatos)[9].

Pelo menos se costuma exigir que a teoria mínima seja o mais explícita possível e contenha somente princípios e conjecturas integralmente racionais. Mas essa situação ideal nunca se apresenta. O exemplo da Física, estudado por Holton[10], é esclarecedor: a cada etapa marcante de seu progresso, interferem preferências não somente independentes de uma experiência possível, mas também independentes de todo projeto científico. Assim, que uma determinada teoria física prefira leis fundadas no atomismo a leis fundadas na continuidade, que prefira leis fundadas na simetria, que prefira leis fundadas na simplicidade a leis fundadas na diversidade, isso, evidentemente, não deveria depender de uma demonstração empírica; ao contrário, são essas escolhas que determinarão de antemão o que a teoria aceitará como uma demonstração empírica válida, como indício conclusivo, como hipótese plausível – ou o que rejeitará como sofisma, como exceção marginal, como fantasia desenfreada. Ademais, a preferência que dita essas escolhas depende de algo bem diferente da ideia de ciência em geral; ela pode ser encontrada, de maneira semelhante a si mesma, em uma literatura, uma estética e, com mais frequência do que se afirma, em certos delírios.

Referindo-se explicitamente à imaginação e à crítica estética, Holton fala aqui de *themata*.

---

9. Faltaria determinar, evidentemente, como se pode reconhecer a esterilidade e a degeneração; os epistemólogos em geral se contentam, sobre esse ponto, com julgamentos *a posteriori*, concedendo-se, no mínimo, meio século de segurança. Teremos encontrado, em nossa Introdução, uma tentativa um pouco menos prudente: reconhecer um fenômeno de degeneração contemporânea.

10. Cf., entre outros, HOLTON. *L'Imagination scientifique*. Paris: Gallimard, 1981. Sem entrar em detalhes que não nos concernem aqui, poderíamos dizer que Holton estabeleceu a eficácia positiva em algo que Bachelard somente havia percebido serem efeitos de obstáculo. Cf. tb. HALLYN, F. *La structure poétique du monde*. Paris: Éd. du Seuil, 1987.

Sem que seja necessário, na medida do possível, adotar como um todo a epistemologia holtoniana, é possível reinterpretar esse termo cuja justificativa parece suficientemente assegurada pela análise estritamente histórica de diversas grandes controvérsias entre os físicos. Holton compôs uma lista de *themata* para a ciência Física. Alguns entre eles são próprios à Física; outros são mais gerais. Todas as ciências da natureza poderiam e deveriam ser examinadas de um ponto de vista temático. Em todo o caso, a ciência linguística deveria ser: faremos isso.

1.12 Justamente porque uma ciência é empírica, e somente nessa medida, pode-se tirar de suas proposições consequências representáveis no espaço e no tempo. Ora, o tratamento social dos fenômenos representáveis no espaço e no tempo tomou a forma da técnica. É por isso que uma ciência empírica funciona normalmente em uma relação com a técnica. Se a ciência linguística existe como tal, ela deve então funcionar como a teoria de uma ou mais técnicas que seriam sua versão aplicada. Visto que, por outro lado, a técnica se constitui hoje como técnica industrial, deve existir uma linguística industrial – tal como existe uma química industrial, uma biologia industrial, uma física industrial etc.

Ora, a opinião comum não aceita isso facilmente, nem entre os linguistas, nem entre os técnicos, nem entre os empresários e nem entre o público. A maioria não enxerga bem, de fato, de quais técnicas particulares e socialmente importantes a ciência linguística apareceria como sendo teoria. Contudo, existem muitas circunstâncias para as quais a existência das línguas constitui um fator objetivamente determinante. Na verdade, o conjunto inteiro do que se denomina gestão, desde a tomada de decisão até sua colocação em prática, repousa, de início, na chegada e em cada uma das etapas intermediárias, sobre as intervenções em língua natural. Poderíamos esperar, então, que, sobre esses pontos, a ciência da linguagem, ao menos em algumas de suas partes, desempenhasse o papel ordinário das ciências no universo moderno. Ora, é possível fazer duas constatações: de um lado, os agentes sociais persuadem-se com facilidade de que as línguas são transparentes e de que somente em casos excepcionais deve-se prestar atenção nelas; por outro lado, se porventura se veem forçados a encarar a opacidade real das línguas, se contentam com procedimentos mais grosseiros. De fato, é seguro afirmar que, sob seu ponto de vista, o publicitário é quem dá a primeira e a última palavra quando a linguagem deve ser levada em consideração. Os mesmos que não se atreveriam a se pronunciar sobre os homens e as coisas sem se ver obrigados a mobilizar todos os recursos da ciência, da metafísica e das religiões ocidentais recorrem, portanto, ao puro e simples xamanismo quando se trata de palavras. E como o momento das palavras sempre vem, cedo ou tarde, pode-se dizer, para concluir, que também o momento do xamã sempre vem, cedo ou tarde.

É verdade que há alguns anos, ao mesmo tempo em que bons espíritos louvaram a cultura da imagem, foi realizada uma revolução técnica que parece engajar diretamente as teorias das línguas formais. A informática não se concebe de fato sem essas teorias – que ela utiliza ou modifica e enriquece. Por outra parte, a ciência da linguagem, no que toca à literalização das línguas naturais, tampouco pode deixar de juntar-se às teorias das línguas formais. Além disso, a informática, ao alargar incessantemente seu campo de intervenção, não pode deixar de juntar-se, como um objeto a ser tratado ou como um obstáculo a ser superado, às línguas naturais. A partir daí, pode-se conceber uma articulação entre técnicas baseadas na informática e na teoria linguística, que respondem aos critérios oriundos da ciência moderna.

Estamos longe disso. A questão das técnicas atuando sobre as línguas não é das mais simples. Não convém que – levado pela exasperação que a intervenção repetida dos charlatães suscita legitimamente – o linguista entoe sem prudência o cântico das aplicações.

Primeiramente, a relação de uma proposição de linguística com um procedimento técnico não deveria ser feita de maneira simples e direta. Isso por uma razão geral: a relação da ciência moderna com a técnica não é nem simples nem direta. Certamente é verdade que a única validação recebida de um procedimento técnico qualquer deve ser, em última instância, emprestado de uma parte da ciência, mas trata-se de um último recurso e não de uma aplicação imediata. Não diremos, por exemplo, que a física de Einstein tem uma relação de *aplicação* com o motor a explosão, e, contudo, a técnica do motor a explosão só será inteiramente validada se ela puder ser apresentada como dedutível – por vias eventualmente longas – a partir da teoria de Einstein. Por outro lado, o técnico dificilmente precisa dessa validação integral; a ele basta que essa validação seja possível por direito; ele inclusive pode decidir ignorá-la. Na realidade corrente, contentamo-nos com um meio-termo: consequentemente se constrói uma ciência física parcial (uma física para engenheiros), que extrai algumas partes do corpo da ciência física, mais ou menos extensas e detalhadas.

De maneira similar, certamente existem práticas técnicas, concernentes às línguas naturais, que deveriam se deixar deduzir, por cadeias de razões e de teoremas mais ou menos longas ou diretas, proposições da ciência linguística. Contudo, isso não significa que os técnicos conheçam as proposições em causa; isso não significa que os linguistas conheçam as práticas. Podemos perceber, entre linguistas e técnicos da língua, uma indiferença e uma ignorância recíprocas mais acentuadas que a praxe em outros domínios. Em todo o caso, hoje já se constrói uma "linguística para engenheiros", que supostamente deveria dispensar os técnicos que trabalham com as línguas naturais de qualquer curiosidade deslocada. Durante muito tempo, essa "linguística para engenheiros" não ultrapassou em profundidade e em extensão o que constava nos manuais de gramática de cursos preparatórios; esperamos que ambições mais elevadas tenham recentemente aparecido. Isso seria desejável.

Uma segunda observação: quando se fala de aplicação industrial, pensa-se facilmente na indústria pesada. Ora, as questões que a ciência da linguagem, em todas as suas versões, levanta são questões sutis; assim que ela ultrapassa a banalidade, uma proposição de linguística abrange poucos dados por vez e mostra aí, geralmente, o que a opinião corrente consideraria como detalhes. Em suma, parece pouco verossímil que seja possível desenvolver o equivalente a uma siderurgia ou aeronáutica a partir da ciência da linguagem. Em um país que só imagina a indústria com as formas de tais catedrais, pode-se imaginar a consequência disso.

Em terceiro lugar, geralmente se admite que as técnicas transformem seus objetos: ora, pode-se perguntar legitimamente se verdadeiramente existem técnicas que transformem as línguas. Sem dúvida, existem diversas práticas em que a língua se assemelha a uma matéria-prima (retóricas diversas, tratamentos de texto[11] num sentido mais amplo etc.); elas mereceriam, por essa razão, contudo, o nome de técnicas no sentido estrito? Ou seja, no sentido em que se entende que as técnicas permitem converter-se em mestre e possuidor da natureza? Compreende-se a dificuldade; ela cabe em uma pergunta: em que sentido pode-se dizer que é possível se tornar mestre e dono de uma língua em particular ou da linguagem, de maneira geral? Respostas fantasiosas não faltam – tanto positivas como negativas. Mas não se deveria, nessa situação, se contentar com fantasias. Ora, enquanto não tivermos uma resposta certa, a própria pertinência da noção de técnica aplicada à língua ficará em suspenso.

---

11. Lembremo-nos que aquilo que se denomina comumente *tratamento de texto* não merece esse nome. As operações que podemos definir são, no todo, de tipo estritamente tipográfico: supressão, adjunção, deslocamento de letras ou de uma sequência de letras. Na medida em que um texto pode sempre ser considerado somente como uma sequência de letras, compreendemos que, baseando-nos nisso, muitas coisas sejam possíveis. Além disso, na medida em que o léxico se deixe ser parcialmente representado por uma tipografia (p. ex., um dicionário alfabético), é possível estender as operações ao léxico: corrigir a ortografia lexical, sugerir lexemas ortograficamente próximos etc. Porém, não dispomos de tratamentos sintáticos de textos. Por exemplo, não dispomos de um tratamento textual que seja capaz de transpor sistematicamente em estilo indireto algum texto escrito em estilo direto; ou um que seja capaz de converter uma frase passiva em uma ativa; ou, mais simplesmente, que seja capaz de corrigir a ortografia sintática: os praticantes sabem bem que a concordância em gênero e número deve sempre ser feita "a mão". Não haverá tratamento de texto digno desse nome enquanto as operações "sintáticas" não forem possíveis, de maneira simples e válida, para qualquer texto em uma língua qualquer. As dificuldades se devem por causa da natureza das línguas; seria normal, portanto, que a ciência da linguagem contribuísse para esclarecê-las.

De fato, o problema deve ser colocado de outra maneira: como a ciência as compreende, as línguas e a linguagem não são matérias realizadas; são mais como *leis* que regem essas "matérias". Inversamente, as técnicas de língua não têm por finalidade produzir novas entidades de língua (palavras novas, estruturas novas, línguas novas etc.), mas objetos novos em que as línguas naturais intervenham *tal como são*: não é apropriado falar, então, que as línguas sejam visadas, mas as realizações de língua – textos, mensagens, *slogans*, discursos etc. Em suma, as técnicas que tratam das línguas postulam que as leis das línguas são constantes e conhecíveis e que, respeitando-as, é possível produzir novas realizações linguísticas. Assim como as técnicas químicas (biológicas, atômicas etc.) postulam que as leis da química (da biologia, da física atômica etc.) são constantes e conhecíveis e que, respeitando-as, é possível produzir novas realizações químicas (biológicas, atômicas etc.). Resta apenas saber quem descobre as leis das línguas. Para a química, para a biologia e para a física atômica, ninguém hesita. Para as línguas, até o presente, os técnicos têm parecido acreditar que é possível dirigir-se a qualquer um.

1.13 A epistemologia que acaba de ser exposta não se distingue mais do que é geralmente admitido entre aqueles que se interessam por essas questões. Podemos, então, considerá-la como uma epistemologia padrão, sem prejuízo de lhe dar outro privilégio que não o conjuntural: sem que não se possa considerá-la certamente verdadeira, ela parece a menos inapta hoje a apreender os traços distintivos do que se apresenta sob o título de ciência moderna. Que ela seja geralmente admitida não impede, contudo, que se oponha a epistemologias também altamente autorizadas.

De modo particular, ela se opõe à epistemologia oriunda de Aristóteles. Segundo essa última, uma teoria será exclusivamente validada por suas propriedades *intrínsecas*: especificidade do objeto, evidência dos axiomas (que são indemonstráveis), inteligibilidade imediata dos termos primitivos (que são indefiníveis), rigor formal da dedução (cf. SCHOLZ. "Die

Axiomatik der Alten". In: *Mathesis Universalis*, 1969, p. 27-44). Na realidade, é necessário e suficiente que se construa a teoria da maneira que mais se conforme a essas exigências intrínsecas, para que tenhamos a segurança de termos construído uma teoria que merece o nome de ciência.

Sem dúvida, essa epistemologia antiga foi profundamente modificada com o passar dos séculos. Em particular, no que concerne ao número dos axiomas e dos termos primitivos; pode-se supor que Aristóteles exigia que fossem em número pequeno (ainda que tal exigência não tenha sido formulada explicitamente); essa exigência foi reforçada ao longo dos séculos em uma exigência de mínimo absoluto: os axiomas e os termos primitivos não devem somente ser pouco numerosos, mas também ser o menos numerosos possível (mínimo absoluto)[12]. Outras modificações poderiam ser mencionadas; contudo, parece legítimo reconhecer, ao longo da evolução, a manutenção de um determinado ponto de vista que podemos chamar de ponto de vista *grego* e que funda a definição de ciência sobre caracteres estritamente intrínsecos.

Por oposição, sabemos que, na epistemologia padrão, a validação é estritamente *extrínseca*: prova disso são as noções de hipótese[13], de teste e de refutação. Não é que os critérios intrínsecos não desempenhem nenhum papel, mas eles subsistem somente como um princípio suplementar de escolha: entre duas teorias equivalentes quanto ao filtro de falsificações e refutações, prefere-se aquela que tenha o menor número de axiomas, o menor número de definições, as deduções mais diretas[14]. Pode acontecer inclusive que, a fim de tornar mais clara a estrutura da teoria, seja inte-

---

12. O papel de Pascal parece decisivo nessa questão. Cf. o fragmento sobre o *espírito geométrico*, comentado notadamente por Scholz: "Pascals Forderungen an die matematische Methode". In: *Mathesis Universalis*, 1969, p. 115-127.

13. Lembremos que, de acordo com esse ponto de vista, uma teoria é avaliada ainda mais favoravelmente se contém mais hipóteses (o critério do mínimo absoluto é não pertinente) e se essas hipóteses serão menos evidentes (o critério da evidência é não pertinente) e menos necessárias logicamente (o critério da dedução formal é não pertinente).

14. Dito de outro modo, o mínimo deixa de ser absoluto para se tornar relativo: na verdade, ele remete ao princípio de Occam e à eliminação das entidades teóricas inúteis.

ressante recorrer a uma apresentação euclidiana por axiomas, definições e teoremas. Contudo, esse é um uso instrumental do euclidianismo, e não um uso estrutural da epistemologia do mínimo.

A epistemologia grega foi importante, sabe-se, na história das ciências. O que se sabe menos é que ela dominou a linguística moderna: na verdade, o estruturalismo europeu consiste essencialmente em um renascimento da epistemologia dos critérios intrínsecos e notadamente do mínimo absoluto[15].

Será fácil mostrar que o *Curso* de Saussure supõe uma tal epistemologia; será fácil mostrar, da mesma forma, que a glossemática de Hjelmslev, sob o pretexto de imitar os axiomas matemáticos, coincidia com Euclides muito mais do que com Hilbert.

Resulta daí uma consequência: por um ressurgimento histórico estranho, os numerosos textos que recentemente ainda se apoiam no estruturalismo e, notadamente, no estruturalismo linguístico e que, nos anos de 1960, representavam a própria essência da Modernidade, se revelam tributários de uma representação muito antiga da ciência. A situação é particularmente flagrante naquilo que Roland Barthes chamou de aventura semiológica. Mas é verdade a respeito do conjunto das ciências humanas: a própria noção de ciência humana supõe que, quando se trata do homem, a noção de ciência deve mudar. Ora, o ponto da mudança consistiu no seguinte: em face das ciências da natureza, dominadas pelo galileanismo, retornar a Euclides e às validações estritamente internas[16]. Retorno, é verdade, desconhecido e inconsciente.

---

15. Por caminhos diferentes, o estruturalismo norte-americano, que se diz comportamentalista, chega igualmente a uma epistemologia do mínimo.
16. Na França, a situação ainda é complicada pela referência ao marxismo. Louis Althusser articulou muito fortemente a questão teórica de Marx com a questão da ciência moderna. A dificuldade era que o marxismo não poderia ser uma ciência no sentido de Galileu, definida pela única combinação entre a matematização e a empiria (refutabilidade). Desde então, já que a conexão com a ciência não deve ser abandonada, foi preciso mudar a definição da ciência: retorna-se, então, a critérios gregos. Talvez deva-se supor que esses critérios subsistem como um tipo de epistemologia espontânea tanto entre filósofos como entre os eruditos e que eles reaparecem a cada vez que uma dificuldade se anuncia.

A Escola de Cambridge, por contraste, devolveu a linguística à dependência da epistemologia comumente admitida. Dito de outro modo, a epistemologia da falsificação. Contudo, isso não é suficiente para resolver a questão. Por um lado, ainda que não voltemos a esse ponto, essa epistemologia certamente não é a última palavra possível na teoria das ciências de maneira geral. Por outro, e sobretudo, sua aplicação à teoria linguística suscita tantos problemas quanto resolve. Assim, será conveniente retomar o exame pormenorizadamente.

2 O OBJETO DA LINGUÍSTICA

A intervenção da Escola de Cambridge teve uma consequência que podemos considerar definitiva, independentemente de todas as objeções que poderiam ser endereçadas, aliás, a seu programa. Ao acolher o popperianismo em linguística, ela colocou no centro de qualquer discurso referido a uma eventual ciência da linguagem a seguinte proposição:

Se a linguística é uma ciência, ela é uma ciência empírica.

2.1 Essa afirmação tinha sido evidente desde as origens da gramática comparada; seu questionamento durante os anos de 1960 permaneceu amplamente aparente. Afora o grupo de Hjelmslev, os principais linguistas nunca haviam seguido de maneira constante o euclidianismo invocado pela escola saussureana. A característica empírica de sua disciplina pareceria incontornável. É verdade, todavia, que sua reflexão epistemológica não permitia articular com justeza essa empiria com a reivindicação da ciência que mantinham de forma paralela.

A dificuldade apareceu em plena luz quando surge a empreitada da formalização estruturalista. Ainda que seja levada a sério, não parece se justificar mais do que como uma epistemologia do mínimo: a linguística é formalizável se e somente se ela estiver fundada sobre o princípio único de oposição pertinente, mas esse princípio – em si mesmo – só é evidente se se admite a dedução de Saussure, que é absolutamente euclidiana. Consequentemente, podemos detectar, entre os maiores, uma disjunção entre teoria e prática: a prática está ligada ao empírico; a teoria não[17].

Consequentemente, em uma conjectura tão confusa, a reafirmação do *status* empírico da linguística pôde, num primeiro momento, parecer um retorno a uma tradição antiga, anterior ao estruturalismo. É por isso que muitos adversários da Escola de Cambridge a taxaram de arcaica, sobretudo porque ela mesma louvava as gramáticas ditas tradicionais. Ora, através dessas gramáticas ultrapassadas, não era a tradição que se questionava[18]: o que a Escola de Cambridge elogiava era o colocar em prática – informal e não sistematicamente – a linguística como disciplina empírica. Restava, evidentemente, formalizar e sistematizar essa abordagem, mas essa é uma outra questão. Na realidade, o que havia sido arcaico foi abandono – mais aparente do que real –, pelos estruturalistas, da tradição; era até mesmo antimodernista em um sentido estrito, já que consistia em afastar a linguística da esfera da ciência moderna.

No entanto, por vezes, gostaríamos que aqueles que afirmam o caráter empírico da linguística pensassem mais no que isso significa.

Sem dúvida, podemos, acima de tudo, nos armar de definições. Vemos, assim, imediatamente, em que condições a linguística pode ser denominada ciência empírica: é preciso que suas proposições sejam refutáveis, e é preciso que as proposições refutadoras tomem a forma de proposições empíricas. Isso poderia ser dito de outro modo: uma ciência empírica se ocupa, em seu objeto, daquilo que faz com que ele seja como é, não de outra maneira. Mas isso supõe que ela admita que esse objeto possa ser, sem contradição, diferente do que é. Por consequência, dizer que a linguística é

---

17. Como era de se esperar, uma tal disjunção pode conduzir a variantes inversas: um empirismo às vezes antiteórico em Martinet, uma teorização às vezes hiperformalista em Jakobson (cf. especialmente a doutrina das oposições binárias).

18. O termo "gramática tradicional" é, aliás, enganoso, como notaram os historiadores das doutrinas gramaticais.

uma ciência empírica é dizer que: (I) Ela dispõe de uma função de falsificação cujos argumentos são representáveis no espaço e no tempo; (II) Ela se interessa, em seu objeto, por propriedades que poderiam ser, sem contradição, diferentes do que são; dito de outro modo, ela se interessa por propriedades sintéticas e não por propriedades analíticas[19]. De modo recíproco, aquilo que, em seu objeto, não pode ser sem contradição, diferente do que é, ela menciona, mas sobre isso não teoriza. Eis o que, sem dúvida, separa radicalmente a linguística da tradição filosófica, no que toca à linguagem, uma vez que essa tradição, por vocação, se dedica precisamente a descobrir aquilo que, em um objeto, faz com que ele seja necessariamente tal como é e não de outro modo.

2.2 Deveremos retomar, mais adiante, o que pode ser, no caso da linguística, a função de falsificação; por enquanto, nos deteremos no ponto (II). Com efeito, basta formular o problema para que uma dificuldade apareça: se a linguística é uma ciência, é uma ciência de quê? Dito de outro modo, como ela denominará seu objeto?

Não se trata apenas de terminologia, porque é através das palavras que serão admitidas ou não que algo de um programa efetivo deverá ser assinalado. Ora, a opinião corrente conta aqui com algumas palavras usuais; em particular, com a palavra *linguagem*: a questão de saber se essa palavra denomina adequadamente o objeto da ciência linguística não deveria ser considerada nem ingênua nem trivial. De fato, a maior parte dos linguistas já se perguntou a respeito desse ponto e propôs respostas. Saussure, por exemplo, inaugurou seu propósito afirmando que o objeto da ciência linguística não é a linguagem, mas a *língua*; de maneira semelhante, a Escola de Cambridge preferiu se referir à noção de *gramática*.

Ainda resta saber o que as palavras querem dizer. Assim, de nada adianta discutir a palavra *linguagem* se não se restitui o conjunto de proposições

---

19. Essa terminologia é pura comodidade; não se trata de resolver nem mesmo de colocar o problema que as noções de *analítico* e *sintético*, tomadas em si mesmas, suscitam.

que essa palavra resume – admitindo-se que uma palavra possa ser plurívoca e resumir vários conjuntos de proposições distintos e até mesmo incompatíveis. Acontece o mesmo com a palavra *língua*, com a palavra *gramática* etc. Dito de outro modo, não se trata de dizer, como Saussure, que definimos as coisas ao invés de definirmos as palavras, mas que definimos os conjuntos de proposições, algumas assertivas, outras interrogativas, cujas palavras são o estenograma.

Ora, quando se trata de palavras tão primitivas como *linguagem* ou *língua* podem ser para a linguística, podemos apenas dizer o seguinte: a linguística não pode deixar de encontrar as proposições resumidas por essas palavras; são elas que tocam pontos que são essenciais para ela, a ponto de ela não poder questioná-las sem ela própria se dissolver. Quaisquer que sejam essas proposições em si mesmas, elas funcionam, portanto, como irredutíveis, são um limite mínimo que não se pode ultrapassar; sua significação funciona como fatos primitivos. Isso não significa de forma alguma que os fatos não possam ser postos em dúvida; ao contrário, esse questionamento somente é permitido a discursos que são distintos da linguística.

2.2.1 O primeiro desses fatos é que existem seres falantes, que produzem formações linguageiras. Chamemos isso de *factum loquendi*. Ele supõe já que se possa distinguir uma produção linguageira de algo que não seja. A esse respeito, intervêm noções muito gerais e, para ser honesto, bastante grosseiras: união de um som e um sentido, organização sintática, léxico etc. Uma espécie de linguística preliminar e ingênua; retomaremos esse ponto a seguir.

O nome corrente desse fato bruto é *a linguagem*. Notaremos que ele supõe uma única coisa: que existam seres falantes. Nesse sentido, falar da linguagem significa somente falar sobre o fato de que existem seres falantes. Entretanto, para falar disso de modo interessante, é necessário questionar essa existência; ora, é justamente isso que a linguística não pode fazer: essa existência, para ela, não poderia ser deduzida, nem explicada, em geral.

Compreendemos em que sentido a linguística não tem por objeto a linguagem: ela a toma como axioma.

Isso não significa de maneira alguma que não se possa considerar essa existência por si própria e questionar suas condições de possibilidade. O que encontramos, então, é uma pergunta do tipo "por que existe linguagem, ao invés de não existir linguagem?" Ou seja, é uma questão propriamente metafísica. Aquilo que se chama, apropriadamente, de filosofia da linguagem não tem, em geral, outro objeto[20]. Essa filosofia responde a essa questão de maneira diversa. Visto que a questão que ela se coloca, sobre a existência da linguagem como tal, passa necessariamente pela possibilidade lógica de que essa existência seja deixada em suspenso, compreende-se que o exame de seres sem linguagem seja valioso: quer se tratem de seres reais – animais, pessoas surdas etc. – ou fictícios. Seguidamente, a ficção parece o único meio de ultrapassar os limites dos dados; consequentemente, a linguagem tem, muitas vezes, relação com a ficção, e, como esta deve concernir ao limite entre o que é e o que não é, é mais fácil imaginar tal ficção em termos cronológicos: nasce aqui o tema da origem da linguagem. Essa origem não é outra coisa que a forma fictícia, apresentada como uma passagem, do limite entre "a linguagem não existe" e "a linguagem existe". O que supostamente aparecerá como fictício, nessa passagem, são propriedades definidoras e essenciais: propriedades sem as quais não se pode dizer que a linguagem existe. Dito de outro modo, responder à questão da origem da linguagem é, na realidade, responder a uma questão sobre a essência da linguagem. Sabemos que as respostas são variadas: nenhuma é verdadeiramente empírica, uma vez que a questão, em si, por sua estrutura, excede os limites do empírico; mas todas parecem proposições empíricas, já que, como todas as ficções, elas descrevem configurações es-

---

20. Uma exceção: a filosofia da linguagem anglo-saxã. Seu objeto é outro: entender as línguas (e não a linguagem em geral) como um meio – e, talvez, o único meio – de colocar e resolver problemas filosóficos clássicos. É, na verdade, mais uma filosofia que se refere às línguas (*linguistic philosophy*) do que uma filosofia da *linguagem* em sentido usual.

paçotemporais: um herói que nomeia as coisas, um grupo de pessoas que trabalha por necessidade ou por suas paixões etc.

Podemos conceber que tais questões não interessam à linguística. Essa é a posição mais comum. Ela se traduz, em particular, pelo abandono da questão da origem da linguagem[21] e se justifica de maneira infinitamente mais geral: a ciência linguística não problematiza as questões de existência, mas somente a questão das propriedades de objetos cuja existência é percebida como um dado. Compreende-se que o termo *linguagem*, supondo que designe unicamente o *factum loquendi*, se encontre excluído do objeto da linguística: independentemente do que seja a linguística, ela não poderia ser chamada de uma "ciência da linguagem".

2.2.2 Para concluir que a linguagem existe basta constatar que os seres falam. A questão de saber quais são as propriedades do que eles falam não é pertinente nesse caso. Ora, a linguística não pode se deter aí; ela deve admitir, portanto, algo mais do que a única e massiva existência da linguagem: ela admite que os seres falantes falam *línguas*.

Dizer que as realizações da linguagem são as línguas é supor, no mínimo, que o conjunto das produções linguageiras mereça ser designado por um nome comum. É supor, além disso, que elas se distribuam, de maneira

---

21. Deve-se levar em consideração, portanto, que a questão da origem da linguagem pode recobrir problemáticas muito distintas. Ao longo dos séculos, ela apenas estenografou a questão metafísica da essência da linguagem. A ciência linguística, por consequência, rejeitou a questão por conta de razões estruturais e sem que seja preciso qualquer julgamento sobre o valor das doutrinas que puderam ser construídas nesse domínio. Verdadeiras ou falsas, elas simplesmente estão fora da ciência. Mas uma versão estritamente empírica da questão da origem poderia ser imaginada: esta estenografaria, então, um programa de pesquisa que permaneceria dentro da ciência positiva. Isso não foi descartado pela linguística: é verdade que ela não teve de fazer isso, uma vez que esse eventual programa de pesquisas empíricas não foi verdadeiramente formulado; entretanto, se ele for formulado, a linguística não estará no direito de descartá-lo nem de ser indiferente a isso. Na verdade, a questão da origem da linguagem é recorrente em todas as proposições biologizantes que puderam surgir a respeito da linguagem – seja por linguistas, pelas ciências da vida ou pelas ciências do comportamento.

análoga aos diversos reinos da natureza, em classes e subclasses, cada língua correspondendo, *grosso modo*, ao que, na natureza, chamamos de espécie. É supor, enfim, que se possa dizer o que é *uma* língua particular. É supor, em suma, (I) que seja possível distinguir uma língua de uma não língua e (II) que seja possível distinguir uma língua de outra. É preciso, para isso, que se possa raciocinar em termos de propriedades: dito de outro modo, é preciso que se possa distinguir as propriedades de uma língua das propriedades de uma não língua, as propriedades de uma língua das propriedades de uma outra língua.

Ora, nada disso é evidente. Por exemplo, a doutrina do segundo Wittgenstein implica negar que uma língua exista de outro modo que não como um horizonte fantasmático: não há mais do que palavras e expressões particulares, cujas regras de emprego devem ser, uma a uma, estabelecidas. Tais regras não se combinam necessariamente e não formam esse todo que poderíamos denominar uma língua. Na realidade, de acordo com esse ponto de vista, algo como o inglês ou o francês ou o alemão não existe ou somente existe como existe, em Spinoza, a ideia geral: é uma expressão ao mesmo tempo cômoda e enganosa[22]. Se se acredita nisso, então a linguística é ilusória. Ora, a linguística não está em condições de *demonstrar* que Wittgenstein está errado.

Ela deve *tomar* como fatos primitivos:

• O fato da língua, o *factum linguae*, o fato de que aquilo que um ser falante fala merece receber o nome de língua, que deverá se distinguir do *factum loquendi*, ou o simples fato de que existam pessoas que falem.

• O fato das línguas, o *factum linguarum*, ou seja, que sejam diversas, mas sempre formando uma classe homogênea; essa multiplicidade-homogeneidade é supostamente confirmada pelo fato da tradução.

---

22. Essa concepção, em si mesma, é mais frequente do que se pensa; ela é independente da noção de jogo de linguagem, ainda que essa última lhe dê um conteúdo. Cf. cap. 3, seção 3.2.4.2.2.

• O fato de que as línguas sejam passíveis de descrição em termos de propriedades. Esse fato pode receber um nome mais preciso: o fato da gramática, o *factum grammaticae*. Podemos resumi-lo assim: a atividade gramatical existe na maior parte das comunidades linguísticas. Ora, essa atividade tem características próprias, às quais retornaremos. Em particular, ela supõe a possibilidade de atribuir propriedades a uma formação linguageira sem levar em consideração nem quem a profere, nem seu eventual destinatário, nem as circunstâncias de proferimento. Resulta disso que certas propriedades serão externas às circunstâncias, ou seja, serão constantes.

Disso deriva a disposição terminológica mais comum. Assim como o termo *linguagem*, em seu uso corrente, estenografa o *factum loquendi*, diremos igualmente que o conjunto complexo dos três fatos – *factum linguae, factum linguarum, factum grammaticae* – é estenografado pelo termo *língua*[23].

Se assim for, a palavra *língua* estenografa um conjunto de proposições muito específico. Ora, essas proposições determinam um objeto plausível para a ciência linguística: assim como esta deve tomar a existência bruta de seres que falam como um dado sobre o qual ela não tem nada de específico a dizer, as propriedades distintivas das línguas com relação às não línguas e das línguas entre si constituem um objeto de investigação[24]. Compreende-se, portanto, que se possa designar o objeto da linguística somente com o nome *língua*. Essa decisão terminológica permite dar conta de muitos empregos, notadamente dos saussureanos. Permite compreender também que proposições que não fazem uso dos termos *língua* ou *linguagem* se

---

23. A língua saussureana é mais especialmente a combinação do *factum linguae* com o *factum grammaticae*, recaindo o foco principal sobre o primeiro em detrimento do segundo. É, no entanto, do segundo que a língua saussureana tira suas características de constância e de abstração, independentemente das circunstâncias de proferimento. A noção chomskyana de gramática é uma combinação similar, em que só se privilegiou, de maneira inversa, o *factum grammaticae* em detrimento do *factum linguae*.

24. Dito de outro modo, a linguística não pode imaginar, sem desaparecer, um mundo onde não exista linguagem; ela pode imaginar um universo em que as línguas não sejam o que são. É justamente isso que a caracteriza como refutável.

inscrevem, de fato, em uma problemática semelhante e se deixam analisar como variantes da oposição língua/linguagem[25].

2.2.3 Essa oposição, contudo, é simples demais: se é verdade que o termo *linguagem* designa o *factum loquendi*, não é verdade que esse uso seja o único legítimo. Isso significa que o termo *linguagem* é plurívoco e estenografa questionamentos incompatíveis. Dito de outro modo, cada vez que se emprega o termo *linguagem*, corre-se o risco de não saber o que se diz.

2.3 É preciso voltar ao mínimo: admitir que as línguas existem significa, como já dissemos, admitir que sabemos distinguir em termos de propriedades:
• Entre o que é uma língua e o que não é.
• Entre uma língua e outra.
Contrariamente ao que parece, a segunda questão é mais difícil do que a primeira. De fato, sempre chega um ponto em que a resposta demandada se revela impossível, em que parece que, fora os dados massivos e grosseiros, não podemos determinar com segurança e precisão quando podemos afirmar que duas línguas são a mesma ou são diferentes, como a questão controversa e insolúvel dos dialetos; é assim também com a questão da diacronia: quando o latim deixou de ser latim? Quando o francês deixa de ser francês? etc. Ao mesmo tempo, não podemos enumerar tais questões. A dificuldade se torna insolúvel quando construímos análises um pouco detalhistas e que concentram sua atenção sobre um ponto bem específico; por exemplo, discutiu-se muito sobre a diferença que separa o latim, que não tem pronomes pessoais átonos e pode empregar a 3ª pessoa sem pronome (*venit, il vient* [ele vem]; *pluit, il pleut* [chove]), do francês, que deve sempre apresentar um sujeito nominal explícito ou um pronome átono (do tipo *il* [ele]). Mas sabemos também que, de acordo com os níveis de representa-

---

25. Cf. MILNER, J.-C. *L'Amour de la langue*. Paris: Éd. du Seuil, 1978, p. 23-37.

ções, é possível considerar o pronome átono francês como uma espécie de marca flexional, de tal maneira que *il vient* [ele vem] e *il pleut* [chove] sejam estritamente paralelos a *venit* e *pluit* em latim, marcados na 3ª pessoa. Em uma análise desse tipo – não a única possível, mas, certamente, não impossível –, a questão do pronome átono deixa de ser um critério estrutural de diferenciação entre as duas línguas consideradas. Observações análogas poderiam ser feitas sobre muitos pontos. De modo geral, poderíamos até sustentar que as representações generalizantes da linguística têm justamente por efeito apagar e esvaziar de sentido certas diferenças, aparentemente evidentes, entre as línguas. Em suma, distinguir uma língua de outra é mais difícil do que se pensa, e a ciência, sobre esse assunto, não pode ir além de um certo grau de aproximação.

Contudo, isso não afeta demasiadamente seu programa: basta, de fato, que se saiba o que esperar de um tipo de representação que oponha, por exemplo, o latim e o francês a respeito da questão do pronome átono; também é possível construir uma representação em que a oposição tenha desaparecido: isso pouco importa, se os princípios de cada representação são claros e se a relação de uma representação com a outra é igualmente clara.

Parece então que, para a ciência, o mais importante não é o que diferencia uma língua de outra; o principal são as propriedades que distinguem uma língua do que não é uma língua.

Desfaçamos aqui uma ambiguidade: não se trata da diferença entre língua e dialeto e não se trata de distinguir aquilo que, entre as formações linguageiras, merece receber o nome de *língua*. Essa questão é puramente sociológica e não tem *status* preciso na linguística. Por isso, não a levaremos em consideração. Trata-se de uma coisa diferente: distinguir entre o que é uma formação linguageira e o que não é. O termo *língua* é entendido, então, em sua acepção mais ampla: línguas, dialetos, crioulos etc. entram nessa definição, uma vez que são, todos, formações linguageiras, distintas somente por *status* sociológicos diferentes. A questão é a seguinte: ser capaz de enunciar as propriedades definidoras de uma formação semelhante.

Podemos raciocinar em termos de "extensão" ou de "compreensão". Sem atribuir a esses termos um valor técnico preciso[26], diremos que raciocinar em extensão é, sobretudo, supor que somente é possível listar as propriedades definidoras de uma formação linguageira qualquer após um exame exaustivo das línguas particulares. Raciocinar em compreensão é considerar que a ciência raciocina mais em termos de propriedades do que em termos de classes; é, sobretudo, considerar que, para estabelecer essas propriedades, não é necessário listar exaustivamente todas as línguas.

Na realidade, contrariamente ao que se diz muitas vezes, é o ponto de vista da compreensão que é o mais natural: ninguém jamais supôs que seria preciso conhecer e enumerar todas as línguas para que se pudesse falar de maneira válida sobre elas. Além do mais, essa é uma tarefa impossível. Por um lado, por razões materiais: é certo que ainda não fizemos o inventário de todas as línguas conhecidas e cabe supor que novas línguas ainda serão descobertas. Mas, sobretudo, por razões de fundo: se é verdade que não dispomos de um procedimento seguro para distinguir ou não duas línguas, a noção de "todas as línguas", tomada em extensão, fica certamente desprovida de significação. Uma proposição do tipo "todas as línguas são articuladas" não é menos abstrata que a proposição "todas as línguas são transformacionais"; tal como esta, aquela não está baseada em um exame exaustivo das línguas observadas.

Sem dúvida, isso não impede que alguns tenham argumentado que não existia uma proposição lícita sobre o conjunto das línguas: seja porque o exame exaustivo fosse impossível de fato, seja porque ele fosse ilegítimo de direito. Assim, já se pensou que uma língua poderia diferir de outra por meio de uma infinidade de maneiras em uma infinidade de pontos[27].

---

26. Não se trata aqui de estabelecer se a linguística é extensional ou intensional; sobre isso, cf. MILNER, J.-C. "Écoles de Cambridge et de Pennsylvanie: deux théories de la transformation". In: *Langages*, n. 29, 1973, p. 97-116 [retomado em *Arguments linguistisques*. Paris/Tours: Mame, 1973].

27. Cf., entre outros, JOOS, M. *Readings in Linguistics*. Chicago: Chicago University Press, 1986, p. 228. Esse autor não reivindica nenhuma originalidade; ao contrário, ele acredita que expressa, com razão, o ponto de vista comum de todo o estruturalismo norte-americano.

É preciso notar que, se isso é verdade, então não poderíamos afirmar que toda língua tenha uma forma fônica, que toda língua seja transcritível, que toda língua seja traduzível. Tal consequência refuta a si própria. A posição de Joos só tem sentido, então, se a reinterpretamos sem tomá-la ao pé da letra. Uma significação razoável seria a seguinte: as línguas não têm em comum senão um conjunto muito pobre de propriedades, as quais podemos entender como propriedades mínimas que permitem distinguir uma língua daquilo que não é uma língua.

No entanto, isso não passa de um recurso para a compreensão. O procedimento pode ser descrito desde Frege: as línguas possuem propriedades (ter uma forma fônica, ser articuladas etc.); essas propriedades A, B, C etc. podem ser combinadas para formar um único conceito Z, das quais se tornam traços distintivos. O conceito combinado Z não é outra coisa que o conceito de *linguagem*[28].

A questão está em saber se, como pensam Joos e muitos linguistas modernos, as propriedades A, B, C etc. são pobres em conteúdo e pouco numerosas; ou se, como argumenta a Escola de Cambridge, essas propriedades comuns são bastante numerosas e, em todo caso, muito específicas. A questão da "gramática universal" não tem outra base; vemos que, na verdade, a maioria dos linguistas admite uma gramática universal. Eles diferem somente sobre a questão de saber se essa "gramática" é mínima, limitando-se a propriedades extremamente gerais (do tipo "a linguagem tem uma forma fônica", "ela é articulada" etc.) ou se ela pode ser mais rica.

Seja como for, o conceito de *linguagem*, assim definido, não é mais, em absoluto, sinônimo do que foi definido na seção 2.2.1. Naquele momento, a linguagem resumia uma questão de existência; agora, ela resume uma questão de propriedades.

Dada essa nova definição, nada impede que a linguística se proponha, por objeto, a linguagem: não se trata mais de ir além dos dados físicos, não

---

28. Sobre esse tipo de raciocínio, cf. FREGE, G. "Concept et objet". In: *Écrits logiques et philosophiques*. Paris: Éd. du Seuil, 1971, p. 137.

se trata mais de alcançar os fundamentos, eventualmente transcendentais, da existência de um objeto. Trata-se de um objeto único. Supondo-se, ademais, que se adote uma epistemologia realista, esse objeto pode ser considerado como uma realidade empírica. Talvez até mesmo estejamos autorizados a construir uma representação substancial detalhada dele.

Nós nos deparamos, portanto, com a seguinte situação: por um lado, definimos uma matriz de questionamentos, o que podemos chamar de um programa de pesquisa: enumerar as propriedades que distinguem uma língua do que não é uma língua. Pode-se imaginar, de antemão, várias possibilidades: que toda língua possua todas as propriedades ou somente algumas; que cada propriedade exista em todas as línguas (propriedades universais) ou somente em algumas línguas (propriedades gerais); que as propriedades estejam presentes em si mesmas ou que se condicionem (universais de implicação); que cada propriedade esteja presente somente nas línguas ou, ao contrário, que somente a combinação de propriedades seja característica etc. Todas essas questões podem ser resumidas da seguinte maneira: a linguagem seria um objeto? Ela teria propriedades exclusivas?

Não podemos julgar de antemão as respostas, mas, pelo menos, o programa está relativamente bem definido.

É esse programa que foi apresentado, de uma maneira por vezes mal--explicada, ao se falar de gramática universal. A hipótese de que existem características universais está, na verdade, analiticamente contida no uso mais corrente da palavra *língua*, já que esse uso supõe a possibilidade que se distinga sempre entre uma língua e uma não língua, entre uma formação linguageira possível e algo que não o seja. Em uma teoria que dá o nome de *gramática* a toda descrição teorizada das propriedades de uma língua, é natural que a descrição teorizada de tais características universais seja uma gramática universal. A partir do momento em que não se considera ser impossível distinguir, em geral, uma língua de uma não língua, adota-se esse programa; e a questão de saber se falamos ou não de uma gramática universal, nesse caso, é mera questão terminológica. Na verdade, todos acreditam que existem propriedades que distinguem universalmente uma língua de uma não língua, já que todos se acham autorizados a empregar a palavra *língua*. Portanto, todos acreditam, sem necessariamente saber, na gramática universal. A questão é saber se ela tem conteúdo e, nesse caso, qual é esse conteúdo. Dito de outro modo, a questão reside no fato de saber se é possível explicitar as propriedades pertinentes.

Suponhamos que isso seja feito. Estando definidas e organizadas as propriedades, uma epistemologia realista admitirá que se suponha, para elas, um suporte de realidade. Esse suporte pode ser chamado especificamente *linguagem*: se essa for a escolha, então a linguagem será um objeto substancial, único em seu gênero[29].

Evidentemente, a partir disso, tudo repousa sobre essas propriedades. Para que a ciência da linguagem tenha o menor conteúdo, convém que essas propriedades sejam sintéticas. Dito de outro modo, toda propriedade que esteja analiticamente contida no conceito de linguagem será inútil. É por isso que não podemos partir de uma definição geral da linguagem: no máximo, podemos *chegar* a tal definição a partir das propriedades constatadas e logicamente não necessárias das línguas.

3 O *FACTUM GRAMMATICAE*

3.1 A expressão "isso se diz"

Determinando com mais exatidão o objeto da linguística, mostrando em que medida ele merece ser chamado de linguagem, apenas tratamos de

---

29. A Escola de Cambridge prefere chamar de *gramática* esse correlato de realidade, apelando a uma ambiguidade consciente e deliberada: a gramática é, ao mesmo tempo, a realidade substancial e a representação teorizada dessa realidade. É preferível distinguir: a *gramática*, conforme a tradição, designa apenas a representação, e a *linguagem* é o objeto sobre o qual a gramática teoriza. Essa ambiguidade remonta, na verdade, ao programa gerativista *stricto sensu*, que analisaremos adiante e que foi abandonado. A manutenção do termo *gramática* em sua ambiguidade é somente um sacrifício ao mito da continuidade da Escola de Cambridge, o qual cumpre uma função puramente sociológica. Melhor seria deixar de perpetuar esse mito.

uma das dificuldades que, nesse caso, a noção de ciência empírica traz à tona. Permanece, pois, uma obscuridade maior.

Admitamos, com efeito, que a linguística seja a ciência empírica da linguagem. Isso significa, em particular, que ela emita proposições empíricas sobre a linguagem. Pois bem, mas o que seria uma proposição empírica em linguística? A resposta é aparentemente clara: "o dado de língua X se encontra no espaço e no tempo" ou "o dado de língua X não se encontra no espaço e no tempo".

Na realidade, essa resposta é muito obscura, pois não se sabe exatamente o que significa, nesse caso, "se encontrar". Para sermos mais precisos, a ciência linguística não pode tomar essa noção nem como simples nem como primitiva. Sem dúvida, acontece o mesmo com todas as ciências. Afinal, os protocolos de observação consistem essencialmente em fixar as condições necessárias para que se possa considerar que um complexo de dados se encontra ou não se encontra. Nesse ponto, a linguística não escapa à regra comum. A única dificuldade é esta: nas chamadas ciências da observação, um acordo geral se destaca quanto aos critérios do observável, mesmo que, às vezes (e mais frequentemente do que se pensa), os pesquisadores discordem entre si quanto a saber se tal dado particular se observa efetivamente ou não. Na ciência linguística, ao contrário, os critérios gerais, eles próprios, criam dificuldades, e não há acordo sobre eles. Em particular, o predicado "se encontrar" não é, geralmente, estritamente constativo. Na maior parte dos casos, ele deveria se expressar melhor na forma deôntica ou normativa: "o dado X não deve se encontrar"; dito de outro modo, se ele se encontra nos fatos, é por violação de alguma regra ou de alguma norma. Resultam disso grandes dificuldades ao mesmo tempo teóricas e práticas: pois, enfim, quem determinará a regra ou a norma concernida? Como conservar um *status* objetivo para uma ciência que se fundamenta sobre tais proposições?

Dissimulam-se, frequentemente, as dificuldades com a ajuda de uma expressão ambígua: no lugar de dizer que um dado de língua X se encontra ou se observa, muitas vezes se diz, efetivamente, que um dado "se diz" ou "não se diz". No entanto, "se dizer" também permanece ambíguo entre uma interpretação constativa ("se diz de fato") e uma interpretação deôntica ("ter o direito de ser dito"). Pode-se admitir tal ambiguidade?

Suponhamos resolvido esse problema. O nome específico do dado observável em linguística é *exemplo*.

Mais uma vez, é preciso desfazer uma ambiguidade. Na realidade, convém compreender que o exemplo estenografa uma *proposição* da qual ele mesmo é, em menção, o sujeito. Assim, o exemplo *o céu é azul* estenografa a proposição empírica "*o céu é azul* se diz". Logo, não é o exemplo em si mesmo que constitui a proposição empírica, mas a proposição que ele estenografa; essa proposição tem a forma de um julgamento de atribuição, cujo sujeito é um dado de língua e cujo predicado é do tipo "se encontrar/não se encontrar", "se dizer/não se dizer" etc. Pode-se falar, a esse respeito, de julgamento de gramaticalidade. Assim, estritamente falando, uma proposição refutável em linguística é uma proposição tal que possibilita a construção *a priori* de uma conjunção finita de julgamentos de gramaticalidade que a refutariam. Ora, em uma teoria bem construída, há correspondência biunívoca entre os julgamentos de gramaticalidade e os exemplos que os estenografam; pode-se também sustentar que uma proposição refutável em linguística é uma proposição tal que uma série finita de exemplos a refutaria caso esses exemplos fossem, de fato, atestados. Encontramos aqui as noções de predição, de contraexemplo e de teste[30].

É possível acompanhar a proposição empírica de precisões mais ou menos numerosas: "*o céu é azul* foi dito no momento *t*, no lugar *l*, por um sujeito X". É verdade que não se procede sempre assim. Entretanto, quer essas precisões sejam dadas ou não, o exemplo é, por natureza, representável no espaço e no tempo: ele remete a um enunciado que poderia ser

---

30. Ao contrário, o asterisco estenografa o predicado empírico "não se diz", por meio da ambiguidade supracitada entre "não se diz de fato" e "não deveria se dizer de direito".

efetivamente pronunciado, mesmo que ele não esteja nos fatos; é isso o que se quer dizer quando se diz que um exemplo é atestado[31]. No entanto, ainda subsistem aqui algumas incertezas: isso significaria que o exemplo supõe um documento que prova que ele foi efetivamente pronunciado em um determinado lugar e em uma determinada data? Ou seria possível prescindir de tais provas? Se sim, em que o exemplo seria empírico? Mas, se não é possível prescindir delas, que diferença haveria entre o exemplo e o documento de arquivo? Que diferença haveria, portanto, entre a ciência da linguagem e uma disciplina histórica? Além do mais, muitos linguistas recorrem a exemplos inventados: não haveria aí uma contradição nos termos? Caso não haja uma contradição, o que isso suporia sobre o que se chama empírico em linguística? E quais seriam os limites da invenção?

Enfim e sobretudo, quando se diz "*o céu é azul* se diz", fala-se, na realidade, de todas as frases semelhantes a *o céu é azul*. O exemplo não importa por sua particularidade, mas por sua generalidade. É preciso, portanto, admitir que o exemplo é o nome de uma classe; entretanto, ele somente pode nomear essa classe com a condição de ser, ele próprio, membro dela. Como essa classe é construída? Como passamos da frase particular às frases semelhantes? O que significa, nesse caso, "semelhante"? Podemos designar e definir a classe de outra maneira que não citando um de seus membros?

Suponhamos, uma vez mais, que essas questões tenham recebido uma resposta satisfatória. De maneira geral, pode-se dizer, então, que o caráter empírico da ciência linguística é comprovado pelo fato de ela trabalhar com exemplos. Surgiria, então, uma dimensão nova da dificuldade: a própria forma do exemplo e seu nome foram legados à ciência linguística pela tradição gramatical; ora, a gramática é qualquer coisa menos uma ciência no sentido estrito aqui reivindicado: não haveria aqui um fator de instabilidade radical?

---

31. Para simplificar, aqui nos limitamos a exemplos positivos, e não mencionamos exemplos negativos. Isso não afeta a base do raciocínio.

De qualquer forma, parece que um exame da ciência da linguagem não poderia dispensar um exame da gramática. Ademais, essa necessidade pode se estabelecer de outra maneira. Se existe uma ciência da linguagem, ela deve atribuir propriedades à linguagem; isso supõe que ela atribua propriedades a cada língua; e isso, por sua vez, supõe que ela atribua propriedades a cada fragmento de uma língua. Mas o que garante que seja simplesmente possível, de maneira geral, atribuir propriedades a dados de língua? A resposta sobre esse ponto é simples: a garantia consiste somente na existência efetiva do que denominamos gramáticas. Toda gramática, qualquer que seja ela, consiste em atribuir propriedades a um dado de língua. Se as gramáticas existem de fato, então é preciso concluir que uma tal atribuição é possível. Dito de outro modo, a linguística como ciência se apoia sobre o *factum grammaticae*.

3.2 A atividade gramatical

O fato é que a atividade gramatical existe. Na opinião geral, ligada a uma prática social bem definida – o ensino – e a uma instituição determinada – a escola –, ela encontra, na realidade, um campo de exercício que excede amplamente esse setor particular: praticamente todas as atividades que tomam a língua por matéria a supõem em alguma medida. Particularmente, ela é suposta pelo sistema de escrita, por mais rudimentar que este seja. Ela é, seguramente, muito antiga, sendo mais antiga que o mais antigo sistema de escrita.

Ela é também muito difundida: na verdade, ela é suposta pelo menor sistema de poesia. Pois, enfim, toda a poesia repousa sobre um retorno do mesmo na língua. No entanto, a percepção sensível nunca é suficiente para determinar o que contará aqui como mesmo e como diferente; para isso, é necessária uma doutrina autônoma que se baseia necessariamente em um julgamento que o sujeito tem de sua própria língua. Implícito ou explícito, esse julgamento, em sua essência, é gramatical. Ora, toda a língua é capaz de poesia: resulta disso que toda a língua é capaz de gramática.

Difundida[32] universalmente, a atividade gramatical é, necessariamente, tão diversa como podem ser as línguas e as culturas; a tradição gramatical chinesa é diferente da tradição indiana, que é diferente da tradição grega; a atividade gramatical não é a mesma antes e após a emergência da ciência moderna e de seu avatar, a linguística. No entanto, não parece impossível determinar os traços que permanecem comuns ao longo do tempo e para além das distâncias. Se for assim, estamos, efetivamente, no direito de considerar a atividade gramatical como um *fato*: esse fato certamente diz algo sobre os seres que falam, mas, talvez, diga algo também sobre o que eles falam. Com efeito, é preciso que as línguas tenham propriedades que expliquem que a atividade gramatical seja simplesmente possível.

É preciso ir além. Se é verdade que a atividade gramatical existe em muitas culturas de forma explícita, ou seja, sob a forma reconhecida de uma tradição gramatical, é correto também destacar que ela pode existir de forma implícita, nas culturas e nas épocas em que não se constitui nenhuma tradição gramatical. De fato, constata-se que a investigação etnológica sobre as línguas sempre foi possível, inclusive com sujeitos que não podem se referir a nenhuma noção "gramatical". Seus julgamentos são, muitas vezes, brutos. Tomarão, notadamente, a forma de um julgamento de pertencimento comunitário: "Nunca alguém do meu grupo dirá isso", dirá o sujeito. E, solicitado a explicar sua resposta, ele será, muitas vezes, incapaz de fazê-lo. Apesar de tudo, tem-se aqui o essencial do julgamento gramatical.

As anedotas sobre esse ponto são numerosas.

Consideremos o famoso episódio do *shibboleth* (Jz 12,6). Ele supõe, tal como é narrado, um julgamento gramatical *explícito* por parte do narrador, mas não o imagina nos atores do episódio. Tudo o que se lhes supõe é um

---

32. A observação já se encontra em Humboldt: "Jamais se encontrou uma só língua abaixo do limite que assinala a presença de uma configuração gramatical consistente..." ("La recherche linguistique comparative dans son rapport aux différents phases du développement du langage". In: *Introduction à l'oeuvre sur le kavi et autres essais*. Paris: Éd. du Seuil, 1974, § 3, p. 72).

julgamento *implícito*, que seja estritamente igual, na forma e no conteúdo, ao juízo explícito enunciado pelo narrador. A tradição clássica tem anedotas semelhantes: conhecemos aquela da qual Cícero e depois La Bruyère fazem eco, a propósito de Teofrasto: "Teofrasto [...], esse homem que se expressava divinamente, foi reconhecido estrangeiro e chamado por esse nome por uma simples mulher de quem comprava ervas no mercado" (LA BRUYÈRE. *Discours sur Théofraste*).

A interpretação dessas anedotas é clara: mesmo onde não existe tradição explícita, mesmo onde essa tradição, supondo que ela exista, é desconhecida de um determinado sujeito, a atividade gramatical é constatável e se reveste das mesmas características que, neste momento, convém precisar.

3.3 A hipótese gramatical

Para que os termos *gramática* e *gramatical* sejam empregados com um mínimo de significação, é preciso que se reúnam as seguintes hipóteses:

3.3.1 Pode-se emitir um julgamento diferencial concernente aos dados de língua. O princípio desse julgamento diferencial é que não se pode dizer tudo. Dito de outro modo, o julgamento diz respeito ao que, em matéria de língua, é possível ou impossível; ele supõe, portanto, que existe um impossível de língua.

Entretanto, esse impossível de língua não é um impossível material. Dito de outro modo, um dado de língua pode ser materialmente possível – isto é, comprovado – e linguisticamente impossível (e vice-versa). Consequentemente, o conjunto dos dados comprovados de língua e acessíveis à observação imediata se divide entre dados materialmente possíveis e linguisticamente possíveis (coincidência entre os dois possíveis) e dados de língua materialmente comprovados, mas linguisticamente impossíveis. A atividade gramatical terá de reconhecer, entre os dados comprovados de língua, essa diferença. É evidente que os casos de coincidência entre os dois tipos de possíveis não suscitam muitas dificuldades; por isso, a originalidade da atividade gramatical se manifesta somente nos casos em que os dois possíveis não coincidem: assim, a intervenção gramatical maior acontece quando um dado materialmente comprovado é julgado linguisticamente impossível. Por extensões, transposições, analogias, em resumo, por raciocínios, pode ocorrer também, ainda que raramente, que a gramática declare linguisticamente possíveis dados materialmente não comprovados. Eleva-se a possibilidade geral de toda gramática à seguinte hipótese, que podemos precisamente nomear hipótese gramatical mínima:

O possível de língua e o possível material podem não coincidir.

Admitida essa hipótese, a atividade gramatical não consiste em registrar dados de língua; consiste em emitir, sobre esses dados, um *julgamento* diferencial. Esse julgamento pode se reduzir a um julgamento de atribuição. O sujeito é um dado de língua (p. ex., uma frase); o predicado, sendo intrinsecamente diferencial, pode ser chamado de *diferencial gramatical*. Ele nada mais é do que aquilo que opõe o possível de língua e o impossível de língua, mas, geralmente, é apresentado em outros termos: sob a forma de uma oposição correto/incorreto ou aceitável/inaceitável etc. As formulações podem mudar, conforme as tradições e os modelos, mas elas têm, normalmente, traços comuns.

(I) Elas são bipolares: acontece, sem dúvida, de algumas gramáticas raciocinarem com escalas de diferentes graus, mas, tenha a escala dois ou mais graus, a gradação ocorre entre dois polos, um positivo, outro negativo; dito de outro modo, o predicado gramatical é sempre redutível a uma ambivalência.

(II) Elas têm a forma lógica da norma: como os dados afetados por um signo negativo podem perfeitamente ser realizados, o julgamento "isso não se diz" é um julgamento modal: "isso se diz, mas não se deve dizer".

3.3.2 O predicado diferencial (correto/incorreto) pode ser atribuído, na maioria das vezes, examinando-se apenas os dados de língua. Dito de outro modo, é possível estudar os dados de língua desconectando-os das condições particulares e sempre variáveis dos atos de enunciação. Assim, pode-se estudar uma frase em si mesma, sem nada saber daquele que a enuncia, sem nem mesmo supor que ela seja enunciada por um sujeito particular, dirigida a um sujeito particular, em circunstâncias particulares. Por vezes, essa informação se revela necessária, mas, normalmente, ela não é. Essa hipótese não é, em si, evidente, e a aparência a contradiz. No entanto, todas as gramáticas a supõem.

3.3.3 O predicado diferencial pode ser atribuído por tipos de dados e não enunciado por enunciado. Dito de outro modo, não é necessário estudar cada produção de língua isoladamente: pode-se chegar a raciocínios gerais. Isso tampouco é óbvio: muitos estudos de dados de língua se reduzem a uma lista de diferenciações do gênero "diga... mas não diga". Ora, essas listas não formam uma gramática; a gramática começa quando as informações desse gênero se organizam em tipos: pode-se, assim, falar em frases passivas, frases ativas, frases relativas etc. E são para tipos desse gênero que a gramática apresentará diferenciações.

Nesse sentido, toda gramática, explícita ou implicitamente, trata a relação entre a infinidade potencial dos dados de língua e a finitude das informações acessíveis: os dados brutos são infinitos, de tal maneira que enumerar a lista dos "diga, mas não diga" seria também uma tarefa infinita, mas os tipos são finitos. De modo que se pode apresentar de maneira finita a maneira como a diferenciação se realiza para cada um.

3.3.4 Não apenas a lista dos tipos é finita, mas os parâmetros de diferenciação entre os tipos são igualmente finitos. É possível construir uma lista finita dos critérios segundo os quais um dado de língua pode validamente ser distinguido de outro, do ponto de vista do diferencial. O que se encontra, então, é a noção de *categoria*. Do mesmo modo que, segundo Aristóteles, o julgamento lógico pode fazer intervir apenas um número finito de determinações (daí uma lista finita de categorias), também um dado de língua apenas pode fazer intervir um número finito de propriedades de línguas: podemos, assim, elaborar uma lista finita de categorias, e todo o dado de língua supostamente pode e deve ser considerado segundo um ou vários membros dessa lista finita. É evidente que essas categorias poderão mudar, segundo as tradições, as escolhas empíricas ou as escolhas teóricas. Entretanto, a noção, em si, permanece, explícita ou implícita.

3.3.5 O predicado diferencial é atribuído a um dado de língua sobre a base da disposição interna de suas partes. Dito de outro modo, supõe-se que cada dado de língua seja crucialmente analisável em partes e subpartes, e é a organização dessas partes e subpartes o que permite justificar que determinado valor do predicado diferencial seja atribuído ao conjunto que constitui o dado. Como, além do mais, raciocina-se em termos de tipos, essas partes e subpartes devem ser definidas em termos de tipos, e seus arranjos são, igualmente, tipos de organização.

Ora, supunha-se já que os tipos de dados se distinguem uns dos outros segundo uma lista finita de pontos de vista que denominamos categorias; parece, agora, que as categorias gramaticais coincidem com essas partes materiais separadas por uma segmentação: percebe-se, então, que a noção de parte do discurso, legada pela tradição, é, de fato, uma noção dupla. Por um lado, ela permite *analisar* qualquer que seja o dado de língua; isto é, justificar a atribuição de um valor de predicado diferencial a esse dado. Por outro lado, ela permite *subdividi-lo* em componentes constitutivos.

Vale a pena sublinhar, nesse aspecto, a singularidade essencial da gramática. Em si, a noção de categoria não tem nada a ver com a noção de parte constitutiva. Ela depende do julgamento e, nesse caso, do julgamento gramatical que consiste na proposição "X é P"/"X é não-P", em que P é o predicado diferencial: possível/impossível, correto/incorreto, aceitável/inaceitável etc.

Ademais, toda gramática supõe que a atribuição de P se faça sobre a base da constituição de X em partes. Compreende-se, então, que as partes sejam confundidas com as categorias e reciprocamente. O fato é que, de um ponto de vista estritamente lógico, as duas noções são distintas. A gramática supõe que esse problema foi resolvido. Uma ciência não deveria se deter aí.

Dizer que a atribuição de P se faz sobre a base da constituição de X em partes significa que o julgamento "X é P" depende de dois tipos de julgamentos prévios: por um lado, o julgamento de segmentação "X se divide desta ou daquela maneira em $x_1, x_2... x_n$" e, por outro lado, o julgamento categorial "x pertence à categoria C". Evidentemente, haverá, exatamente, tantos julgamentos categoriais quanto partes e subpartes. O julgamento gramatical é, portanto, a articulação e a combinação de três tipos de julgamentos encadeados: o julgamento de atribuição do diferencial gramatical, o julgamento de segmentação e o julgamento categorial. Note-se que o termo usual *análise gramatical* pode designar cada um dos três tipos de julgamento considerados em si, mas pode, também, designar sua combinação.

No mais, o termo *análise* é aqui tomado na sua acepção usual, e não há incompatibilidade entre a significação que ele tem em gramática e a significação que ele tem, por exemplo, em química. Em ambos os casos, se trata de explicar as propriedades de um dado pelas propriedades de suas partes constitutivas.

Aqui, ainda, as gramáticas podem variar quanto à lista de partes do discurso; elas podem até mesmo renunciar a elaborar uma lista *a priori*. Isso não impede que todas elas suponham uma pertinência de organização dessas partes.

3.3.6 A relação entre 3.3.3, 3.3.4 e 3.3.5 constitui o que chamamos *regras*; uma regra de gramática consiste, portanto, em mostrar como a atribuição de um valor do diferencial gramatical P a uma entidade X depende das propriedades dos segmentos $x_1, x_2... x_n$, que analisam X, e depende, notadamente, de seu pertencimento categorial. Dito de outro modo, o fato de que um tipo de dado receba o predicado "incorreto" depende do arranjo de suas partes, mas o fato que tal arranjo provoque a atribuição de predicado "incorreto" é entendido como o efeito da violação de uma regra de arranjo das partes.

Essa regra será ilustrada por *exemplos*, nos quais veremos, postos em ato, da maneira mais clara e mais simples possível, os traços distintivos do arranjo correto (ou eventualmente incorreto)[33]. Já que se raciocina por tipo (cf. § 3.3.3), compreende-se que cada exemplo denomine, na realidade, uma classe.

3.3.7 O conjunto das repartições diferenciais forma um sistema coerente, cujas partes se correspondem. A gramática pode, portanto, tomar uma forma coerente e, nesse caso, dedutiva (isso depende da epistemologia escolhida). O correlato objetivo desse sistema é o que se pode chamar uma *língua*; a tradição gramatical demanda, geralmente, que esse correlato objetivo se encontre garantido por signos exteriores: sociais e históricos. Entre esses signos, leva-se em conta, evidentemente, a existência de uma comunidade de falantes que seja, preferencialmente, de dimensão respeitável (povos, nações etc.) ou de importância histórica reconhecida (grupos culturalmente influentes). É esse, de fato, o problema do sólido de referência, ao qual voltaremos[34].

É verdade, portanto, que as tradições gramaticais entrelaçam configurações históricas e sociais particulares, mas a atividade gramatical em si não depende inteiramente disso. A rigor, a atividade gramatical continua a mesma, quer o correlato objetivo dessas regras seja a língua de uma comunidade importante, quer seja a língua de uma minoria eventualmente oprimida. Da mesma maneira, o termo *língua*, se for definido como o correlato objetivo do sistema de julgamentos gramaticais, pode se tornar independente da importância sócio-histórica dos locutores.

---

33. A relação entre a regra e os exemplos está longe de ser trivial. Cf. infra, cap. 2, § 2.1.1.2.
34. Disso provém a conhecida distinção entre língua e dialeto: ela tem apenas *status* sociológico. Como a maior parte das distinções de natureza sociológica, ela não tem nenhum conteúdo de conhecimento; por essa própria razão, suscita grandes paixões.

Desde então, uma gramática se apresenta como um conjunto de regras que permitem descrever a maneira como se distribui, sobre os dados de língua, a diferenciação considerada. Ela será tão mais completa quanto menos dados de língua escaparem à sua descrição; ela será tão mais adequada quanto mais claras forem as razões pelas quais atribuirá o predicado diferencial.

3.4 A possibilidade da gramática e a objetividade da linguagem

Vê-se que a atividade gramatical, seja ela explícita ou implícita, apresenta características específicas e não triviais. Algumas até mesmo contradizem diretamente a intuição imediata: quem acreditará que seja possível emitir conclusões sobre uma produção de língua sem saber do que ela fala, nem a quem ela é dirigida, nem quando ela foi proferida, nem se ela é verdadeira ou falsa? No entanto, é isso o que acontece e, convém repetir, em todos os lugares e desde muito tempo. É verdade que, dessa universalidade e dessa perenidade, nada necessariamente se deduz; é verdade que a humanidade se consagra, em todos os lugares e desde muito tempo, a atividades pouco apresentáveis: afinal, as mitologias e as religiões florescem. Mas a atividade gramatical é de outra ordem. Por mais singular que ela seja, ela conheceu êxitos notáveis na ordem do conhecimento e na ordem da prática. Sejamos claros: embora os processos naturais fossem amplamente desconhecidos e maldominados, embora as formações sociais permanecessem essencialmente opacas, os homens já haviam conseguido dominar as línguas naturais: escrevê-las, traduzi-las, cifrá-las, descrevê-las etc. Há aqui um fato que merece atenção e que conduz naturalmente à seguinte hipótese:

A atividade gramatical encontra propriedades objetivas das línguas.

4 LINGUÍSTICA E GRAMÁTICA

Sobre essas bases pode-se retomar a questão suscitada pelas relações entre a linguística e a gramática.

Essas relações, inicialmente, existem de fato. A linguística tem o mesmo domínio de exercício da gramática, a saber: os dados de língua desconectados das enunciações singulares e mesmo particulares. No entanto, as relações dizem respeito também ao princípio.

4.1 Constatamos que a atividade gramatical existe há muito tempo e praticamente em todos os lugares. Constatamos igualmente que, apesar das grandes diversidades que separam as diversas tradições, ela tem traços comuns – e não triviais – que a caracterizam de maneira exclusiva. Constatamos, enfim, que a atividade que apresenta tais traços teve, em todo o lugar onde ela existe e apesar das diversidades que a dividem, grande êxito. Esse êxito deve ser explicado por propriedades objetivas; ademais, algumas dessas propriedades devem ser comuns às línguas, uma vez que toda língua é gramaticalizável.

Se a linguística é uma ciência, ela é, em particular, a ciência dessas propriedades objetivas e comuns. Ela precisa, pois, se perguntar quais são as propriedades da linguagem que tornam possíveis as gramáticas; nesse sentido, o *factum grammaticae* não lhe interessa somente como garantia; ele lhe interessa também como problema a ser resolvido: uma ciência acabada deveria, entre outras coisas, dizer por que e em que a linguagem é sempre passível de gramática[35].

4.2 Em um segundo momento, a linguística será naturalmente conduzida a se perguntar quais são as propriedades da linguagem que são captadas, de maneira às vezes confusa, pela atividade gramatical. Esse trabalho de explicação e de literalização estava no centro do programa gerativista; ele vale também para o conjunto das linguísticas possíveis. Resulta disso que

---

35. Pode-se lembrar, nesse aspecto, a observação de Katz: a linguagem é *efável* – por oposição a *inefável*. Mas a primeira prova dessa "efabilidade" não é a linguística: é a existência das gramáticas.

necessariamente se encontram, na teoria linguística, muitas hipóteses que estão implicitamente presentes na tradição gramatical. No melhor dos casos, essas hipóteses implícitas terão se tornado explícitas e terão adquirido uma forma mais definida. Assim, as noções de *língua* (*vs. fala*) ou de *competência* permitem atualizar uma hipótese que, de fato, se encontra suposta na menor prática gramatical: a possibilidade de atribuir propriedades a um enunciado, ainda que ele esteja desconectado de qualquer enunciação singular – em resumo, a possibilidade do exemplo como tal. A comutação e o formalismo das árvores, que têm, cada uma, propriedades bem definidas e distintas, não são, na verdade, nada mais do que uma formalização de procedimentos tradicionais nas gramáticas, fundadas sobre a hipótese comum de que as propriedades de um ser de língua dependem de sua composição em partes.

A lista poderia ser continuada.

4.3 Já que toma por objeto as línguas, a linguística não pode deixar de se interrogar sobre o eventual conteúdo de conhecimento das gramáticas. Convém aqui lembrar uma evidência: a tradição gramatical de uma língua particular não poderia ser mantida se ela não tivesse encontrado, ainda que de maneira confusa, as propriedades objetivas dessa língua; a ciência linguística pode, portanto, se apoiar sobre essa tradição gramatical, com a condição de que se detenha no empírico que nela se afirmou.

De fato, não apenas ela pode, mas deve fazê-lo. É possível dizer que a tradição gramatical fornece ao linguista uma descrição à primeira vista (*prima facie*) sobre a qual ele pode trabalhar e que ele terá eventualmente de modificar.

Isso é, como se sabe, o que acontece na prática. Entretanto, não se trata somente de necessidade prática, trata-se também de necessidade teórica. Como toda a ciência, a linguística necessita de uma análise mínima que lhe permita ordenar os dados que deve manejar. Levando-se a sério o *status* do exemplo como experimentação, sabemos que, nas ciências da natureza, nenhuma experimentação é possível sem um recurso prévio a técnicas, por vezes relativamente elaboradas. Foi possível mostrar, assim, que a ciência galileana demanda uma tecnologia da precisão que, durante muito tempo, permaneceu inacessível nos fatos. No entanto, esses instrumentos precisos de medida não constituem experimentação; eles são apenas a condição *sine qua non* da observação precisa que constitui o requisito logicamente mínimo da experimentação. No exemplo, tal como utilizado pela linguística, o equivalente dessa precisão observacional é nada mais nada menos que uma análise gramatical mínima: aquela que permite segmentar as unidades e atribuí-las a um tipo; por exemplo: isso é um Nome, isso é um Verbo etc.

Essa análise mínima não pode ser inteiramente demonstrada pela teoria linguística em si mesma. Ela deve vir de outro lugar. O mais garantido, nesse caso, é embasar-se em uma tradição, lembrando que a continuidade dessa tradição serve de índice provisório de sua validade empírica.

Essa relação comporta, evidentemente, grandes riscos. Ela é, entretanto, inevitável. É verdade que ela foi desconhecida.

Notadamente, a gramática estruturalista desejou impor aos linguistas o dever de se colocar na posição do *primeiro observador*, que deve recriar, por vias estritamente empíricas, as noções mais elementares da descrição. Para tanto, ela propôs procedimentos: o estruturalismo europeu sustentou que a comutação era necessária e suficiente para produzir as noções descritivas da ciência. O estruturalismo norte-americano preferiu a análise em constituintes imediatos. De qualquer maneira, as categorias da gramática tradicional eram consideradas inúteis e perigosas; por exemplo, não se falará em Nome e Verbo, se falará somente em categorias depreendidas pelo único procedimento admitido. Esse purismo científico se revelou pouco fecundo: é muito raro que, por essa via, se chegue a descobrir algo mais do que as categorias tradicionais, ao menos para as línguas para as quais elas tinham sido definidas; e, quando acreditamos ter conseguido, descobrimos que as categorias tradicionais eram superiores[36].

O tema do "primeiro observador", tão difundido na literatura linguística dos anos de 1950, está frequentemente ligado à prática etnográfica. Diz-se, então, que o linguista que estuda qualquer que seja a língua deve imitar o observador que estuda uma língua que ele nunca ouviu e que ninguém estudou antes dele. Não deverá ser considerado que muitas línguas tenham justamente por particularidade histórica serem observadas há séculos. Não é certo que essa exigência possa ser materialmente satisfeita; tampouco que deva sê-lo. De todo modo, a referência à descrição etnológica é apenas uma máscara; trata-se, na realidade, de uma escolha epistemológica totalmente independente da existência da etnologia. Ora, essa escolha tem dois fundamentos aparentemente opostos: um é a concepção axiomática da linguística, concebida não como uma ciência galileana empírica e experimental, mas como uma *episteme* de tipo grego, conforme a axiomática dos antigos; outro é a crença em observações brutas, independentes de qualquer teoria: a comutação, segundo um autor como Martinet, tem as propriedades de uma observação bruta[37] como essa.

Ora, tanto desse ponto de vista como de outro, a linguística, dessa maneira, se separava da ciência moderna. De fato, ela se impunha obrigações que nenhuma ciência empírica se impõe: renunciar a todo o material de descrição que ela mesma não tivesse construído, seja por via axiomática (versão formalista), seja por observação direta (versão empirista). Compreendemos,

---

36. Trata-se aqui das tradições gramaticais próprias de cada língua. Por exemplo, a tradição chinesa para o chinês, a tradição árabe para o árabe etc. Não se confundirá essa questão com uma outra: o uso das categorias da tradição greco-latina para as línguas de um domínio não indo-europeu. Assim, não é evidente que a distinção entre Nome e Verbo permaneça válida fora do domínio indo-europeu. O contrário tampouco é evidente. Dito de outro modo, trata-se de uma questão empírica. Cf., para um breve resumo das discussões sobre esse tema, HAGÈGE. *La structure des langues*. Paris: PUF, 1982, p. 69-75.

37. Há, geralmente, homonímia entre o ideal intrínseco de simplicidade, que está ligado à axiomática grega, e o tema da observação bruta, que está ligado ao empirismo ingênuo.

então, a esterilidade que, após alguns anos, atingiu as diversas versões do estruturalismo.

De fato, a linguística estrutural havia se engajado em uma empreitada radical. No que diz respeito às línguas, não supondo nada de conhecido antes dela, a linguística supostamente não deveria aceitar nada da tradição gramatical, nem mesmo a noção descritiva mais elementar. Decorre disso uma primeira consequência: a empreitada linguística deve dedicar um esforço considerável ao que se poderia denominar linguística "fundamental", em detrimento das formas mais especializadas. Ao mesmo tempo, ela se condena a permanecer nas generalidades, sem oportunidade de abordar o detalhe dos dados. De fato, isso é renunciar ao caráter empírico da ciência.

A evolução é, nesse aspecto, esclarecedora: como ciência empírica, a linguística estrutural teve, é importante destacar, uma geração de linguistas, a dos fundadores que poderiam e deveriam iniciar a empreitada radical. Mas, ao mesmo tempo em que se engajavam nesse esforço, tinham diante de si a impressionante riqueza de conhecimentos empíricos que a gramática comparada representava: em nenhum momento eles a esqueciam. Mais ainda, o desejo era recuperar essa riqueza em sua integralidade, mas fundamentada com rigor e estendida às línguas não clássicas: isso está claro em Saussure e em Bloomfield e em todos os seus discípulos imediatos. Os maiores entre eles, no mesmo movimento, se dedicaram a refinados estudos empíricos. Permanece o fato de que o próprio método, tomado ao pé da letra, deveria, antes, separá-los de tais estudos e, em certos casos, ele, talvez, justamente esterilizou esse esforço. Seja como for, a linguística estrutural de segunda geração não tem praticamente mais conteúdo empírico.

A segunda consequência é que, enquanto a empreitada radical não é levada a termo, a linguística deve se contentar com noções provisórias, as quais, como se fosse um acaso, são emprestadas da tradição gramatical, apesar de tudo. Isso conduz ao ponto que se queria evitar. Mas, na realidade, a empreitada radical nunca é concluída; e mais, ela não faz senão começar, sem ultrapassar os estados mais elementares. Ao mesmo tempo, quando se quer avançar na investigação empírica, é inevitável recorrer à linguística provisória; isto é, à tradição gramatical. Por exemplo, não se sabe que se tenha podido dispensar noções como as de frase ou noções sintáticas usuais: interrogação, subjuntivo, passivas, relativas etc. Simplesmente, deixou-se de analisá-las estritamente. De fato, condenou-se, por radicalismo teórico, a linguística a depender, *nos fatos*, da tradição gramatical, e isso ainda mais intensamente porque não se deu nenhum meio de tratar diretamente a relação que, *nos fatos*, as une. Acrescentemos que, na medida em que o programa radical foi efetivamente cumprido, os resultados são extraordinariamente pouco contrários à tradição gramatical: assim, a noção de *monema*, construída por estrita aplicação da comunicação, surpreendentemente agrega pouco às noções tradicionais de radical, de sufixo, de prefixo; a noção de *sintagma* agrega pouco à noção tradicional de grupo de palavras etc.

A terceira consequência é que, ao se rejeitar, facilmente, toda a tradição gramatical, abstém-se de colocar os problemas empíricos que seu próprio sucesso promove. Assim, a linguística estrutural havia consagrado grandes esforços para questionar a noção de *palavra* e para colocar em dúvida a evidência que se atribui a essa noção no uso corrente de uma língua como o francês. Convenção tipográfica: tal era, *grosso modo*, a conclusão. Não há nada a objetar sobre isso, exceto que, se a divisão tradicional e tipográfica em palavras contradizia constantemente a realidade linguística, ela não teria podido se instaurar. De modo que a linguística, em vez de não a levar em conta *a priori*, tem antes de explicar em que essa divisão tradicional e prática encontra as propriedades linguísticas, em francês ou em outras línguas.

Em resumo, quando a tradição gramatical existe, a ciência linguística precisa conhecê-la, tanto por razões de comodidade quanto por razões estruturais. Resulta disso uma situação difícil: como todas as formas da ciência matematizada, a ciência linguística nasceu no Ocidente. Desde então, a tradição gramatical historicamente mais próxima da linguística envolve apenas um número limitado de línguas. Assim, a ciência linguística encontra uma dificuldade com a qual nenhuma ciência positiva se defronta, porque o material de descrição elementar de que dispõe não pode reivindicar nenhuma universalidade. Isso requer precauções especiais. Elas não são impossíveis, mas são exigentes[38].

Em particular, a ciência linguística deve reter, da tradição gramatical, apenas o que esta propõe como empírico. Isso supõe uma filtragem, e essa filtragem não é nada fácil. Neste ponto, convém lembrar o que parece ter sido estabelecido pela ciência positiva das formações discursivas e especialmente por Foucault. Toda tradição gramatical é apreendida em uma rede de termos, em uma visão de mundo anterior, em uma *episteme* sincrônica etc.; isso foi demonstrado pela gramática geral e começa a sê-lo para outras tradições; pode-se legitimamente supor que acontece o mesmo para todas. Ao mesmo tempo, a linguística não pode "tomar emprestado" um termo de uma tradição gramatical sem importar imediatamente com ele o conjunto discursivo em que nasceu. Assim, as partes do discurso são geralmente utilizadas pelas teorias linguísticas (exceto, convém lembrar, as teorias radicais da escola estrutural, mas talvez isso seja apenas aparência). Ora, as partes do discurso têm uma história; elas dizem respeito a conjuntos discursivos que podemos localizar. Ao retomá-las, a teoria linguística não deveria também estabelecer claramente o que diz respeito às suas relações com esses conjuntos? Da mesma maneira, se a teoria linguística adota, para designar o diferencial que ela supõe nas línguas, o mesmo nome usado por certas tradições (p. ex., os nomes *correto* e *incorreto*), este empréstimo não teria consequências? A teoria não recorreria, simultaneamente, aos eventuais pressupostos e, em especial, aos investimentos imaginários próprios a essas tradições? Observações análogas poderiam ser multiplicadas.

Compreende-se que a história das doutrinas gramaticais apresente aqui certo interesse. Seu incontestável sucesso sociológico (na França, hoje, pa-

---

38. Um dos méritos do programa gerativista é o de ter renunciado a toda a hipocrisia nesse domínio.

rece que, em matéria de língua, não é mais possível se interessar por outra coisa) e a sedução que ela exerce sobre aqueles a quem a análise direta de dados de linguagem desencoraja, tudo isso, contudo, não deve mascarar uma consequência. Para muitos pesquisadores nesse campo – e suas atividades, sem dúvida, exigem –, as doutrinas gramaticais constituem um objeto de discurso passível de uma análise específica. Porém, desse modo, não há lugar para uma abordagem, digamos, realista da linguagem: as gramáticas não devem ser consideradas como tentativas de apreender as propriedades objetivas das línguas, e isso, fundamentalmente, porque essas propriedades objetivas, como tais, não existem. A posição seria, facilmente, a de que uma língua nada mais é do que o conjunto de discursos que se profere a seu respeito: aqui se encontra o nominalismo que se tornou convencional em certos tipos de estudos. Ora, a linguística adota justamente a hipótese oposta: sejamos claros, a linguística só existe se a linguagem tem propriedades reais e, entre essas propriedades reais, ela deve incluir aquela diferenciação da qual o diferencial gramatical é um nome[39].

A partir desse momento, a linguística considera que, por seu filtro, pode legitimamente reter o que há de empírico em cada vocábulo (i. é, de refutável, sendo a realidade empírica a instância de refutação) e pode traçar o limite que separa esse uso referencial das propriedades impostas a esse vocábulo pelo sistema discursivo em que foi tomado. Dito de outro modo, a linguística usa as partes do discurso – estas têm aqui o mesmo nome que na tradição gramatical, mas tal semelhança pode ser reduzida a uma homonímia. Como há uma realidade objetiva da língua, pode-se, em certos aspectos, "desmitologizar" todos os termos empregados, retornando-os à parte de realidade objetiva que designam ou que supõem.

---

39. Dito de outro modo, não se pode confundir o diferencial em si mesmo – que a linguística supõe real – com os nomes que diversas tradições gramaticais lhe conferem: esses nomes variam e dependem amplamente das configurações discursivas em que aparecem. Admitido isso, resta estabelecer o modo como a realidade objetiva da linguagem e das propriedades da língua se encontra representada em termos de substância; esse é outro assunto sobre o qual as diversas teorias podem variar.

Dito isso, pode sempre acontecer de a proposição empírica evidenciada se revelar falsa. Nesse sentido, a linguística não se limita, em absoluto, a racionalizar a tradição gramatical. A noção de passiva, por exemplo, é uma das mais constantes na tradição gramatical ocidental. Uma análise minuciosa dessa noção pode estabelecer que ela é amplamente fantasmática. Inversamente, a noção de anáfora é, também, tradicional: podem-se evidenciar as propriedades empíricas que ela recobre e, mediante precauções, manter o seu uso.

4.4 Nesse ponto do caráter real do diferencial, a relação entre linguística e gramática se revela fundamental. Com efeito, dizer que, para a linguística, há propriedades objetivas das línguas, é, de fato, adotar sobre essas línguas o ponto de vista gramatical característico, sem o qual as gramáticas não são mais do que regras de civilidade: a realidade do possível de língua e a autonomia desse possível. Se concordamos em designar esse ponto de vista com o nome de realismo – por oposição ao nominalismo dos historiadores das doutrinas gramaticais –, o "realismo" da linguística e o "realismo" da gramática são de mesma natureza. Sem dúvida, não convém, porém, suprimir as diferenças. De qualquer maneira, elas se resumem a uma só, verdadeiramente essencial: a linguística evoca o ideal da ciência, admitindo-se que esse ideal possa incarnar-se de diferentes maneiras, conforme as epistemologias. A gramática não evoca sistematicamente esse ideal.

5 O SÓLIDO DE REFERÊNCIA

É possível dizer que a gramática implica a linguística, no sentido de implicação material: é verdade que a linguística não valida a gramática, mas, se a gramática é radicalmente ilusória, então a linguística também é. Apesar da diferença de *status*, importa, então, que seja estabelecida, com um grau razoável de certeza, a legitimidade da atividade gramatical tal como nós a descrevemos.

5.1 A gramática não pode descrever nada que não seja em termos diferenciais. Isso supõe, evidentemente, que ela se dê um sólido de referência. Este consiste apenas nisso: um conjunto de sujeitos falantes que emitem um julgamento diferenciado sobre dados de língua igualmente comprovados.

O fundamento da gramática consiste, portanto, no julgamento que os sujeitos que falam uma língua emitem sobre os dados dessa língua. Se esse julgamento é considerado imaginário, se os dados de língua são supostamente considerados homogêneos entre si a partir do momento em que são comprovados, então a gramática não tem nada a dizer, não dispondo de nenhuma fonte de informação que lhe permita ultrapassar o puro e simples registro dos dados. Um gravador também faria isso bem. Ora, a gramática começa onde o gravador encontra seu ponto de insuficiência.

Nesse aspecto, as discussões atribuem, às vezes, grande importância à diferença entre gramática normativa e gramática descritiva. Apenas a primeira, sustenta-se, adota o ponto de vista diferencial, que ela exprime ao prescrever as regras, sem levar em conta o que é efetivamente comprovado pelo uso – caso fosse o uso mais difundido; a segunda, ao contrário, se dedicaria a descrever com toda a neutralidade o que se diz, sem se deixar influenciar por noções como erro, transgressão etc.; acrescente-se que o ponto de vista normativo reinou por muito tempo e foi substituído por um ponto de vista descritivo apenas recentemente. Em particular, o papel da linguística científica teria sido o de demonstrar a inutilidade do ponto de vista normativo.

Há elementos exatos nessa apresentação; ela permanece, entretanto, superficial. Afinal, se nos atemos às proposições gramaticais mínimas, elas são inteiramente indiferentes à diferença entre prescrição e descrição. Assim, consideremos uma proposição como: "em francês, o verbo concorda com o sujeito"; ela apenas é verdadeira se, nos fatos, um conjunto razoavelmente importante de sujeitos que falam francês concordam o verbo com o sujeito e rejeitam uma frase em que a concordância não é feita. Isso pode ser descrito como um estado de coisas ou ser atribuído a uma norma interiorizada que os sujeitos respeitam; mas o fenômeno em si não é afetado: ele corresponde ao uso efetivo dos sujeitos que falam francês e é intrinsecamente diferencial.

Caso se considere uma formulação abertamente prescritiva: "diga *aller chez le coiffeur* [ir ao cabeleireiro], não diga *aller au coiffeur* [ir no cabeleireiro]"*, ela se deixa, facilmente, transpor em uma descrição: em sua parte positiva, ela enuncia que um conjunto razoavelmente importante de sujeitos que falam francês dizem ou escrevem *aller chez le coiffeur*. Inversamente, em sua parte negativa, ela enuncia, ainda que de maneira indireta, que um conjunto razoavelmente importante de sujeitos que falam francês dizem ou escrevem "*aller au coiffeur*". Isso é tão verdadeiro que os historiadores não dispõem de melhor fonte sobre certos estados de língua efetivamente falada do que as compilações normativas em que os usos ditos incorretos ou comuns se encontram condenados; basta-lhes retraduzir em estilo descritivo o que estava formulado em estilo de prescrição proibitiva.

Na medida em que a oposição entre gramática normativa e gramática descritiva tenha uma realidade, esta última não diz respeito aos princípios, mas, antes, à natureza e à extensão dos dados estudados. De fato, a gramática dita normativa não está menos ligada ao uso do que a gramática descritiva; todavia, além do estilo prescritivo que de bom grado ela adota – e que é, no fundo, sem importância –, ela tem por particularidade escolher um uso entre todos os usos possíveis, geralmente antigo e literário; por exemplo, segundo Vaugelas**, antigamente, e, hoje em dia, segundo Grevisse***, o uso dos melhores autores, que vem a ser também aquele das

---

* N.T.: Trata-se da diferença, em francês, entre as preposições "*chez*" e "*à*".
** N.T.: Claude Favre de Vaugelas (1585-1650), reconhecido gramático, lexicógrafo e tradutor francês.
*** N.T.: Maurice Grevisse (1895-1980), reconhecido gramático belga.

melhores classes da sociedade[40]. A dita gramática descritiva não está menos ligada a um diferencial do que a gramática normativa. Ela apenas não chama necessariamente seu diferencial de "correto/incorreto"; preocupada com as boas maneiras, empregará termos mais neutros (aceitável/inaceitável; frequente/raro; preferido/rejeitado etc.); muitas vezes, também, ela prefere usar uma escala de vários graus: no lugar de opor de maneira absoluta dois graus (p. ex., correto/incorreto), ela raciocina em termos de mais ou menos. Na maioria das vezes, enfim, ela admitirá fontes de informação mais amplas: os autores citados serão mais modernos e numerosos; admitem-se jornais; a base social será ampliada: à burguesia média culta soma-se a pequena burguesia trabalhadora, o proletariado ou mesmo, ousadia deliciosa, a juventude marginal. Convém repetir: trata-se mais de uma diferença de apresentação do que de uma diferença de natureza[41].

---

40. Talvez valha a pena assinalar que essa definição de bom uso não é verdadeira em todas as tradições. Ela é predominante na tradição francesa, onde se supõe que um grande escritor de origem popular e um ignorante de origem aristocrática ou burguesa supostamente podem estar de acordo em matéria de língua e, através desse acordo, determinar o bem-falar. Em Vaugelas, essa teoria das duas fontes permanece explícita (cf. seu *Préface* a *Remarques sur la langue française*, § VII, 3). Na tradição inglesa ou alemã, não parece que se suponha um acordo como este tão constantemente: os aristocratas ignorantes não falam como escrevem os grandes autores. Observe-se que Proust enuncia, essencialmente, a mesma tese que Vaugelas, invertendo-a, não sem ironia: os aristocratas e as pessoas instruídas geralmente falam mal (ainda que haja exceções, particularmente as mulheres); as criadas camponesas – Françoise ou Céleste – têm o privilégio de se mostrar ingenuamente de acordo com os grandes escritores.

41. Não se deve confundir, portanto, a questão do sólido de referência com a questão da norma: a norma é apenas a realização material do sólido de referência, pois essa realização é objeto de uma escolha particular. Todas as gramáticas se referem explícita ou implicitamente a um diferencial; elas podem variar quanto à realização do sólido de referência: seria suficiente registrar o que se diz efetivamente na vida cotidiana? – tema do uso. Ou se deveria preferir as fontes literárias? – supondo que elas existem. Tanto em um caso como em outro, todas as fontes se equivaleriam? Compreende-se que as diferenças que dizem respeito às respostas dadas a essas questões não afetam o recurso geral a um diferencial (cf. infra, cap. 2, § 2.1.1.1.).

5.2 Admitindo-se que toda a gramática supõe um diferencial, aceita-se que, tomada em si mesma, a hipótese do diferencial não é evidente. Sabe-se que, sobretudo na França, é comum a crença de que a gramática é apenas o efeito da divisão social e a causa da perpetuação dessa divisão. Isso não significa que ela seja efêmera – já que, afinal, a divisão social tem futuro –, mas significa que ela não encontre nenhuma objetividade específica: a única objetividade que pode ser estabelecida nesse ponto é a própria divisão social, refratada, refletida, transposta etc., pelos diferenciais gramaticais. Quanto ao sólido de referência, pode-se sempre recusá-lo: se é constatável que os sujeitos falantes reconhecem diferenças na língua, então é preciso concluir que, sem saber sempre (mas sabendo às vezes), eles, dessa maneira, não fazem mais do que interiorizar os efeitos da divisão em que, na condição de agentes sociais, se encontram. Em nenhum momento, em todo o caso, encontra-se, em matéria de diferenças de língua, o que quer que seja de autônomo a respeito da divisão social.

Se isso é assim, a única ciência lícita aqui é a ciência da divisão social, que se chama sociologia ou qualquer outra coisa. Se falarmos somente sobre *gramática*, é preciso saber que ela não é nem mais nem menos que o conjunto de discursos que se pretendem gramaticais: falar deles cientificamente é revelar, mediante uma crítica atenta, a cadeia que liga uma ou outra de suas proposições ao único tipo de proposição que merece o título de proposição objetiva: uma proposição que diz respeito a este ou àquele aspecto da divisão social. Da mesma maneira como Mach resumia toda a proposição teórica, por análise, ao relato de algumas sensações, aqui acontece o mesmo, com a exceção de que a sensação corporal é substituída pela sensação social, ou seja, pela experiência (talvez ela seja, afinal de contas, também corporal) de desigualdade.

A poderosa escola de Bourdieu sustenta firmemente uma doutrina como essa. Por razões diversas, ela se tornou quase oficial no aparelho de Estado e quase constante entre os formadores de opinião. Ela tem por consequência inevitável que a gramática seja um artefato. Resulta disso que a linguística é, também ela, ilusória[42].

5.3 A bem da verdade, a essa discussão não falta confusão. Uma primeira confusão diz respeito à relação entre o diferencial gramatical e a divisão social. Na medida em que se trata de dois sistemas de diferenciação, eles poderiam facilmente se corresponder. E é isso que acontece em muitos casos. Mas disso não resulta que o diferencial gramatical seja um *efeito* da divisão social (nem evidentemente o contrário): uma correspondência não é uma relação de causalidade. Uma segunda confusão diz respeito à relação de causalidade em si. Suponhamos que, de fato, o diferencial gramatical seja, por natureza, o efeito e o testemunho da divisão social. Isso, de modo algum, significa que ele não tenha uma configuração própria e autônoma. A relação de efeito e causa não é uma relação de reflexo. Visto que raciocinamos em termos de divisão social, pode não ser inoportuno lembrar como os diversos autores marxistas refinaram o tratamento dessas questões[43].

Na verdade, na maior parte dos casos, a relação entre o diferencial de língua e a divisão social envolve uma escolha que leva em conta visões de mundo. Ela não é examinada de um ponto de vista empírico. Ora, os dados empíricos são, nesse aspecto, muito claros, tão claros que Stalin, que não era em absoluto um gênio da ciência, sobre isso estava menos enganado do que certos dignitários da sociologia contemporânea. Para sermos francos, a maioria das diferenças entre o correto e o incorreto nada deve às diferenças sociais. De fato, aquelas preexistem a estas, e é exatamente por essa razão que, por vezes, elas passam a ser o seu sinal e a sua manifestação.

---

42. Ao menos as formas da linguística em que se raciocina em termos de diferencial e que não se limitam ao registro de dados brutos.

43. Acrescentemos, enfim, uma terceira confusão: definimos a relação de causalidade de modo suficientemente claro e preciso? Sobre essa questão, que não é absolutamente trivial, cf. infra, cap. 3, § 2.

5.3.1 Sem dúvida, é muito fácil mostrar casos em que a diferença de língua se encontra investida de uma função social de signo de reconhecimento: Shaw já disse tudo o que havia para ser dito sobre esse ponto. Mas é fácil também mostrar casos em que uma diferenciação de língua existe sem que se possa ligá-la de maneira evidente a uma diferença social: em francês, o adjetivo atributivo concorda em gênero e em número com o sujeito (o que significa que a frase *elle est beau* [ela é bonito] é incorreta de uma ponta à outra da escala social); em alemão, o adjetivo atributivo permanece invariável (o que significa que a frase *sie ist schöne* é incorreta de uma ponta à outra da escala social). A razão dessa repartição não está ligada de maneira evidente a um fenômeno sócio-histórico.

Enfim e sobretudo, não é verdade que os usos "condenados" pela gramática das classes dominantes sejam, tomados em si mesmos, menos diferenciados do que os outros.

Consideremos a famosa cena de *Femmes savantes* (II, 6), em que Philaminte e Bélise desenvolvem fortemente o discurso da gramática prescritiva, na forma mais extremada. Tendo a criada camponesa Martine usado a expressão *ne servent pas de rien* [não servem de nada], elas a demitem, acusando-a de ter faltado a Vaugelas ao combinar *pas* com *rien**. A cena se presta a vários comentários; seja como for, e se limitando apenas ao ponto de vista da língua, ela é interessante, porque o "erro" de Martine leva em conta, de fato, um sistema gramatical bastante claro.

Para compreender esse sistema é preciso primeiro observar que não é verdade que Martine combina sempre *pas* com *rien*: na mesma cena, ela diz

---

* N.T.: Para melhor compreensão do exemplo é preciso levar em conta que a construção negativa com verbos em francês se faz na forma *ne verbo pas*, como em *il ne parle pas* [ele não fala]. A partícula *pas*, no entanto, segundo a gramática normativa, deve ser suprimida quando a negação é feita por outra partícula, como *rien* [nada], *jamais* [nunca] ou *personne* [ninguém]. Por exemplo: *il ne parle rien* [ele não fala nada]. No exemplo dado pelo autor, Martine desobedece a essa regra da gramática normativa ao dizer *ne servent pas de rien* [não servem de nada], quando o esperado seria dizer *ne servent rien*.

Cela ne me fait rien [Isso não me diz nada] (v. 495) e não **cela ne me fait pas rien*. Por outro lado, comentadores observaram que Martine, no século XVII, não é a única a combinar *pas* com *rien*. Muitos escritores fazem isso, o que não faz com que se sintam aldeões; mesmo em Molière, a aristocrata Angélique – que, no geral, fala como se fala na boa sociedade – e o citadino Coville dizem: *ne faites pas semblant de rien* [não finja nada] (*George Dandin*, II, 8. • *Les Bourgeois gentilhomme*, V, 6).

De um ponto de vista objetivo, a situação geral é a seguinte: tanto na língua clássica como na língua moderna, a regra geral exige que *ne* [não] não seja empregado sozinho, mas que se "ligue" a um "forclusivo": *pas* [não], *jamais* [nunca], *personne* [ninguém], *rien* [nada] etc.[44] Para que *ne* [não] se "ligue" a um forclusivo é necessário que tanto um como o outro se encontrem no mesmo domínio (sobre essa noção, cf. *Version intégrale*, parte III, cap. I). Por outro lado, um mesmo domínio pode conter vários forclusivos para um único *ne* [não]: facilmente encontramos: *je n'ai jamais rien fait* [eu nunca fiz nada]. Em contrapartida, *pas* [não] tem a propriedade particular de não admitir nenhum outro forclusivo ao seu redor[45]. Assim, *pas* [não] e *rien* [nada] não podem estar juntos no mesmo domínio, não mais que *pas* [não] e *jamais* [nunca], *pas* [não] e *personne* [ninguém] etc.

Resta saber como os domínios são delimitados e em quais casos admitimos ou negamos sua distinção. A diferença entre Martine e Vaugelas se explica assim: ambos estão de acordo quanto à pertinência da noção de domínio, mas não estão de acordo quanto à delimitação do domínio.

Assim, segundo Vaugelas (e o francês moderno usual), uma proposição cujo verbo é conjugado constitui sempre um domínio único para

---

44. Essa regra se tornou praticamente absoluta em francês moderno; na língua clássica, ela é apenas preferencial.

45. De fato, isso se explica facilmente: *pas* [não] expressa uma negação total; *aucun* [nenhum], *jamais* [nunca], *personne* [ninguém] etc. expressam uma negação parcial. Várias negações parciais podem se combinar, mas a negação total não pode se combinar com uma negação parcial. Da mesma maneira, a interrogação total *est-ce que* [é que] não pode se combinar com interrogações parciais: não temos ** est-ce que tu vas où?* [é que tu vais onde?].

a negação[46], e, para que existam dois domínios distintos, é preciso que existam duas proposições distintas. Rejeitamos, portanto, tanto *cela ne me fait pas rien [Isso não me diz nada] quanto *ils ne servent pas de rien [eles não servem de nada]. Mas admitimos:

1) *je ne crois pas que vous ayez rien démontré* [eu não acredito que você nada tenha demonstrado]

Martine e aqueles que fazem parte de seu sistema consideram que, em *ils ne servent pas de rien* [eles não servem de nada], a preposição *de* [de] é, de certa maneira, suficiente para isolar *rien* [nada] de *pas* [não], de modo que *ne* e *rien* não pertençam ao mesmo domínio, ainda que pertençam à mesma proposição. Em contrapartida, se não há preposição, então reencontramos o sistema de Vaugelas; de onde o *Cela ne me fait rien* [Isso não me diz nada] do verso 495. Desde o momento em que *de* isola *ne* de *rien*, a "ligação" não pode se efetuar e como, em francês (mesmo no século XVII), dificilmente se emprega *ne* sozinho para formar a negação, um forclusivo suplementar torna-se necessário no domínio em que se encontra *ne*; ao mesmo tempo, não há nada que impeça que esse forclusivo seja *pas*, uma vez que, não estando *rien* no mesmo domínio que *pas*, eles não entram em colisão. Em resumo, o que torna *pas* necessário é também o que o torna possível[47].

---

46. As proposições infinitivas são uma questão complexa. Cf. infra, n. 48. Para mais detalhes sobre a teoria da negação em francês, cf. MILNER, J.-C. *Ordres et raisons de la langue*. Paris: Éd. du Seuil, 1982, p. 186-223.

47. O papel da preposição é igualmente determinante nos exemplos citados por Haase: *Syntaxe française du XVII*ᵉ *siècle*. Trad. e revisto por M. Obert. Paris: Delagrave, 1914, § 102 A. As exceções são marginais; levaremos em conta, entretanto, que Haase mistura dados sintaticamente heterogêneos. Cf. Igualmente: BRUNOT, F. *Histoire de la langue française*. III-2. Paris: Colin, p. 616. • DAMOURETTE & PICHON. *Des mots à la pensée*. VI. Paris: D'Artrey, p. 204. É engraçado notar que Vaugelas segue, às vezes, o uso de Martine: "*encore qu'ils n'aient pas la mesure d'aucune sorte de vers*" [ainda que não tenha a medida de nenhuma espécie de verso] (STREICHER, J. (ed.). *Remarques sur la langue française*. Paris: Droz, 1934, p. 105), "*l'i de si ne se mange point devant aucune des cinq voyelles, si ce n'est devant i*" [o i de si não se come diante de nenhuma das cinco vogais, exceto diante de i] (ibid., p. 372). Os exemplos modernos oferecidos por Damourette e Pichon não se ajustam ao sistema que nós descrevemos, mas eles são muito marcados – ou são muito literários, ou são muito regionais (especialmente o quebequence): "*le plaisir vrai laisse un parfum qu'aucun artifice ne parvient pas à donner aux fruits forcés*" [o verdadeiro prazer deixa um perfume que nenhum artifício consegue dar aos frutos forçados] (Proust); "*je ne prends pas un coup jamais*" [não bebo nunca] (Hémon).

Nos dois usos, o princípio é, portanto, o mesmo: *rien* e *ne* estariam no mesmo domínio? Em caso afirmativo, *ne* se liga a *rien* e *pas* é impossível; caso contrário, *ne* não se liga a *rien* e *pas* é possível. A única diferença entre Martine e Vaugelas é que eles não definem os domínios da mesma maneira[48*].

Em resumo, há tanto diferencial em Martine como em Vaugelas, ainda que a primeira não o perceba e não possa explicitá-lo; esse diferencial repousa, nesse caso, sobre princípios semelhantes; de qualquer forma, essa semelhança é ignorada por Philaminte e Bélise não porque elas conheçam a gramática, mas porque elas não a conhecem suficientemente.

Um outro exemplo tem seu interesse: destacamos acima a oposição entre *aller au coiffeur* e *aller chez le coiffeur*. Não podemos imaginar uma ilustração mais direta do caráter "artificial" da gramática prescritiva, porque, como qualquer um sabe, "todo mundo" diz *aller au coiffeur*, enquanto todos os gramáticos se empenham, maliciosamente, em sustentar que é preciso dizer *aller chez le coiffeur*.

---

48. Exemplo interessante em Racine: *Les Plaideurs* – II, 6: "On ne veut pas rien faire qui vous déplaise" [Não queremos fazer nada aqui que o desagrade]. Nós o colocamos, geralmente, junto aos exemplos de Molière (cf. HAASE. Ibid.). Notemos, inicialmente, que ele aparece na boca de Léandre, jovem sedutor que supõe falar como se fala na corte; não é, portanto, um modo de falar "aldeão". Notemos, em seguida, que a preposição *de* não está em questão. Entretanto, de um ponto de vista linguístico, a explicação permanece: sem dúvida, devido à presença da relativa *qui vous déplaise*, Racine considera que a proposição infinitiva *rien faire qui vous déplaise* forma um domínio suficientemente distinto da principal para que *rien* seja aí possível. Enquanto a negação *ne pas* afeta o verbo principal. A análise é, portanto: [on ne veut pas [rien faire qui vous déplaise]]. Essa definição dos domínios não seria válida em francês moderno, no qual a proposição infinitiva, nesse contexto particular, formaria, para a negação, um único domínio com a principal; teríamos somente: *On ne veut rien faire qui vous déplaise*, como temos, sem relativa: *on ne veut rien faire, on ne veut voir personne* [não queremos ver ninguém], *on ne veut aller nulle part* [não queremos ir a parte alguma] etc. É verdade que, em outros contextos, inclusive em francês moderno, uma proposição infinitiva pode formar um domínio distinto; cf. assim: *le Président ne laissera pas son Premier ministre rien faire qui lui déplaise* [o Presidente não deixará seu Primeiro-ministro fazer nada que o desagrade], e não: **le Président ne laissera son Premier ministre rien faire qui lui déplaise* (cf. MILNER, J.-C. *Ordres et Raisons de langue*. Op. cit.).

* N.T.: Os exemplos acima dizem respeito à presença ou não de *pas* na negação em francês.

Também aqui é possível refletir. Quando se trata de designar o lugar onde se completa um movimento, o francês separa nitidamente as designações de seres humanos das designações de lugares inanimados; no primeiro caso, emprega *chez*: *aller chez le pape* [ir no papa], *aller chez Jean-Paul* [ir no Jean-Paul], *aller chez les filles* [ir nas meninas]; no segundo, emprega *à*: *aller à Rome* [ir a Roma], *aller au Vatican* [ir ao Vaticano], *aller au confessional* [ir ao confessionário], *aller à la messe* [ir à missa], *aller au bordel* [ir ao bordel] etc.[49]

Como *le coiffeur* [o cabeleireiro] designa um ser humano, a repartição prescrita pelos gramáticos se explica facilmente. No entanto, ela suscita um problema; com efeito, *aller chez le coiffeur* é ambíguo: em uma interpretação, *le coiffeur* designa, sem dúvida, um indivíduo, a quem vamos, mas não como um cliente (*je vais chez le coiffeur fêter Noël avec lui*) [eu vou à casa do cabeleireiro festejar o Natal com ele]; em outra interpretação, *le coiffeur* designa não o indivíduo, mas o local ao qual se vai como cliente (*je vais chez le coiffeur me faire couper les cheveux*) [eu vou ao cabeleireiro cortar o cabelo].

O uso dito incorreto separa as duas interpretações: *aller au coiffeur* isola a interpretação comercial. Com efeito, não diremos **aller au coiffeur fêter Noël avec lui*, mas, certamente, nesse caso, *aller chez le coiffeur*[50]. Em *aller au coiffeur*, com efeito, *le coiffeur* designa por metonímia o local do cabeleireiro; é normal, portanto, que encontremos a preposição dos complementos de lugares inanimados.

Essa análise se apoia em outros índices:
• A possibilidade de que se diga *le coiffeur a brûlé* [o cabeleireiro incendiou], para dizer que o local incendiou.
• O fato de que o artigo definido não suponha aqui, necessariamente, que se trata de um cabeleireiro determinado, conhecido do locutor. Na

---

49. Não confundir esse uso com os do tipo: *aller à Dieu*, que significa que vamos suplicar a Deus (permanecendo na Terra), mas não que vamos ao lugar em que Deus está (que é o Céu).

50. É aproximadamente a mesma diferença que faz o inglês entre *I'm going to the barber* (*je m'approche du coiffeur*) [eu me aproximo do cabeleireiro] e *I'm going to the barber's* (*je vais chez le coiffeur comme client*) [eu vou ao cabeleireiro como cliente].

maioria dos empregos, utilizamos preferencialmente o artigo definido genérico. Além disso, não podemos pluralizá-lo: *ils vont aux coiffeurs; não podemos substituí-lo por um indefinido: não temos *je vais à un coiffeur; não podemos adicionar uma determinação individualizante ao N: não temos *je vais au coiffeur qui coiffe mon père [vou ao cabeleireiro que penteia meu pai], nem *je vais au coiffeur de mon père [vou ao cabeleireiro de meu pai], nem *je vais à la coiffeuse [vou à cabeleireira], o que confirma que a individualidade do agente que penteia não está em questão. Inversamente, mesmo entre aqueles que dizem comumente *je vais au coiffeur*, encontramos muito facilmente: *je vais chez un coiffeur* ou *je vais chez le coiffeur qui coiffe mon père*, ou *je vais chez le coiffeur de mon père*, ou *je vais chez une coiffeuse*; ocorre que, nesse caso, não falamos apenas da relação comercial: aí, adicionamos informações suplementares, referentes ao indivíduo. Ao mesmo tempo, este já não pode ser considerado como a pura e simples designação metonímica de um lugar. Portanto, *à* está excluído, em benefício de *chez*;

• Finalmente, o fato de que *je vais au coiffeur* seja especialmente usado pelos profissionais cujo local de trabalho não recebeu um nome simples: dizemos *je vais au coiffeur* apenas porque o local do cabeleireiro tem um nome complexo, *salon de coiffeur* [salão de cabeleireiro]; dizemos *je vais au docteur* [vou ao doutor] apenas porque o local onde se exerce a medicina tem um nome complexo, *cabinet du docteur* [consultório médico][51].

---

51. Raramente ouvimos *je vais au médecin* [vou ao médico] porque aqueles que utilizam mais *à* do que *chez*, nesse emprego, utilizam, também, mais o nome *docteur* do que o nome *médecin*. Reciprocamente, raramente ouvimos *je vais chez le docteur*, porque aquele que utiliza *chez* em todos os casos usa mais o nome *médecin* do que o nome *docteur*. Além disso, mesmo entre aqueles que, de um lado, dizem *aller au docteur* e, de outro lado, *la doctoresse* para designar uma médica, raramente ouvimos *aller à la doctoreusse*. Isso se explica pelas mesmas razões que a raridade de *aller à la coiffeuse*: o emprego de *à* apenas é possível aqui se *docteur* é apenas a designação metonímica de um lugar e de uma função profissionais; portanto, é preciso que neutralizemos da maneira mais completa possível os traços distintivos do indivíduo que exerce essa função e ocupa esse lugar. O fato de o médico ser mulher e não homem é percebido, nesse caso, como contingente. Sem dúvida porque, na língua francesa, uma mulher equivale a um homem, quando ela tem os títulos requeridos.

Ao contrário disso, dizemos mais *je vais à la boulangerie* [vou à padaria] do que *je vais au boulanger* [vou ao padeiro], mais *je vais à la boucherie* [vou ao açougue] do que *je vais au boucher* [vou ao açougueiro] etc., bastando os nomes simples *boulangerie* e *boucherie* para designar o lugar, sem que seja necessário passar pelo desvio de uma metonímia.

Uma vez ainda, o modo de falar dito "vulgar" tem seu sistema próprio; ele não é menos diferenciado do que o modo de falar dito "correto"; em certos aspectos, o primeiro é até mesmo mais diferenciado que o segundo, já que opera uma distinção que este não efetua. Em resumo, ele não é menos gramaticalizado ainda que sua "gramática" não esteja registrada nos manuais.

A bem da verdade, uma situação como essa suscita um problema interessante. Constatar que "todo o mundo" diz *aller au coiffeur*, contra a opinião de "todos" os gramáticos, é um fato; mas, enfim, como chegamos a dizer *aller au coiffeur*? Certamente, o sistema não se instalou devido a pressões institucionais, já que ninguém ensinou a ninguém quando e como era necessário dizer *aller au coiffeur*. Sempre que o tema foi mencionado, até agora, foi para dizer que nunca se deveria dizer *aller au coiffeur*. E, no entanto, existe um sistema. Isso prova que o diferencial gramatical não é inteiramente um artefato devido à pressão escolar. Em resumo, os múltiplos casos em que o uso efetivo das classes trabalhadoras se separa do uso prescrito pelos manuais estão bem longe de estabelecer o caráter imaginário e, consequentemente, burguês, das distinções de língua: eles estabelecem justamente o contrário.

Obviamente, eles não bastam para demonstrar que o diferencial de língua não seja, em sua essência, de natureza social; eles bastam, entretanto, para demonstrar que essa essência, como convém às essências, está não somente dissimulada na observação, mas propriamente fora do reino do empírico. Consequentemente, apenas podemos decidir sobre essa questão com razões não empíricas: uma escolha ética, ou estética, ou política etc.

Podemos também suspender qualquer decisão. Na realidade, isso é o que convém fazer se queremos abordar a linguagem como um objeto empírico. Para quem se detém no observável, pouco importa a causa da diferenciação. O importante é que nas línguas sejam constatáveis diferenciações autônomas em relação às diferenciações sociológicas. Ora, disso, ao menos, não poderíamos duvidar.

5.3.2 Uma última fonte de confusão: a questão do sólido de referência. Esse sólido não é o diferencial em si, mas sua realização, quer dizer, o conjunto dos julgamentos que exprimem a demarcação no interior dos dados. Esses julgamentos são obra de um conjunto de sujeitos falantes, ou seja, de um grupo.

Com efeito, sendo admitido que todo o sujeito falante opera uma diferenciação nos dados de língua, o fato é que essa repartição diferencial pode variar. Como acontece frequentemente nas ciências, a linguística negligencia os casos em que a unidade de variação é o indivíduo (variações individuais) e considera somente os casos em que a unidade de variação é um grupo. A partir do momento em que ela considera uma determinada repartição em vez de outra, todos os sujeitos falantes não serão testemunhas de igual valor. A rigor, apenas deveriam ser considerados aqueles que testemunham a repartição levada em conta. Ora, aqui, dois pontos de vista são possíveis:

• Ou bem partimos de um grupo constituído sobre bases não linguísticas – estas serão, de fato, bases sociológicas, no sentido mais amplo – e estudamos, no interior desse grupo, a ou as repartições diferenciais que nele operam.

• Ou bem partimos de uma repartição diferencial dada e constituímos o grupo testemunho a partir dela; de fato, ao nos limitarmos a constatar que a repartição considerada não é obra de uma imaginação individual isolada, que é repetível de um indivíduo a outro, obtemos o *sólido de referência* desejado (correspondente ou não a um grupo sociológico; isso não é pertinente).

A primeira situação dá lugar ao que, em geral, chamamos sociolinguística; a segunda corresponde à generalidade dos estudos linguísticos propriamente ditos. No primeiro caso, pode acontecer que o grupo, sociologicamente homogêneo, não o seja quanto ao diferencial de língua: do ponto de vista da linguística, apenas adiamos o problema, uma vez que, a rigor, a linguística deve poder decidir se ocupar apenas de um diferencial a cada vez; na realidade, nós nos encontramos remetidos ao segundo caso. Nesse segundo caso, com efeito, pode acontecer que o sólido de referência, linguisticamente homogêneo, não coincida com um grupo sociológico bem definido: ele pode ser maior ou menor, ou pode ser transversal. Dito de outro modo, os agrupamentos sociológicos não constituem um observatório independente para o estabelecimento dos diferenciais. Uma vez mais, a circularidade ronda a ciência da linguagem.

No máximo, podemos colocar uma espécie de axioma empírico:

Há, tendencialmente, uma harmonia entre a repartição sociológica e a repartição dos diferenciais.

Não há, a partir disso, nenhuma causalidade, nem em um sentido nem em outro. Podemos, entretanto, esperar que a diferenciação de língua se preste a investimentos simbólicos de natureza social. Dito de outro modo, a diferenciação de língua pode ser associada biunivocamente a qualquer outra espécie de diferenciação – simbólica ou material – reconhecida como importante por uma determinada sociedade. Entre essas diferenciações, podemos mencionar o pertencimento nacional: sabemos que a diferença de línguas é correlata à diferença nacional. Que essa correlação seja pensada como biunívoca por muitos, sobre isso não há dúvidas. Que deva ser assim, é outro assunto[52]. Podemos, igualmente, mencionar a diferenciação de classe. Os exemplos são abundantes e pouco interessantes. Salvo em um

---

52. Desse ponto de vista, ser francês é falar francês; falar francês é ser francês. É evidente que essa relação é empiricamente falsa; é ainda mais notável o fato de tantas pessoas pensarem nesses termos, sem querer nem saber. Acrescentemos que é possível negar que a relação seja biunívoca sem negar, por esse motivo, contudo, que uma relação existe.

ponto: suponhamos que exista uma classe ociosa, no sentido de Veblen. Esta poderá incluir entre suas insignes a multiplicação das diferenciações de língua. Reciprocamente, como a atividade gramatical se ocupa, por definição, das diferenciações de língua, entre as fontes de informação ela tenderá naturalmente a privilegiar aquelas que fazem proliferar as diferenciações. Compreendemos que ela possa preferir o uso da classe ociosa a qualquer outro uso.

Podemos, inclusive, levar mais longe a analogia. As insignes da classe ociosa têm por traço característico exceder o que é útil à produção e valorizar os signos da despesa improdutiva. Suponhamos, agora, que se admita que haja, nas línguas, um análogo da produção: a saber, a intercompreensão – ponto de vista fortemente difundido tanto no senso comum quanto na ciência de linguagem[53]; será considerado inútil e improdutivo tudo o que na língua não contribua com a intercompreensão. Particularmente, será considerada inútil e improdutiva toda a regra de gramática cuja violação não impeça a intercompreensão. Ficará evidente, então, que muitas regras de gramática são improdutivas, e desse momento em diante a atividade gramatical que permitiu

---

53. Notadamente, muitas das teorias que fazem referência à evolução linguística repousam sobre essa analogia. Além disso, a noção de "produtividade" é, em si, equívoca: ela admite uma interpretação de tipo econômica; comentamos uma variante. Ela admite também uma interpretação de tipo biológica: é assim que pôde se desenvolver o tema da "vida das palavras", admitindo-se que uma palavra nasça ou se modifique ou desapareça segundo ela comece ou continue ou deixe de ser produtiva. O modelo, nesse caso, é Darwin, mais que Ricardo. Por outro lado, admitindo-se a noção de produtividade, não é necessário que ela seja identificada à intercompreensão. Ou, mais exatamente, as restrições da intercompreensão podem ser o objeto de teorias mais ou menos elaboradas: a escola sociológica hoje em dia dominante formou uma ideia muito pobre disso; na realidade, uma ideia estritamente estatística: é considerada produtiva uma forma de língua que ao menos dois em cada três franceses compreendam, caso contrário, ela será improdutiva e, em função disso, condenável. O estruturalismo, em algumas de suas versões, tinha uma doutrina mais sofisticada: a intercompreensão em si mesma não se mede diretamente, mas tem por efeito a distintividade; ora, esta última se observa e se calcula diretamente (graças às técnicas da ciência linguística). Desde então, uma forma linguística será considerada produtiva se, e somente se, for distintiva. Vemos a diferença de pontos de vista: no primeiro caso, o sólido de referência é a enquete sociológica; no segundo, é a análise interna dos sistemas de oposição e de contraste.

sua formulação será considerada análoga às atividades do cozinheiro, do costureiro, do ourives etc., técnicos que multiplicam os signos de diferenciação aos quais está ligada a classe ociosa[54].

Tal concepção parece implicitamente presente em muitos: naqueles que valorizam a gramática (elogio das anomalias do francês, signos de sua vocação para ser a língua da classe ociosa) e naqueles que a condenam (elogio da língua plana sem diferenciação a não ser aquela útil à produção). De fato, o raciocínio parece tão restritivo, a predição tão garantida, que devemos nos surpreender que ela não seja sempre verificada. Ora, o fato é que isso nem sempre é assim. Isso merece reflexão; poderíamos fundar, a esse propósito, uma suspeita contra a doutrina sociológica, ao menos enquanto esta não se reduz a uma pura e simples metafísica[55].

Particularmente, nada justifica que se aplique à linguagem o conceito de produtividade: qualquer que seja a dignidade ou a indignidade do taylorismo em matéria de trabalho, nada justifica o taylorismo em matéria de linguagem. No entanto, é a isso que se reduzem muitas das opiniões fortemente difundidas hoje em dia. Além disso, é estranho que se tenha tais opiniões com tanta frequência invocando os valores da igualdade: a ideologia linguística oriunda da escola de Bourdieu ilustra claramente essa combinação. Quando pensamos nos precedentes históricos e nas outras circunstâncias em que o discurso produtivista se aliou ao igualitarismo, o único sentimento admissível é o desgosto. Somomos a isso que as conse-

---

54. Tal é, em certos aspectos, a posição de Molière. Por exemplo, *Le Bourgeois gentilhomme* descreve, como uma iniciação, a entrada de um burguês trabalhador na classe ociosa; o processo inclui o saber sobre a língua, aparentemente colocado em pé de igualdade com o saber da esgrima, da dança, da moda, da gastronomia. Mas, como se espera, o detalhe é mais sutil: o Mestre de filosofia, e especialmente quando ele fala da língua, está longe de ser uma figura ignóbil. Em todo o caso, ele não engana nem rouba.

55. Mais exatamente, as insignes da língua da classe ociosa podem existir, sem por isso, contudo, se confundir com a repartição diferencial do correto ao incorreto, tal como prevê a atividade gramatical. Sabemos que nem todos os marqueses de Molière aparentavam falar Vaugelas. Diríamos, então, que a atividade gramatical escolhe sempre o diferencial da classe letrada? Isso, sem dúvida, é, a maior parte das vezes, verdade, mas não sempre.

quências não poderiam ser tidas como anódinas para uma eventual ciência da linguagem: se levamos a sério a identificação da produtividade de língua e de intercompreensão, convém lembrar que a intercompreensão é necessariamente ligada à significação. A partir de então, tudo o que, em relação às línguas, fale de outra coisa que não da significação será considerado um luxo inútil. Ora, sabemos que tradicionalmente a sintaxe é a disciplina que se ocupa das formas de língua sem ter necessariamente de levar em conta a significação, e a semântica é a disciplina que se ocupa da significação. Concluiremos, pois, que todo o estudo de sintaxe é não apenas socialmente, mas também intelectualmente inútil: quer ele pertença à tradição gramatical ou se filie à ciência. Bastará acrescentar que, numa sociedade bem-organizada, uma atividade social e intelectualmente inútil não deveria ser nem financiada nem mesmo tolerada, e teremos atingido os piores excessos.

Supondo-se, entretanto, que se escape a tais conexões e que se dê um sentido suportável ao produtivismo linguístico, nada justifica, também, que se identifique a produtividade de linguagem com a simples intercompreensão. Ou melhor, a justificativa apenas pode ser obtida de uma definição prévia; esta definição, despojada de seus ornamentos, se resume a isto: a linguagem é um instrumento de comunicação.

Veremos que não apenas nada empírico a justifica, mas que, no fundo, ela é totalmente vazia de conteúdo próprio.

5.4 Permanece a questão decisiva: admitindo-se que toda a atividade gramatical suponha um predicado diferencial, realizado em um uso efetivo de vários sujeitos falantes, o qual constitui um sólido de referência, a que se deve que esse predicado e esse sólido sejam tantas vezes combinados em uma *norma*? A que se deve que o vocabulário normativo seja tão frequente?

A atividade gramatical, convém lembrar, parte de quatro constatações:

(a) Todo sujeito falante é capaz de julgar os dados de língua e de julgá-los de maneira não igualitária; eis aqui um fato bruto sobre a atividade de linguagem.

(b) Essa desigualdade se situa entre dois polos; um desses polos consiste apenas em julgar que um dado de língua seja possível ("isso se diz"); o outro, em julgar que um dado de língua é impossível ("isso não se diz").

(c) No seio de uma comunidade falante, fosse ela sociologicamente homogênea, podem coexistir vários sistemas diferentes de repartição entre formas julgadas possíveis e impossíveis; assim, para um sujeito que julgue impossível o uso de uma forma dada, poderemos eventualmente encontrar um outro sujeito que julgará esse uso possível[56].

(d) O uso por um sujeito de uma forma julgada impossível na língua é sempre *materialmente* possível: nada físico nem moral impede Martine de proferir *ne servent de rien* [servem de nada], nada físico nem moral impede Philaminte de proferir *ne servent pas de rien* [não servem de nada][57].

Dito de outro modo, o *factum grammaticae* assenta-se sobre o que nós chamamos a hipótese gramatical mínima:

(I) Uma língua distingue entre formas possíveis e formas impossíveis.

(II) O possível de língua e o possível material estão separados.

Essa disjunção entre os dois sistemas de possibilidade é essencial à atividade gramatical. Se ela não é admitida, então essa atividade se dissolve: se efetivamente o possível e o impossível de língua se confundem inteiramente com o possível e o impossível material, então podemos e devemos nos limitar a constatar o que se diz e o que não se diz materialmente: a razão gramatical não é nem mais nem menos do que um gravador. Se, ao contrário, admitimos a disjunção, a atividade gramatical autônoma se torna lícita. É por isso que podemos dizer que o *factum grammaticae* não é mais do que essa disjunção.

Ora, uma disjunção aparentemente similar existe nos sistemas jurídicos: a distinção entre o *quid facti* e o *quid juris* não designa mais do que a disjun-

---

56. Acrescentemos a isso que há ilusões de julgamento de língua, assim como há ilusões no julgamento sensorial. Um sujeito pode acreditar que disse algo que não disse e vice-versa.

57. Pode ocorrer também que o sujeito se engane ao utilizar a gramática: os "atritos" tanto existem na língua como nos processos materiais. Por exemplo, sempre é possível imaginar circunstâncias particulares que modificam e afetam o livre-jogo das regras.

ção entre o possível material e o possível jurídico. A noção de norma, tão citada desde Kelsen a propósito do direito, não tem outra justificativa inicial que não seja a de captar esse fenômeno característico. Além disso, não só o direito está em questão; todos os sistemas que estão supostamente baseados em uma norma ilustram uma disjunção análoga. Compreendemos, então, por que a gramática se presta a ser expressa em termos normativos.

Entendemos também que esse recurso à norma é, em si, uma maneira de compreender a disjunção. Evidentemente, isso se combina de imediato com outra coisa: a norma não é nada em si se ela não permite mensurar o que se constata nos fatos em relação ao que é "legítimo", segundo um valor definido. Isso requer que os fatos possam, às vezes, não se adequar à norma. Além disso, requer que as diversas configurações de fatos não sejam consideradas iguais entre si.

Suponhamos, assim, que chamemos de *uso* um sistema de repartição entre possível de língua e impossível de língua. Se, numa determinada comunidade, que supostamente fala a mesma "língua", coexistem vários sistemas de repartição – isto é, vários usos diferentes –, podemos considerar que cada uso tem sua própria gramática; isso significa que várias gramáticas distintas coexistem na mesma formação social e, por vezes, no mesmo indivíduo. Acontece, então, que o sujeito julgue um dado D segundo critérios de uma gramática G, ao passo que esse dado corresponde, na realidade, a outra gramática G'. Esse é o caso mais frequente: o que, em francês, chamamos usualmente *erro* de gramática é, na realidade, um erro conforme apenas uma gramática (p. ex., a de Grevisse); ora, o francês conhece muitas gramáticas, quer dizer, muitas repartições diferenciais do possível de língua e do impossível de língua.

Dito de outro modo, o julgamento gramatical comum diz, de fato, duas coisas diferentes: por um lado, que existem muitas gramáticas; por outro, que uma entre elas é preferida. Logo, efetivamente, a gramática preferida funciona em todos os pontos como uma norma. Porém, vemos, imediatamente, que as duas afirmações são separadas: a primeira pode ser verdadeira, sem que a segunda seja. Ora, apenas a primeira é verdadeiramente gramatical; a segunda é de uma outra ordem: às vezes, ela é estritamente individual, mas, na maior parte dos casos, ela é sociológica. Podemos, então, filtrar o julgamento gramatical para dele reter a única comprovação da diversidade dos usos, o que nada mais é do que a disjunção entre o possível de língua e o possível material. Por meio desse filtro, podemos reconhecer que, por um desvio um pouco estranho, mas compreensível, aquele que fala de erro apenas faz constatar a existência, por relação ao sistema de diferenciação que ele prefere, de um outro sistema; ao reprimir Martine, Philaminte, sem sequer saber, reconhece que, em alguns sujeitos falantes do francês, outras formulações da negação, distintas das de Vaugelas, são possíveis.

O vocabulário da norma e os vocabulários associados (regra, violação, erro etc.) têm dado destaque a vivos protestos. Inclusive podemos julgá-los atentatórios à liberdade: muitos protestos contra as tradições gramaticais normativas não têm outras fontes a não ser essa reação espontânea a algumas palavras. Certamente, não é necessário reter-se em protestos conformistas: vimos quais realidades efetivas se dissimulam sob palavras tão censuradas. Mas não é preciso, também, se prender no vocabulário da norma. Por mais cômodo que ele seja, é enganador e não diz aquilo que parece dizer. Particularmente, constitui um grave defeito o fato de que em função dele os julgamentos gramaticais sejam sistematicamente anfibológicos entre o constativo e o deôntico.

Além disso, uma diferença, ao menos, deveria ser sublinhada: falamos de violação e de erro como nos sistemas jurídicos, mas, aqui, diferentemente do direito, nenhuma sanção é prevista. Fundamentalmente, um erro de gramática não tem nenhuma consequência. Sem dúvida, pode acontecer, e acontece geralmente, que a gramática seja transmitida por outras instâncias que relacionam certos efeitos a seus julgamentos; por exemplo, a instância escolar ou, de forma mais geral, algum organismo de opinião socialmente reconhecido. Mas, ainda, a existência desse braço secular não constitui o diferencial gramatical, que pode subsistir sem ele. O julgamento gramatical funciona, nesse sentido, bem mais como julgamento estético: ocorre o mesmo com o julgamento "isso é bonito" ou "isto é feio"; o julgamento "esta frase está incorreta" não traz consigo outra consequência a não ser ele mesmo.

5.5 Entre os vocabulários associados ao da norma, é preciso reconhecer uma importância particular ao vocabulário da regra[58]. Podemos considerar que ele permite introduzir o detalhe e a diferenciação na norma; ali onde poderíamos consentir em falar de uma norma global e única, as regras são múltiplas, diferentes, combinadas. De fato, elas permitem analisar a demarcação geral que o diferencial introduz. Compreendemos, portanto, que a gramática, marcada pelo projeto de uma análise, a elas recorra de maneira natural. É certo também que o termo "regra" se encontra em outros lugares: falamos de regras em matéria de jogo, falamos de regras em matéria de conduta, falamos de regras em matéria de arte etc. Não há nenhuma razão para supor *a priori* que a mesma palavra não recubra a mesma noção em todos os casos. Ora, de fato, é possível enumerar características comuns:
- A regra pode sempre tomar a forma de uma injunção (dito de outro modo, pode sempre se expressar por um imperativo).
- Ela determina um processo (dito de outro modo, uma relação causal se estabelece entre a regra e o processo que ela determina).
- Um limite opositivo separa as ações que estão conformes das que não estão conformes à regra; essa oposição é fundamentalmente bivalente.

De acordo com os domínios, a noção de conformidade será definida diferentemente. Em matéria de gramática, vê-se muito que o diferencial de língua vai servir de referência; mais exatamente, admitindo-se que existe um diferencial de língua, ele será expresso em termos de conformidade à regra. É preciso ver que, fazendo isso, fazemos uma escolha e somos

---

58. Veremos que o termo foi conservado pela Escola de Cambridge.

à noção de diferencial de língua, que é efetivamente essencial ao julgamento gramatical, um certo número de outras propriedades, que não podem aspirar à mesma essencialidade. Em particular, pensamos a língua como uma atividade que resulta, de maneira causal, da aplicação de uma regra.

Ora, não é de modo algum evidente que a atividade de linguagem seja pensada sobre esse modelo.

Com certeza, podemos citar uma circunstância histórica massiva em que a atividade de língua seja apresentada justamente como a fabricação artesanal de frases, da qual a gramática proporia os segredos e as receitas: a aprendizagem das línguas antigas. Em um lugar de ensino, fazemos exercícios – que têm suas obras-primas, como nas antigas corporações: simplesmente, o que fabricamos são sequências de frases, quer se trate de discursos (o discurso latino foi durante muito tempo uma disciplina maior), quer se trate de traduções (versões ou não). Como toda a atividade artesanal, também esta tem regras: assim como para fabricar uma poltrona Luís XV ou para preparar determinado prato é preciso seguir certas regras de carpintaria, de marcenaria ou de culinária, também para fazer uma boa frase latina é preciso seguir certas regras. Cabe à gramática latina enunciar as mais importantes: ao menos aquelas que, sem ser suficientes, são necessárias; o que chamaríamos, em outras épocas, o "rudimento".

Em um quadro como esse, situamos com bastante exatidão do que se trata: quando a gramática se expressa em termos de regras, ela não propõe uma teoria geral da linguagem, ela propõe somente os elementos de um *savoir-faire*.

Entretanto, o detalhe é mais complexo do que parece à primeira vista. Admitiremos facilmente que, entendida como artesanato de fabricação, a gramática não representa mais do que um setor bem delimitado da atividade da linguagem, ligado a uma situação social particular; logo, o modelo de uma gramática artesanal, fundada sobre regras de fabricação, não poderia reivindicar uma validade geral. O certo é que, ligadas ou não a práticas linguísticas artesanais, as gramáticas tradicionais, muitas vezes, adotam a apresentação por regras. As regras artesanais, por sua vez, apenas são eficazes se correspondem ao funcionamento efetivo da língua considerada.

Além da concepção artesanal das línguas, portanto, existe uma tese geral na tradição gramatical: o funcionamento de uma língua pode sempre ser adequadamente representado por um conjunto de comandos simples, formulados no imperativo, que instauram uma demarcação entre produções conformes e não conformes ao comando dado e, assim, atribuem uma causa particular à eventual "não conformidade" de uma dada produção – é isso que chamamos de regras.

Essa apresentação tem grandes vantagens: graças a ela, podemos determinar, de maneira eficaz, quatro propriedades:

• A existência de um diferencial na língua: a noção de regra é útil aqui, uma vez que, por definição, ela instaura uma demarcação entre o que obedece a regra e o que não obedece.

• O fato de que o pertencimento à vertente negativa do diferencial possa sempre ser explicado: nesse caso, o caráter "causal" da regra se revela útil.

• O fato de que o pertencimento à vertente negativa do diferencial possa sempre ser explicado de maneira *detalhada*: uma frase "incorreta" não o é globalmente, mas devido a causas que podemos expor sobre um ou mais pontos, sempre especificáveis.

• O fato de que as duas vertentes do diferencial possam se achar realizadas na observação: a noção de regra (como a noção de norma) é útil aqui, pois ela não diz que aquilo que não segue a regra seja irrealizável.

Falamos, portanto, de regras. Com uma reserva, que é capital: quer se trate das regras da arte ou das regras jurídicas, o ponto é que, para aplicá-las, é preciso conhecê-las. É isso, ao menos, o que queremos dar a entender quando empregamos a palavra *regra*. E quem supõe que há princípios estéticos ou jurídicos que todo homem respeita sem tê-los conhecido terá apenas de rejeitar a esse respeito a palavra *regra*. No mais, se consideramos o direito positivo francês, é justamente essa relação com um conhecimento o que torna necessário enunciar o axioma "supostamente ninguém deve ignorar a lei". Em matéria de língua, as coisas se dão de outra maneira: nenhum sujeito falante supostamente conhece as regras, porque ignorá-las não o impede, necessariamente, de aplicá-las.

Pode sempre ocorrer que o ignorante fale corretamente. Era essa a posição de Vaugelas; bem entendida, ela está na base de todas as tradições gramaticais. As regras são, com certeza, explicitáveis; particularmente, elas podem ser ensinadas: é o *factum grammaticae*. Entretanto, sua validade não depende dessa explicitação nem dessa transmissão. Desse ponto de vista, é interessante lembrar o famoso episódio do *Mênon*, em que Platão anuncia o argumento mais forte, que nunca havia sido formulado a favor do inato; lembremos que o argumento, em si, se apoia na geometria redescoberta por um escravo ignorante. Mas não enfatizamos tanto a questão colocada por Sócrates a Mênon, a propósito de seu escravo, antes de começar a prova propriamente dita: "Ele é grego e fala grego?", ao que Mênon responde afirmativamente, acrescentando: "nasceu em minha casa" (*Mênon*, 82).

É evidente que o escravo não aprendeu as regras gramaticais do grego nem os teoremas da geometria; no entanto, ele aplica as primeiras porque fala grego desde o seu nascimento. Pouco importa a conclusão filosófica que poderíamos tirar disso. Pouco importa se o argumento da reminiscência se encontra fragilizado ou fortalecido. O que importa é que a ignorância da gramática não impede que um sujeito falante se conforme a ela; além disso, todos nós constatamos isso[59].

---

59. É engraçado, além disso, desmontar os raciocínios dos que afirmam que a gramática é um artefato ligado à instituição escolar; partindo do princípio, em si mesmo estranho, de que o que existe por causa da escola deve desaparecer da escola, muitos deles concluem, a partir disso, que uma escola bem administrada não deveria ensinar a gramática. Mas, por outro lado, eles não concluem que a escola não deveria ensinar as línguas (notadamente estrangeiras, posto que é preciso estar aberto ao mundo); eles somente sustentam que ensinamos ainda melhor as línguas (especialmente estrangeiras) quanto menos ensinamos, de maneira explícita, suas gramáticas. Mas isso supõe, justamente, que o diferencial de língua tenha uma existência objetiva tão forte que não requeira ser expresso por uma gramática; do mesmo modo, um acrobata não tem por que conhecer a formulação das leis da gravidade só porque se defronta a toda a hora com seus efeitos objetivos. Mas, se o diferencial de língua existe objetivamente, então a gramática não se reduz a um artefato, como se havia suposto incialmente. Ela pode, certamente, ser inadequada, mas essa é uma outra questão.

Consequentemente, a gramática usa a noção de regra, ao mesmo tempo em que confere a ela uma propriedade absolutamente oposta à que se reconhece, usualmente, nas regras.

É possível pensar que isso confira ilegitimidade à própria noção de regra gramatical. Se, no entanto, sem abuso de linguagem, admitimos que seja possível falar em regra de gramática, sem necessariamente ter consciência dela, então alteramos a noção. A partir de agora, todo o desenvolvimento teórico que se apoia sobre a noção de regra gramatical que a estenda a outros domínios dependerá dessa alteração; não poderemos, sem jogo de palavras, retomar noção usual de regra – regra do jogo, regra artesanal ou regra jurídica, que exigem ser conhecidas. Podemos observar que esse tipo de jogo de palavras teórico se tornou prevalente em algumas ciências. Nessa aventura, a Escola de Cambridge, como veremos, tem sua parcela de responsabilidade (cf. cap. 3, § 3.2.4.2).

Havíamos partido de uma dificuldade: quanto mais nos persuadimos de que os vocabulários da norma e da regra são enganosos, mais devemos nos interrogar sobre sua incessante recorrência. Não seria preciso que, através desses vocabulários, alguma propriedade importante fosse captada para que, apesar de suas evidentes inadequações, recorramos a eles tão facilmente? Uma resposta se apresenta desde então: o que é preciso entender é que, sob esses vocabulários, trata-se de um duplo paradoxo:

(I) A gramática propõe-se a descrever propriedades; por definição, ela as tem por objetivas, mas acontece que essas propriedades supostamente objetivas contribuem para definir uma repartição do possível e do impossível que não se confunde totalmente com o atestado e o não atestado. A gramática é, portanto, levada a supor uma objetividade de língua que seja distinta da objetividade geralmente definida para os objetos. Encontra-se aqui, de fato, um dos temas mais recorrentes de todas as filosofias da linguagem: a linguagem como terceiro termo nos sistemas binários de oposição entre natureza e cultura, natureza e sociedade, físico e psíquico, conhecimento e existência etc.

(II) O funcionamento de uma língua é explicitável, mas essa explicitação não é necessária a esse funcionamento. Nesse aspecto, o sujeito se conforma às regras da gramática tal como se conforma às leis da física, ainda que, isso é evidente, a natureza das regras e a das leis seja completamente diferente.

Entre os vocabulários historicamente acessíveis à tradição gramatical, os da norma e os da regra foram talvez os mais inadequados para captar essa estranha combinação.

Em geral, a gramática usa a linguagem do valor para expor o que por si mesmo escapa totalmente aos investimentos de valor. Vocabulário tanto mais enganoso que, por outro lado, as sociedades invistam os dados de língua de valores negativos e positivos. As coisas ocorrem assim: o diferencial gramatical é, em princípio, estruturalmente bivalente. O mais simples, então, é imaginá-lo como uma oposição entre um polo positivo e um polo negativo: um mais e um menos. Esse positivo e esse negativo são então facilmente investidos de valores tomados de outros domínios, mais acessíveis do que a língua em si e por si mesma: a moral, o direito, a hierarquia social etc.

É preciso levar em conta duas coisas ao mesmo tempo: de um lado, a oposição correto/incorreto, para nos limitarmos a esta, designa idealmente uma divisão estritamente objetiva, ainda que as palavras *correto* e *incorreto*, tomadas em si mesmas, dependam de uma axiologia; desse ponto de vista, conviria eliminar dessas palavras tudo o que nelas sua significação usual introduz. Por outro lado, sempre é possível que essa divisão objetiva seja, em si mesma, carregada de um investimento axiológico ao qual, no entanto, essa divisão nada deve: a própria divisão que marcaríamos pelas palavras *correto* e *incorreto*, tomadas em sua significação usual. Vemos o quanto as proposições gramaticais podem ser equívocas[60].

---

60. Pode acontecer que o diferencial bipolar não permita descrições muito finas: reconheceremos, então, diferenciações em vários graus (diferencial escalar; p. ex., graus de aceitabilidade, mais ou menos correto etc.). Tudo isso não afeta o ponto de partida: o diferencial puro, sem o qual não existe atividade gramatical, explícita ou implícita.

A ciência da linguagem

1 A LINGUÍSTICA COMO CIÊNCIA LITERALIZADA

Compreendemos, de agora em diante, a importância do *factum grammaticae* para a ciência da linguagem; trata-se, antes de mais nada, da função de falsificação. Baseando-se no diferencial de língua e no sólido de referência – cuja possibilidade e legitimidade são revelados pela tradição gramatical –, a linguística sabe que pode, permanecendo nos limites interiores da língua, construir variações baconianas, testes e refutações. Em resumo, o *factum grammaticae* é o que fundamenta *empiricamente* a tese de que a ciência da linguagem é uma ciência empírica. Por essa razão, contudo, convém repetir, esta última não tem de retomar os pressupostos sociológicos nem as decisões de detalhe de nenhuma gramática particular. Somente conta a possibilidade geral da abordagem gramatical.

1.1 A ciência da linguagem, enquanto ciência galileana, deve ser matematizada. É verdade que a matematização que a caracteriza não é, em geral, uma quantificação. Falando com clareza, a *medida* não é um conceito central dessa ciência. Nisso ela se separa da maior parte das ciências positivas. Para que a ciência da linguagem mereça esse nome, convém, então, que seja admitida a possibilidade de que a quantificação não constitua a única forma de matematização possível[1]. O que levamos em conta da matemática,

---

1. Evidentemente, não se trata da matemática em si; a quantificação jamais constituiu o essencial da matemática. Trata-se da matematização.

então, é a dimensão da restrição, que se aplica a entidades cuja referência objetiva (a substância) pode certamente ser determinada, mas não tem que ser quando definimos a restrição em si. Resulta daí que podemos manejar as entidades sem "ver" o que elas designam: falamos, então, com razão, de manipulação cega. Essa independência entre a substância das entidades restritas e a restrição, decidimos resumir, aqui, com o termo *literalização*. Um momento decisivo da ciência da linguagem deverá consistir no que pensamos sobre entidades puramente literais, considerando somente leis que regem as combinações dessas entidades. A esse respeito, o que ocorre com os formalistas lógico-matemáticos importa antes de tudo; eles constituem um reservatório natural de restrições cegas. Ora, nesse campo, a invenção existe, e um novo tipo de restrição (ou uma propriedade ainda maldepreendida de um formalismo já conhecido) pode sempre se revelar. Como salientamos, é uma grande questão saber se os formalismos lógico-matemáticos formam, em última instância, a única base das literalizações. O estruturalismo não acreditava nisso. Não há certeza de que tenha tido razão.

Por essa razão, contudo, a ciência da linguagem não cessa de ser empírica; é preciso, então, que a manipulação cega produza, no final do percurso, proposições empíricas refutáveis. Em contrapartida, escolher tal tipo de restrição mais do que outro depende da fecundidade empírica que podemos nele reconhecer. Eis então o que deve caracterizar a ciência da linguagem em seu conjunto: o cruzamento entre a refutabilidade (fundada por um diferencial de língua) e a literalização (sendo ou não explicitamente tomada dos formalismos matemáticos).

Não cabe discutir aqui se um cruzamento análogo pode se reconhecer em outras ciências ditas humanas. O estruturalismo respondia afirmativamente; aqui, mais uma vez, não há certeza de que tenha tido razão. Independentemente desse ponto, podemos considerar que seu papel histórico consistiu nisso: ter suposto na teoria e demonstrado pela prática que existem literalizações do empírico que não são quantificações e que, no entanto, são tão rigorosamente restritas quanto podem ser – especialmente em física – leis cuja matematização tomou a forma de uma quantificação. Ainda que essa descoberta tenha sido relacionada a uma epistemologia e a um programa de pesquisa particular, ela pode ser desvinculada disso. Uma ciência da linguagem pode, portanto, sem contradição, rejeitar o estruturalismo como tal e, no entanto, basear-se nos modos de literalização cuja possibilidade de fato e cuja legitimidade de direito o estruturalismo foi o primeiro a estabelecer.

Além disso, o cruzamento entre refutabilidade e literalização se deixa observar em todas as formas historicamente importantes da ciência da linguagem. Importa pouco, desse ponto de vista, que precedam ou que sigam o estruturalismo; pouco importa também que tenham adotado conscientemente um estilo de exposição formalizado – mesmo que a decisão de formalização explícita seja sempre, em si mesma, uma decisão capital. De maneira geral, é preciso estar atento a uma confusão frequente: considerado em si mesmo, o uso do formalismo matemático na apresentação não é nada mais e nada menos do que o *more geometrico* que os filósofos da Escola se impunham facilmente (sabemos que Spinoza não pretendia absolutamente inovar a esse respeito). Tomaremos o cuidado de não confundir, evidentemente, esse recurso à matemática como modo de exposição com uma matematização efetiva do empírico. Seria fácil citar exemplos de raciocínios *more geometrico* em que nenhuma matematização do empírico é considerada e, inversamente, exemplos de matematização do empírico que não são apresentações *more geometrico*.

Por exemplo, a gramática comparada indo-europeia. Suas formulações não têm nenhum caráter matemático, e, habitualmente, a consideramos um ramo das disciplinas filológicas ou históricas. Porém, um exame mais atento deve dissipar essas aparências.

Sem dúvida, não poderíamos expor detalhadamente aqui os princípios de um programa de pesquisa tão refinado e complexo como foi e ainda é a gramática comparada. Dispomos, além disso, de sínteses relevantes sobre esse tema[2]; é preciso consultá-las. Nós nos contentaremos em insistir sobre o que há de formalismo nessa disciplina, tão mal nomeada. O fenômeno empírico que constitui o *explicandum* da gramática comparada se resume assim: constatamos, entre certas línguas, semelhanças que não se deixam explicar nem pela geografia (porque essas línguas são muito distantes), nem pela história (porque faltam informações), nem por eventuais propriedades gerais do espírito humano (porque as semelhanças pertinentes concernem à forma fonética e não a semantismos), nem por restrições fisiológicas que influenciam a articulação ou a acústica.

Esse fenômeno foi constatado no início do século XIX, quando os eruditos europeus puderam, graças à colonização que começava, estudar detalhadamente línguas diferentes das línguas continentais ou das línguas clássicas. Sem dúvida, semelhanças entre o grego e o latim haviam sido observadas há muito tempo; no entanto, elas não eram um enigma, visto que as relações históricas e geográficas entre os povos falantes dessas línguas eram conhecidas. Em contrapartida, que possam existir semelhanças acentuadas entre o grego e o sânscrito, eis o que apresentava um problema novo e interessante. De resto, rapidamente ficou evidente que as semelhanças entre grego e latim não eram menos enigmáticas: retroativamente, revelou-se ter sempre existido um problema lá onde as culturas greco-latina – depois humanistas – nada haviam percebido. Por essa razão, podemos dizer que o problema do indo-europeu é completamente moderno – modernidade ainda mais surpreendente porque concerne às próprias línguas nas quais o mundo antigo havia se inscrito.

Podemos dizer que hoje o problema do indo-europeu está resolvido: de que natureza é a semelhança enigmática, como ela se explica, como se deixa descrever, tudo isso é, de agora em diante, tão claro quanto, digamos, as leis do sistema solar podiam ser para Laplace. Nesse sentido, a gramática com-

---

2. Algumas são muito recentes e provam que a gramática comparada não é uma ciência fechada. Em particular, a obra de A. Martinet (*Des steppes aux océans*. Paris: Payot, 1986) mereceria se tornar um clássico da linguística e das ciências ditas humanas.

parada pode ser colocada no rol dos grandes êxitos da ciência triunfante do século XIX; além disso, ela estabelece de maneira evidente que podemos falar de progresso cumulativo dos conhecimentos em matéria de línguas: qualquer estudante pode, por seu intermédio, saber mais sobre as línguas do que sabia, por exemplo, Leibniz[3]; além disso, ele pode, a partir desses conhecimentos, de fato, ter uma ideia mais exata do que pode ou não pode ser um funcionamento linguístico geral.

Pois saber quais propriedades deve ter a linguagem para que a gramática comparada seja simplesmente possível é evidentemente uma questão de primeira importância. Desvelar essas propriedades era, além disso, o projeto fundamental de Saussure, no *Curso*. Sem entrar nos detalhes supérfluos, podemos resumir os requisitos da gramática comparada a:

- Os dados pertinentes concernem, antes de tudo, à forma fônica; as significações constituem apenas índices de confirmação.
- O verdadeiro critério não é a semelhança, mas a correspondência.
- A unidade mínima da correspondência é o fonema, e não a palavra.

Certamente, a atenção do linguista pode ser despertada, no início, por "semelhanças" entre palavras; por exemplo, os nomes de número ou os nomes de parentesco são facilmente homônimos ou quase homônimos. Certamente, o resultado de suas pesquisas pode tomar, ao final, a forma de uma etimologia, ou seja, a relação de *palavras observadas* com uma *palavra conjectural*, que é seu *étimo*. A teoria em si mesma, entretanto, nada tem a fazer com essas semelhanças ou etimologias; ela se baseia exclusivamente em correspondências sistemáticas, em conformidade com leis, ditas leis fonéticas. Dito de outro modo, o fonema de uma língua e o fonema de outra podem se corresponder sem se parecer e, reciprocamente, podem se parecer sem se corresponder; igualmente, as palavras que os fonemas compõem

---

[3]. O exemplo não é evidentemente tomado ao acaso: Leibniz sabia praticamente tudo o que se podia saber a respeito das línguas em sua época, e isso já era bastante. Sua curiosidade excedia os limites do mundo clássico e do mundo da Bíblia. Lembramos, além disso, que ele havia antecipado o programa de pesquisa da gramática comparada (cf. os *Essais de théodicée*, II, § 138-143).

podem estar relacionadas sem ser absolutamente homomorfas e podem ser homomorfas sem estar absolutamente relacionadas[4]; enfim, a etimologia não tem nenhum interesse em si mesma, ela não é senão uma maneira de resumir as verdadeiras proposições empíricas, que dizem respeito às correspondências entre fonemas.

Em sua forma acabada e clássica, a gramática comparada define, portanto, seu objeto de investigação: as correspondências fonéticas. Consequentemente, o fonema indo-europeu não é nada mais do que o estenograma de uma série de correspondências entre fonemas; a palavra indo-europeia não é nada mais do que uma sequência de séries de correspondências entre palavras, analisáveis em fonemas; o indo-europeu, em seu conjunto, não é nada mais do que um conjunto de fonemas organizados em raízes e morfemas diversos. Podemos citar aqui Meillet: "Seja... scr. *bharami* "eu carrego", arm. *berem*, got. *haira*, gr. φέρω; scr. *nabhah* "nuvem" = gr. νέφοζ..., cf. hit. *nepis* "céu", v. sax. *nebal*, resulta daí uma correspondência: scr *bh* = gr. φ = arm. *b* = germ. *b*... poderemos convencionar designar [esta correspondência]... por * bh...; mas as correspondências são os únicos fatos positivos, e as "restituições" não são senão os signos através dos quais expressamos, abreviadamente, as correspondências" (*Introduction à l'étude comparative des langues indo-européennes*. 7. ed. Paris: Hachette, 1934, p. 41-42)[5].

Evidentemente, o raciocínio que conduz ao estabelecimento de uma tal correspondência é totalmente empírico; ele depende de observações retiradas de documentos que, muitas vezes, o linguista explora de maneira filológica. Isso pode dar a impressão de que toda abordagem depende de disciplinas históricas. Por outro lado, a relação entre o fonema indo-euro-

---

4. Um exemplo entre mil: o nome grego *theos* (deus) e o nome latino *deus* (deus) não têm nenhuma relação do ponto de vista indo-europeu.

5. Dizer, por exemplo, que o latim *pater* tem por étimo o indo-europeu *pHter, isso não tem então nenhum conteúdo de conhecimento, caso não se limite essa "palavra" indo-europeia ao conjunto das correspondências (entre latim, grego, sânscrito, armênio, germânico etc.) das quais cada um de seus fonemas /p/, /H/, /t/, /e/, /r/ é o estenograma. O que permite uma correspondência entre "palavras": gr. πάϊηρ, lat. *pater*, scr. *pitar-*, al. *Vater* etc.

peu e seus correspondentes das línguas efetivamente observadas resultou, supostamente, de processos fonéticos que podemos e devemos descrever por leis fonéticas. Essas leis se referem a propriedades sensíveis, acústicas ou articulatórias. Isso pode dar a impressão de que a gramática comparada depende de uma disciplina exclusivamente descritiva: a fonética.

Nenhuma dessas duas conclusões tem fundamento. Convém, com efeito, distinguir dois tempos: um tempo empírico, em que descrevemos os dados naquilo que eles têm de contingente e de sintético; mas, uma vez que os dados documentais estão estabelecidos e que as correspondências foram construídas, uma vez que as leis "fonéticas" diferentes – que permitem a passagem de *bh a gr. φ, ou de *bh a germ. *b* etc. – foram formuladas, vem o segundo tempo, em que todas essas leis são consideradas como tão constantes e tão apartadas das qualidades sensíveis quanto as leis físicas podem ser. A tarefa do linguista se limita, de agora em diante, a "calcular" as formas possíveis ou impossíveis, combinando os estenogramas de correspondência, de acordo com as regras da combinação.

Não é preciso dissimular o caráter notável dessa combinação entre contingência e necessidade. No contexto da interrogação geral que Saussure dirigia à gramática comparada, é sobre esse ponto particular que seu esforço máximo se deu. Conhecemos sua resposta: ela é formulada em termos de signo e de arbitrário do signo. Graças a essas noções, ele pôde resolver o que poderíamos denominar o paradoxo da gramática comparada: não somente não há contradição entre o caráter contingente das formas fônicas e a constância de suas relações, mas também somente a contingência das formas fônicas permite explicar a constância de suas relações.

Caso, com efeito, o signo não fosse arbitrário, diz Saussure (cf., em particular, o cap. II da primeira parte do *Curso*), caso a forma fônica tivesse, com o significado, uma relação fundamentada na razão, então os dados empíricos que a gramática comparada se propõe a tratar seriam estritamente impossíveis: que o mesmo significado possa responder a formas fônicas não idênticas, que formas fônicas demonstravelmente relacionadas possam responder a significados separados, que possamos refletir sobre as formas fônicas em si mesmas sem decidir, detalhadamente, o que elas significam. Ou, para dizer isso de maneira mais impactante: as condições de possibilidade da mutabilidade do signo também são as condições de possibilidade de sua constância; as condições de possibilidade da multiplicidade contingente das formas também são as condições de possibilidade da constância das leis que regem as relações entre as formas.

Não há dúvida de que o problema colocado constitui um verdadeiro problema; não há dúvida de que a gramática comparada, por sua única possibilidade, suscita esse problema; não há dúvida também de que a resposta proposta por Saussure não poderia ser satisfatória. De um lado, ela permanece interna à teoria da língua. Ela não relaciona, de nenhuma maneira, o paradoxo da gramática comparada a outros paradoxos comparáveis que eventualmente poderiam existir em outras ciências. De outro, ela se fixa em uma interpretação sociológica dos fenômenos linguísticos; a mutabilidade e a imutabilidade do signo são aproximadas das mudanças ou da ausência de mudanças observadas nas instituições. É preciso constatar que essa via de investigação se revela pouco fecunda.

Ora, não poderíamos sustentar que o verdadeiro ponto de comparação deve ser encontrado não na sociedade, mas na natureza? – Enquanto, pelo menos, esta forma o objeto de ciências literalizadas. O paradoxo da gramática comparada poderia não ser nada mais e nada menos do que o paradoxo das leis definidas pelas ciências galileanas: sabemos que sua constância remete a uma contingência absoluta; a menos que se creia em um Deus leibniziano, o físico admite, ao mesmo tempo, que as leis do universo poderiam ser diferentes das que são e que, justamente por essa razão, são constantes. Além disso, quando Benveniste afirmou, em um célebre artigo de 1939 ("Nature du signe linguistique". In: *Problèmes de linguistique Générale*. Paris: Gallimard, p. 49-55), que o signo linguístico era necessário e não arbitrário, o que ele fez senão encontrar a questão da contingência das leis da natureza? As reflexões saussureanas sobre a mutabilidade e a imutabilidade do signo são, portanto, expressas em termos sociológicos; todavia, verdadeiro alcance dessas reflexões não é sociológico: através delas, os princípios da gramática comparada revelam ter a própria estrutura dos princípios de uma ciência galileana.

Sem ter consciência disso claramente, a Escola de Paris, oriunda dos ensinamentos de Saussure em Hautes Études e organizada por Meillet, escolheu, de fato, essa interpretação e desenvolveu suas implicações[6].

A mais importante diz respeito ao *status* da notação das formas restituídas. Na apresentação de Meillet que citávamos, estamos legitimamente autorizados a reconhecer uma formalização embrionária. Tal como ele o define, o fonema indo-europeu pode e deve ser concebido como um nome de função. Da mesma maneira que podemos definir em aritmética uma função "quadrado" cujos argumentos são números e cujo percurso de valor é o quadrado de cada argumento, do mesmo modo o *bh indo-europeu é o nome de uma função cujos argumentos são os nomes das diversas línguas (anotados convencionalmente de forma abreviada, *scr.*, *gr.*, *arm.*, *germ.* etc.) e cujos valores são os diferentes fonemas da série de correspondências: *bh*, φ, *b*, ilustrada por scr. *bharami* "eu carrego", arm. *berem*, got. *haira*, gr. φέρω (ou pela inicial do nome do irmão: scr. *bhratar-*, gr. φράτηρ, lat. *frater*, germ. *Bruder* etc.). E, da mesma maneira que podemos, por abstração, isolar a função "quadrado", podemos, por abstração, isolar a função *bh: é o que fazem todos os comparatistas, com uma consciência mais ou menos clara do que fazem.

Observamos que as siglas que designam de maneira abreviada os nomes das línguas – *scr.* para sânscrito, *gr.* para grego etc. – são, na realidade, mais do que simples abreviações tipográficas. De fato, elas estenografam o conjunto das regras fonéticas que, aos olhos do comparatista, caracterizam

---

6. Mais exatamente, ela associa um projeto galileano de linguística literalizada com um projeto de "ciência social", oriundo, ao que parece, de Fustel de Coulanges. Desconfiamos que tal associação não encontra seu fundamento teórico senão na filosofia de Comte. A história intelectual da escola linguística de Paris está ainda por ser feita.

de maneira única uma língua particular. São essas regras fonéticas – em si mesmas contingentes, mas, no entanto, constantes, uma vez que foram estabelecidas – que permitem ao linguista calcular, a partir de uma forma grega, por exemplo, qual forma sânscrita pode, a rigor, lhe corresponder ou vice-versa.

Uma apresentação comparável seria ainda mais apropriada para os trabalhos de Saussure, em que encontramos reflexões apagógicas, comparáveis às de Euclides (cf. em particular o *Mémoire sur le système primitif des voyelles dans les langues indo-européennes*. Leipzig: Teubner, 1879, p. 121), ou para os de Benveniste, em que encontramos reflexões estritamente "literais", que desvelam a existência ou a inexistência das formas (cf. em particular as *Origines de la formation des noms en indo-européen*. Paris: Adrien-Maisonneuve, s.d., p. 147-173).

1.2 É possível legitimamente sustentar que, em algumas de suas versões, a gramática comparada anuncia uma ciência galileana[7]; no entanto, é evidente que ela trata apenas de uma ínfima parte dos fenômenos de linguagem. Consequentemente, a ciência da linguagem não pôde se deter nem nos tipos de dados, nem nos métodos que o indo-europeanismo havia

---

7. Na realidade, isso é apenas verdade para a Escola de Paris. As concepções das escolas alemãs são diferentes. Basta colocar em paralelo os trabalhos de Meillet e dos comparatistas alemães contemporâneos para nos darmos conta de que mudamos de universo: o grau de consciência epistemológica e a sofisticação conceitual de Meillet são infinitamente superiores àquilo que representam em seus colegas de formação alemã. Ou, para dizer isso de outra maneira, os comparatistas alemães agem como se a gramática comparada não dissesse absolutamente respeito aos mesmos questionamentos que a física ou a química: eles não são intelectualmente contemporâneos de Mach, mas, sim, de Schleiermacher, senão de Herder. Quer o tenha lido ou não, Meillet é certamente um contemporâneo intelectual de Mach. Testemunha seu artigo de 1911: "Linguistique" (In: *De la méthode dans les sciences*. Paris: Alcan, p. 265-314). Lembremos que o *Curso* de Saussure, publicado em 1916, foi pronunciado em 1906-1907, 1908-1909 e 1910-1911. A ideia, muito difundida, de que a gramática comparada é uma ciência alemã (cf. tb. MARTINET. *Des steppes aux océans*. Op. cit., p. 117) não é verdadeira senão para um período que podemos chamar de "pré-científico" que se encerra por volta de 1880. Além disso, os linguistas russos não haviam se enganado a esse respeito: as declarações de Troubetzkoy, relatadas por Jakobson, são explícitas.

ilustrado. Sabemos que o estruturalismo representou, por muito tempo, a segunda etapa do galileanismo em linguística; simplificando bastante, podemos admitir que a gramática gerativa representa a terceira. Os princípios e os métodos do estruturalismo foram suficientemente expostos para que possamos remeter aqui a obras de grande mérito. O mesmo não ocorre com a gramática gerativa.

Certamente, as introduções não faltam; algumas são muito corretas. O próprio Chomsky foi explícito e claro sobre suas hipóteses, mas, nos dois casos, trata-se mais de *técnica* do que de epistemologia. Os procedimentos são explicados, especialmente os procedimentos formais; em contrapartida, o verdadeiro caráter do programa de pesquisa não foi revelado. Cabe ao leitor restituí-lo a partir das informações que lhe são dadas. Ora, esse esforço nem sempre é feito, mesmo pelos linguistas de profissão. Convém, portanto, retomar a questão.

1.2.1 O termo *to generate*, em si mesmo, foi definido pelo lógico Post, e é a Post que Chomsky remete para autorizar seu próprio uso dos termos conexos: *gerativo, geratividade*[8]. Evidentemente, em Post, não se trata apenas de terminologia, mas de uma concepção geral da lógica, da qual Post, ademais, não é nem o inventor, nem o único representante.

A questão crucial é o problema da decisão: como distinguir entre uma proposição verdadeira e uma proposição falsa? Uma resposta tradicional é semântica: uma proposição é verdadeira ou falsa conforme o que designa. A lógica moderna desenvolveu uma resposta diferente: uma proposição é verdadeira no sistema S, caso seja bem-formada em S; é falsa no sistema S, caso seja malformada em S. Para estabelecer se uma proposição é bem-formada em S, é preciso e basta que sejam aplicadas as regras próprias de S.

Percebemos, de início, a analogia que se estabelece, então, entre a lógica e a gramática: a lógica encontra o problema da decisão, que não é nada mais

---

8. Cf., p. ex.: *Aspects de la théorie syntaxique*. Paris: Éd. du Seuil, 1971, p. 20. • "La notion de règle de grammaire". In: *Langages*, n. 4, 1966, p. 83.

do que um problema de demarcação. Ora, a gramática encontrou, desde sempre, um problema de demarcação entre frases corretas e frases incorretas. Além disso, a gramática desenvolveu um ponto de vista segundo o qual essa demarcação poderia ser estabelecida sem qualquer relação com a significação. Chegamos, então, a definir um programa para a lógica: tratar um sistema lógico como a gramática de uma língua natural trata uma língua.

Caso acrescentemos que, na tradição gramatical, denominam-se *sintáticas* as propriedades que concernem à combinação dos elementos, independentemente de sua significação e de sua materialidade fônica, compreendemos que se fala em lógica de uma concepção *sintática* da verdade.

Post não fez senão ampliar e sistematizar essa analogia: retoma-se, da gramática, o conjunto de seu vocabulário. Como a gramática se expressa por regras, como emprega categorias *words*, *strings*, *language*, a teoria lógica retomará os termos *regra*, *palavra*, *frase*, *linguagem* etc., para expor seu próprio conteúdo. A partir de então, o processo de decisão se reduzirá a isso: para estabelecer se uma proposição é verdadeira ou falsa, basta estabelecer se ela é bem ou malformada; para isso, é preciso considerá-la unicamente como uma sequência de símbolos; para estabelecer se uma sequência é bem ou malformada, basta fazer as regras funcionarem; fazer uma regra funcionar significa substituir um símbolo S por uma sequência de símbolos Ω; se, procedendo dessa maneira, podemos, partindo de um sistema inicial, obter, por substituições sucessivas e de acordo com as regras, a sequência submetida a exame, teremos gerado tal sequência: caso exista uma maneira de aplicar as regras de modo que "gere" a sequência considerada, essa sequência será, então, bem-formada; ela será malformada no caso contrário.

Teremos assim resolvido o problema da decisão sem qualquer relação com a significação das proposições. Os conjuntos de objetos que poderiam constituir a "referência" de um tal sistema serão *interpretações* do sistema formal.

Essa apresentação teve grandes consequências na lógica. Ela representa uma modificação profunda da concepção dessa ciência: não se trata mais de considerar a lógica como a teoria da adequação de uma proposição ou de um conjunto de proposições dedutivas, mas de estabelecer propriedades das proposições fora de qualquer questão de adequação. A analogia com a sintaxe é, portanto, portadora de renovação. Observaremos, contudo, que a concepção da sintaxe que está, desse modo, no início da analogia é, por sua vez, das mais tradicionais. Na realidade, trata-se da sintaxe normativa na medida em que institui uma demarcação nítida entre frases corretas e incorretas. Desse modo, podemos exatamente superpor a estrutura de duas oposições bivalentes: a oposição entre os valores de verdade de um lado e a oposição entre os valores de correção de outro. Esse ponto de vista é expresso com clareza por um autor como Paul Rosenbloom[9]. Observaremos que ele próprio faz a aproximação com a tradição gramatical; de modo interessante, essa aproximação nada deve à linguística, mas à forma mais conservadora da tradição gramatical: especificamente, as academias[10]. A analogia não resistiria mais se a gramática fosse concebida – como foi, muitas vezes, pelos linguistas – como se não se baseasse em nenhuma bivalência (tema das escalas múltiplas de aceitabilidade) ou como se somente se baseasse em um uso arbitrário (tema do bom uso).

A analogia, que vai da gramática até a lógica, nada diz, portanto, sobre a gramática em si que não esteja de fato já presente na mais banal opinião a respeito da gramática.

1.2.2 Poderíamos então esperar que a linguística, como ciência, renunciasse a essa concepção banal da gramática e que, ao mesmo tempo, apenas reconhecesse na analogia de Post um *status* de metáfora cômoda, mas inconsistente. Ora, a abordagem da gramática gerativa foi totalmente

---

9. ROSENBLOOM, P.C. *The Elements of Mathematical Logic*. Nova York: Dover, 1950; cf. esp. o cap. IV.
10. Ibid., p. 96: "As palavras também são símbolos e [...] a linguagem ordinária não difere das outras linguagens simbólicas a não ser em um ponto: as regras de sua sintaxe são muito complicadas e jamais são expressas de maneira precisa ou explícita (é verdade que, em alguns países como a França ou a Suécia, instituições oficiais, as academias, formulam os cânones do uso correto...)".

diferente. Por um movimento inverso, Chomsky partiu da teoria lógica de Post. A ideia é que, entre as interpretações possíveis de um sistema formal, é preciso colocar a linguagem. Mais exatamente, podemos definir um programa: identificar um sistema formal que conte, entre suas interpretações, com uma língua natural. Identificar, em um segundo momento, se um único sistema formal pode contar, entre suas interpretações, com todas as línguas naturais possíveis. A partir de então, o que Post havia considerado como uma *analogia*, justificada por comodidades puramente internas à lógica, se revela uma *identidade* estrutural cujas consequências são decisivas para a linguística.

Uma vez mais, o fundamento da analogia é a demarcação bivalente: ela é apenas percorrida em sentido inverso. Não é mais a demarcação gramatical que serve de modelo ao problema da decisão; é, ao contrário, o problema da decisão que serve de modelo à demarcação gramatical. Definir, como faz Chomsky em seus primeiros trabalhos[11], uma gramática como um processo recursivo que enumera todas as frases corretas e apenas as frases corretas, é, antes de tudo, obter indiretamente uma diferenciação entre frases corretas e incorretas; é, em seguida, construir a matriz da noção de gramática gerativa em si: se uma gramática pode "gerar" uma frase, é porque, antes de tudo, superpomos a demarcação entre o verdadeiro e o falso, que constitui o problema da decisão, e a demarcação entre o correto e o incorreto. Nesse programa, a bivalência linguística é, portanto, crucial: não é por conservadorismo ou simplesmente por irreflexão que o programa manteve a oposição entre correto e incorreto. O que está em questão é o próprio conteúdo da geratividade[12].

---

11. Cf., p. ex.: CHOMSKY, N. & MILLER, G.A. *L'Analyse formelle des langues naturelles*. Paris/La Haye: Gauthier-Villards/Mouton, 1968, p. 7 e 15-16.

12. Observaremos que essa bivalência era evidente para lógicos como Post e Rosenbloon; ela já era bastante problemática aos olhos dos linguistas: lembremos que Post escreve em 1944 e Rosenbloom em 1949. Mas, paradoxalmente, é talvez essa problematização da bivalência que anima Chomsky: justamente porque não é mais evidente para um linguista, ela deve ser apresentada explicitamente como uma escolha de doutrina.

1.2.3 Assim determinado, o programa gerativista, em linguística, ganha características muito específicas. Ele é, especialmente, dominado pelo que podemos chamar de ambiguidade sistemática e pretendida. Desse modo, o termo *gramática* foi reavaliado: os linguistas em geral desconfiavam dele; tendo-se admitido o programa gerativista, ele se torna, ao contrário, perfeitamente lícito: uma gramática é, de um lado, um objeto formal (sentido analógico da palavra *gramática*, como em Post); de outro lado, como admite, entre suas interpretações, uma língua natural, ela se torna, enquanto sistema formal, a representação formalizada dessa língua: trata-se então de uma gramática no sentido comum do termo. O mesmo ocorre com o termo *linguagem*: por um lado, ele designa, conforme a abordagem gerativa em lógica, um sistema formal; por outro, designa o objeto linguístico usual. Por fim, o mesmo ocorre com o termo *regra*: termo tradicional, lembramos, ele designa aqui, de um lado, um processo formal que pode ser expressado por símbolos cuja substância linguística em nada determina nem a forma, nem o comportamento; de outro lado, ele também designa um processo empírico. Cada regra deve, desse modo – seja por si mesma, seja se combinando com outras regras –, permitir a descrição dos fenômenos; deve, pelo menos, permitir sua classificação de maneira natural.

Essas ambiguidades sistemáticas recobrem uma propriedade mais essencial do programa: a imbricação entre o formal e o empírico. Pois não devemos nos enganar: nessa abordagem, a linguística continua sendo pensada como uma ciência empírica. Esse ponto foi, por vezes, ignorado; convém, portanto, sublinhá-lo.

Na verdade, supor, em geral, que a sintaxe de qualquer língua possa ser considerada como a interpretação de um sistema formal, eis aí uma hipótese de fato; supor, em particular, que a sintaxe de uma língua seja a interpretação de tal sistema formal mais do que de outro é uma outra hipótese de fato, subordinada à precedente. De modo que os sistemas formais são o objeto de uma teoria estritamente lógica – e, por isso, não empírica; mas a relação entre determinado sistema formal e determinado conjunto definido de objetos, como uma língua, é empírica. Consequentemente, a gramática gerativa *stricto sensu*[13] demonstra que repousa sobre um programa preciso: de um lado, trata-se de revelar as propriedades empíricas da linguagem; de outro – e não é contraditório –, supomos que essas propriedades empíricas sejam de natureza estritamente formal. Assim, a tese "existem transformações nas línguas" é, ao mesmo tempo, empírica (ela é falseável e sintética) e formal, visto que as transformações são objetos formais particulares. Além disso, teses muito mais simples são igualmente gerativas no sentido estrito; por exemplo, a tese "há árvores linguísticas": com efeito, a existência das árvores não está, é certo, analiticamente contida no conceito de linguagem; resta que as árvores têm propriedades formais particulares que podem ser exploradas em si mesmas.

Um tal programa é muito singular; não deve, evidentemente, ser confundido com uma exigência geral de rigor: podemos muito bem imaginar teorias da linguagem que sejam formalizadas e que, nem por isso, adotem o programa gerativista *stricto sensu*. Mais precisamente ainda, convém sempre se colocar a questão quando encontramos uma teoria linguística formalizada: os processos formais se devem a uma exigência de rigor, de modo que escolhemos tal processo mais do que outro porque está mais de acordo com o ideal metateórico que nos propomos? Ou então os processos formais constituem hipóteses sobre as propriedades sintéticas da linguagem?

Um exemplo da primeira abordagem é a glossemática de Hjelmslev. A referência à lógica (apresentação por definições, axiomas e teoremas) aí é, é verdade, *stricto sensu*, estilística. Contudo, supondo ainda que dispomos de uma teoria axiomatizada da linguística, e axiomatizada no sentido forte do termo, a formalização aí seria distinta do conteúdo empírico. O único

---

13. Esse sentido estrito fica, na verdade, um pouco ampliado. Considerando-se a carta de Post, as transformações não são operações gerativas; somente as regras de reescrita da base são. Porém, apesar da diferença formal que separa os dois tipos de regras, um parentesco profundo os une, o que o conceito de geratividade descrito anteriormente capta de modo preciso.

exemplo verdadeiro da segunda abordagem é, até o momento, a gramática gerativa desenvolvida a partir de 1956[14]. Isso não prova, além do mais, que outras versões do mesmo programa possam ser desenvolvidas: teorias em que se atribuiria à linguagem propriedades empíricas de natureza formal, mas em que as propriedades em questão seriam diferentes daquelas supostas pela gramática gerativa de Cambridge. Desse modo, podemos rejeitar o formalismo das árvores em benefício de um outro formalismo (p. ex., o formalismo dos pentes sugerido por Benzécri): enquanto supomos, desse modo, uma propriedade empírica da linguagem, permanecemos no interior do programa gerativo.

É verdade que o programa gerativista não esgota a questão da matematização da linguagem. Mais exatamente, a matematização do empírico em linguística não se confunde com o programa gerativista, que é somente uma versão dessa matematização entre outras: não é, portanto, porque uma teoria linguística não é gerativa no sentido estrito que ela não matematiza seu objeto. De fato, o programa gerativista estrito emite três proposições: (I) as propriedades da linguagem são formalizáveis; (II) são formalizáveis porque são intrinsecamente formais; (III) as propriedades formais da linguagem são um subconjunto limitado dos formalismos lógico-matemáticos.

Apenas a proposição (I) é essencial para o galileanismo; nem a proposição (II) nem a proposição (III) são. Ora, se entendemos, como se deve, o programa gerativo em termos estritos, legitimamente nos perguntamos se ele ainda subsiste. Em especial, a proposição (II) parece ter sido abandonada desde as conferências de Pisa de 1979 (cf. a apresentação e os comentários de Rouveret a Chomsky: *La Nouvelle Syntaxe*. Op. cit., 1987). Efetivamente, essa teoria repousa de maneira decisiva sobre a noção de

---

14. Evidentemente, é claro, o recurso ao formalismo lógico responde *também* a uma preocupação de rigor na apresentação. Curiosamente, eis aqui a única justificativa que Chomsky dá para isso em *Aspects*: se supõe gerativa toda gramática explícita; i. é, toda gramática que revela os processos lógicos dos quais faz uso. Essa definição não dá conta da verdadeira natureza do programa gerativo.

projeção máxima, que é nada mais e nada menos do que a individualidade lexical[15]. Ora, a individualidade lexical não é dedutível e, sobretudo, não é de natureza intrinsecamente formal (mesmo que possamos tentar *representá-la* de maneira formal). Quanto à proposição (III), parece ter sofrido uma inversão: são preferencialmente alguns formalismos lógicos (em especial a notação da quantificação desenvolvida por Frege, depois Russell) que parecem depender das estruturas de linguagem (cf. a versão integral desta obra, parte III, cap. II, § 4.3.3.)[16].

A formalização existe ainda, portanto, na linguística da Escola de Cambridge, mas entra no cômputo geral: por um lado, uma preocupação de rigor e de explicação na teoria e, por outro, a literalização do empírico. Não se trata mais de definir propriedades ao mesmo tempo formais e sintéticas do objeto linguagem. Não é mais verdadeiro que, de maneira geral, a sintaxe de uma língua natural seja integralmente a interpretação de um sistema formal. Em suma, mesmo que ainda possamos defender que a linguagem tem propriedades, mesmo que possamos defender que essas propriedades são literalizáveis, mesmo que possamos defender que é empiricamente significativo preferir um formalismo a outro, não é certo que essas propriedades sejam *intrinsecamente* formais: é possível que sejam apenas formalizáveis – isso não é a mesma coisa.

A empreitada gerativa é, portanto, de agora em diante, algo ultrapassado na Escola de Cambridge[17]. Isso não significa dizer, contudo, que ela tenha sido apenas um episódio sem importância. Ela tem, pelo menos, um valor

---

15. Segundo essa concepção, um determinado lexema requer *n* argumentos e lhes impõe estas ou aquelas propriedades. Ora, isso não deveria ser o objeto de nenhuma regra. Para mais detalhes, cf. o cap. V da parte II da versão integral desta obra.

16. Podemos evidentemente imaginar combinações múltiplas: manter (I) e (II), mas modificar (III); as propriedades da linguagem seriam, então, intrinsecamente formais, mas não seriam aquelas que o programa gerativista definiu; podemos também conservar (I) e (III), mas abandonar (II): nesse caso, conservamos o aparelho formal da gramática gerativa, mas não supomos mais que ele corresponda a propriedades substanciais da linguagem.

17. Podemos defender que, de agora em diante, ela foi ultrapassada por um projeto de tipo cognitivista. Cf. infra, cap. 3, § 3.2.

de testemunho; a articulação singular que propunha entre o empírico e o formal pode, em si mesma, não ser mais considerada eficaz. Entretanto, o simples fato de que essa articulação tenha permitido uma transformação importante da ciência da linguagem indica que uma ou várias propriedades objetivas foram encontradas. Simplesmente, a ciência da linguagem não poderia mais considerar a empreitada de matematização ou de literalização do ponto de vista relativamente estreito que o programa gerativista havia feito prevalecer. Outras vias devem ser exploradas, e é possível que o reservatório dos formalismos matemáticos ofereça novas fontes, ainda não exploradas[18].

1.3 De todo modo, qualquer descoberta ou invenção que possamos esperar nesse campo, a literalização matematizada em linguística não tem validade senão através das proposições empíricas às quais pode ser relacionada: as proposições conhecidas que estenografa (adequação empírica), as proposições ainda desconhecidas que permite enunciar (fecundidade). Essas proposições empíricas são evidentemente de natureza e de *status* diverso; umas são simplesmente descritivas, outras propõem explicações; umas são constatações, outras, hipóteses. Cada elemento da literalização pode afetar uma ou várias delas; excluir de antemão algumas, selecionar outras.

Entre as proposições empíricas da ciência da linguagem, podemos mencionar, ao menos, um conjunto particular, minimamente exigível por qualquer teoria: as proposições de classificação. Os dados de língua, assim como os dados de todas as ciências de observação, se repartem em classes; sabemos que a tradição gramatical havia reconhecido algumas delas. Nada diz que sua taxonomia deva ser inteiramente rejeitada nem inteiramente conservada. Pelo contrário, um dos méritos de uma teoria pode justamente consistir no que ela mostra das aproximações que não havíamos identificado ou revela o artifício de aproximações que aceitávamos até então.

---

18. Podemos citar, a esse respeito, as breves mas pertinentes observações de Roubaud: "La mathématique dans la méthode de R. Queneau". In: *Atlas de littérature potentielle*. Paris: Gallimard, 1981, p. 46.

Em todo o caso, toda literalização, mesmo a mais abstrata, induz uma taxionomia própria. Ela deve, portanto, ser avaliada desse ponto de vista. Isso define uma espécie de processo de exame mínimo; para toda teoria linguística, para toda proposição de uma teoria, perguntaremos: que classificação dos dados ela permite e o que vale essa classificação?

Seria, evidentemente, desejável dispor de critérios de avaliação independentes. Muitos autores fazem intervir aqui a noção de classe natural; se essa noção fosse fundamentada, ela permitiria, com efeito, que se colocasse o princípio:

> **Uma literalização é tanto melhor quanto induz uma taxionomia mais natural.**

A dificuldade, contudo, está em definir o que denominamos uma classe natural em linguística. Podemos pensar que algumas classes oriundas das gramáticas tradicionais devem ser uma classe natural; caso contrário, não teriam podido se impor; por outro lado, não podemos supor de antemão que todas o sejam nem que apenas uma classe tradicional possa sê-lo. A fim de guiar a pesquisa, seria evidentemente tentador construir critérios definidores gerais daquilo que merece ser considerado uma classe natural. A biologia desenvolveu, sobre esse ponto, doutrinas importantes. Infelizmente, elas não podem servir muito para as línguas. Com efeito, as taxionomias dos seres vivos podem se fundamentar em uma teoria da evolução que cruza e, às vezes, modifica as classificações baseadas na similitude das características. Ou, para dizer as coisas de outro modo: existem vários pontos de vista que permitem classificar os seres vivos; isso permite combinar, corrigir, precisar as divisões[19]. Não há nada análogo em matéria de sintaxe: os pontos de vista classificatórios não são suficientemente diversificados, nem suficientemente independentes. De fato, sempre remetem ao conjunto de hipóteses teóricas das quais

---

19. Cf. as discussões coordenadas por Tassy na *Encyclopédie Diderot*: "L'Ordre et la Diversité du vivant – Quel statut scientifique pour les classifications biologiques?" Paris: Fayard, 1986.

partimos. A ciência da linguagem é, portanto, relativamente desprovida; em alguns casos – na verdade, bastante numerosos – pode, no máximo, apoiar-se em uma espécie de evidência imediata: entre duas classificações dadas, ocorre, muitas vezes, que uma ganhe manifestadamente da outra em termos de economia, em termos de exaustividade, em termos de elegância formal. Sobre essa base poderemos certamente escolher entre duas literalizações rivais, mas, como vemos, o próprio processo de escolha não é literalizado.

As dificuldades empíricas não devem, contudo, afetar as proposições gerais: em uma ciência empírica literalizada, uma letra vale pelo conjunto de proposições empíricas que ela torna acessível; na ciência da linguagem, o núcleo duro das proposições empíricas é de natureza taxionômica; consequentemente, a ciência da linguagem deve se propor, no mínimo, a construção de uma literalização que permita uma taxionomia o mais completa, o mais refinada e o mais econômica possível[20].

2 A LINGUÍSTICA COMO CIÊNCIA EXPERIMENTAL

2.1 Exemplo e experimentação

Um dos pontos onde o encontro entre linguística e gramática se realiza com maior evidência é a técnica do exemplo. Qualquer que seja sua epistemologia, todas as versões da ciência linguística funcionam valendo-se de exemplos. Ora, o próprio nome da coisa vem da tradição gramatical. Certamente, isso não basta para provar que o exemplo em linguística funciona exatamente como em gramática. É exatamente sobre esse ponto que

---

20. Na medida em que a gramática é uma base de observação para a linguística e na medida em que a terminologia gramatical estenografa uma taxionomia, entendemos a importância das discussões terminológicas. Elas não são, contrariamente ao que acreditamos muitas vezes, simples querelas de palavras. Observaremos que nem a gramática nem a linguística conseguiram, até o momento, definir uma terminologia única em sintaxe (conseguiram em fonética e fonologia) e, menos ainda, definir uma nomenclatura.

a diferença entre as duas disciplinas deveria, caso exista, se manifestar o mais claramente. Ele concerne, com efeito, à maneira como os dados empíricos são tratados, e sabemos que aqui se deveria perceber o que separa um discurso que reivindica a ciência e um discurso que não a reivindica. Em particular, o recurso que a gramática faz à terminologia da norma e da regra e que estrutura tão profundamente sua relação com o exemplo não poderia se manter sem modificações em uma ciência da linguagem que se diz positiva. Mas lembramos que esse próprio recurso é apenas uma maneira de tratar o que denominamos a autonomia do possível de língua em relação ao possível material. É, então, essencial que seja reexaminada essa autonomia e a maneira como a ciência da linguagem a define.

Resta, evidentemente, o dado incontornável: um encontro da linguística e da gramática se realiza sobre a questão do exemplo; esse encontro é tão constante e sistemático que não poderia ser fortuito e deve se basear em semelhanças objetivas. Em resumo, o problema do exemplo constitui um ponto crítico no qual poderemos avaliar com mais precisão as relações entre linguística e gramática.

2.1.1 A primeira e a mais importante das semelhanças é a seguinte: a linguística se interessa pelas propriedades da linguagem que permanecem intactas quando desconectamos um enunciado das condições singulares de sua enunciação. Com efeito, um exemplo está, por definição, fora da situação. É possível, sem dúvida, acrescentar numerosas especificações circunstanciais, mas também sabemos que essas jamais atingirão exatamente a singularidade de uma enunciação. Isso é evidente: a enunciação é o que há, no proferimento de um enunciado, que não se repetirá. Ora, a linguística (assim como a gramática) se interessa pelo que se repete de proferimento em proferimento. Como a gramática, ela supõe, então, que haja, na linguagem, algo de repetível, e o exemplo é o que justamente dá conta disso. Não poderíamos duvidar que, ao mesmo tempo, a linguística negligencia propriedades reais, mas ela não pode fazer isso de outra maneira a não ser as negligenciando.

A segunda característica do exemplo é que ele é construído tanto na gramática quanto na linguística.

2.1.1.1 Essa característica é, muitas vezes, ignorada e provocou algumas confusões. Em particular, a questão de saber se os exemplos podem e devem ser ativamente construídos é deslocada para a questão de saber se são ou não inventados. Sobre esse último ponto, debates opuseram as tradições gramaticais; por exemplo, a Escola de Brunot criticou fortemente a tradição proveniente de Port-Royal, acusando-a, inclusive, de usar exemplos inventados. De fato, o tratamento dos exemplos permite opor, no cerne da tradição gramatical, dois pontos de vista bem distintos: as gramáticas com características eruditas se baseiam nas citações, extraídas de fontes literárias com autoridade; o uso dos exemplos inventados prevalece nas gramáticas com características escolares. De um ponto de vista histórico, essas diferenças importam; de um ponto de vista teórico, a querela não tem em si nenhum interesse.

O exemplo inventado pelos gramáticos sempre se apresenta como um enunciado possível, que poderia ser proferido (ainda que ocorra, por acaso, que não se julgue necessário buscar uma fonte literária); por contraste, o exemplo inventado pelos lógicos não precisa ser possível na língua: pode ser ou não, a questão não é essa. De modo recíproco, o exemplo constituído por uma citação, retirado eventualmente de um autor célebre, é justamente extraído de seu contexto literário e não vale como fragmento da obra: a questão da obra à qual pertence deixa de ser pertinente. A única coisa que importa pode assim ser dita: no momento em que um enunciado se encontra em um texto literário, temos certeza de que ele é possível em uma língua e pode ser utilizado como um dado pertinente. A única diferença entre o exemplo citado e o exemplo inventado se situa, portanto, do lado da segurança suplementar que, aparentemente, nos damos ao nos valermos de textos literários. Todavia, essa segurança suplementar apenas é verdadeiramente necessária se renunciamos ao recurso do julgamento gramatical de sujeitos falantes vivos. Se recorremos a esse julgamento, então a segurança dos textos deixa de ser necessária: de fato, podemos estimar que um sujeito falante francês, no final do século XX, sabe tanto sobre sua própria língua quanto um escritor, e que um escritor apenas interesse ao gramático ou ao linguista na medida exata em que supostamente saiba sua língua. As duas fontes tendem a se confundir.

Essa evidência pôde ser mascarada por uma necessidade: quando nos interessamos por línguas antigas (e durante muito tempo a atividade gramatical se concentrou nessas línguas), o recurso a fontes textuais é inevitável. Por extensão, esse ponto de vista se manteve na tradição gramatical, inclusive para as línguas vivas (cf., p. ex., *Le Bon Usage*, de Grevisse).

Para a linguística, a recusa do exemplo inventado se baseia geralmente em uma epistemologia do documento: começamos definindo a ciência como uma coleta de documentos. Desde então, o exemplo somente é admissível sob a forma do documento atestado. Compreende-se facilmente que a noção de exemplo inventado deva então ser rejeitada. Uma abordagem assim foi, por vezes, articulada ao tema do *corpus*.

A técnica do *corpus* é precisa. Ela significa que nos impomos, no princípio, a construção da teoria linguística de um conjunto estritamente delimitado e definido de dados de língua. Esses dados podem ser constituídos por uma obra literária, um conjunto de jornais, um conjunto de gravações etc. Mas, ao fim, essa teoria deve ser uma teoria da língua considerada: uma teoria do francês, uma teoria do inglês etc. Mais exatamente, uma teoria linguística do francês não é, desse ponto de vista, senão um fantasma, caso não seja estritamente pensada como a teoria linguística de um *corpus* delimitado. Observaremos que, para que essa concepção seja simplesmente razoável, é preciso que a teoria do *corpus* não seja apenas restritiva, mas também exaustiva: essa teoria deve considerar apenas os dados do *corpus* e deve considerar todos os dados do *corpus*.

As implicações são claras: trata-se de uma teoria em que um dado de língua somente é pertinente se for atestado. Dito de outro modo, o objeto de estudo é, sem dúvida, o dado de língua possível, em oposição ao dado de língua impossível, mas consideramos que somente podemos saber se um dado de língua é possível se for atestado. Podemos considerar que se trata aqui de um ponto de vista absolutamente antigramatical: sem disjunção possível entre a existência de língua e a ocorrência material[21]. Em si mesma, não há nada que deva chocar em uma posição como essa; é possível que a ciência da linguagem deva finalmente renunciar ao que fundava a autonomia da gramática. Compreende-se, no entanto, que se possa hesitar e que seriam necessárias grandes razões para aceitar uma decisão tão drástica. Sobre esse ponto, cf. infra, § 2.1.4.

Convém, portanto, distinguir cuidadosamente várias questões:
• Seria necessário nos basearmos em fontes ou poderíamos recorrer a exemplos inventados?
• A questão das fontes: seriam ou não literárias? Por exemplo, em Damourette e Pichon, sempre nos baseamos em citações, mas elas podem pertencer tanto a fontes literárias quanto a falas proferidas por informantes e anotadas ao acaso.
• A questão do *corpus*: se utilizamos um *corpus*, necessariamente nos baseamos em citações (podendo ou não, evidentemente, serem literárias), mas o inverso não é verdadeiro: podemos nos basear em citações sem que elas constituam um *corpus* no sentido estrito do termo; isto é, um conjunto do qual *todos* os dados serão estudados. Mesmo que se decida citar apenas exemplos de Proust (critério de restrição), isso nem sempre significa se deter na construção de sua gramática considerando todos os dados de língua pertencentes à obra de Proust (critério de exaustividade).
• Poderíamos recorrer a exemplos deliberadamente impossíveis? Esse procedimento é excepcional na tradição gramatical; ele é tardio na

---

21. Lembramos que o ponto de vista gramatical coloca o seguinte: há um possível gramatical autônomo relativamente ao possível de observação.

história da linguística: parece realmente que a Escola de Cambridge foi a primeira a fazer um uso sistemático disso (técnica do asterisco). No entanto, não há nada de surpreendente em tal abordagem: ela consiste em fazer aparecer impossibilidades, ou seja, em fazer aparecer propriedades negativas. Isso é tão lícito quanto fazer aparecer propriedades positivas[22]. Convém apenas ver a consequência: o recurso aos exemplos inventados se impõe.

2.1.1.2 Tendo-se distinguido essas questões, convém sublinhar que elas não têm, na verdade, uma grande importância e, singularmente, não têm nenhuma primazia entre elas. Repetimos: a questão de saber se os exemplos são ou não inventados não é a verdadeira questão. De qualquer maneira, os exemplos são *construídos*.

Consideremos, uma vez mais, a tradição gramatical; a situação clássica é a seguinte: o gramático enuncia uma regra (p. ex., a concordância dos particípios) e dá exemplos dessa regra. Ora, nunca acontece de um exemplo ilustrar uma única regra ao mesmo tempo. Isso depende, na verdade, de uma característica empírica dos dados de língua, senão da linguagem em geral: o que se pode denominar *concreção*. Todo dado de língua, por mínimo que possa ser em extensão, sempre combina várias dimensões: não há átomo lexical que não seja também uma forma fonológica e um emprego sintático, não há frase que não resulte da aplicação combinada de várias regras sintáticas etc. A partir daí, sendo dada uma frase, não podemos

---

22. Acrescentemos que o recurso ao exemplo impossível permite recorrer à demonstração apagógica, o que tem grande consequência. Esse impossível é estritamente o simétrico do possível: se, portanto, adotamos o ponto de vista gramatical, esse impossível será autônomo em relação ao possível e ao impossível de observação. Haverá, portanto, formações marcadas com asterisco que serão eventualmente atestadas. Se aceitamos o ponto de vista do *corpus*, ou seja, o ponto de vista antigramatical, o impossível gramatical não se distinguirá do impossível de observação: uma formação impossível será, portanto, pura e simplesmente uma observação não atestada. Para que a conclusão seja validada, será preciso, evidentemente, que o *corpus* seja qualitativa e quantitativamente representativo: encontramos, aqui, os raciocínios das técnicas de sondagem que se tornaram clássicos.

saber diretamente, só por sua inspeção, se ela ilustra determinada regra mais do que outra. É justamente por isso que as gramáticas baseadas em citações (estilo Grevisse) funcionam com *séries* de exemplos: comparando os exemplos da mesma série, poderemos determinar sua característica comum, que, no melhor dos casos, dirá respeito a uma única regra ao mesmo tempo. Quanto às regras que funcionam com exemplos inventados, elas se empenharão em inventar frases em que se poderá, sem muitas dificuldades, neutralizar tudo o que, na frase, não diz respeito à regra considerada[23].

Tanto em um caso quanto em outro, o exemplo não é apenas encontrado: ele é *construído*. E isso até mesmo em dois sentidos.

De um lado, entre as múltiplas dimensões que, em virtude da propriedade empírica de concreção, ele combina, o exemplo é construído naquilo em que selecionamos – uma e somente uma entre elas.

De outro lado, o exemplo é construído enquanto é *analisado*: reconhecer em um autor um fragmento para uma ilustração de uma determinada regra supõe, ao menos, que tenhamos analisado esse fragmento; inserir uma determinada citação em uma família de citações é, na realidade, construir essa família em virtude de uma análise; inventar um exemplo para manifestar os efeitos de uma regra é, evidentemente, construí-lo sobre a base de uma análise.

É verdade que essa dupla característica de construção ativa permanece implícita e, por isso, facilmente despercebida na tradição gramatical e na maior parte das teorias linguísticas. Na teoria da Escola de Cambridge, como foi dito, a característica de ser construída parecia evidente, visto que usamos aí exemplos necessariamente fabricados: compreendemos

---

23. É por isso que os exemplos inventados têm, muitas vezes, uma aparência pobre: essa pobreza, que pode chocar quando a comparamos com a complexidade das frases reais, resulta da necessidade de não encobrir a percepção linguística de propriedades estranhas à propriedade submetida a exame. O risco é evidente: que, nesse esforço de depuração, eliminemos fatores empiricamente pertinentes ou até mesmo decisivos. Mas, no fim das contas, riscos parecidos existem em todas as ciências positivas: poderíamos citar, em particular, a polêmica de Lorenz contra a escola pavloviana.

os exemplos marcados com asteriscos como destinados a mostrar uma impossibilidade.

Mas, se houvesse entre a tradição gramatical e a teoria linguística apenas essa diferença, seria fácil mostrar que ela não tem senão um alcance estilístico. Com efeito, consideremos os exemplos gramaticais comuns: eles valem por uma oposição implícita entre o que são, no tocante à regra que ilustram, e qualquer formação que, nesse ponto específico, deles se diferenciaria. Quando uma gramática enuncia, por exemplo, que a locução conjuntiva *après que* [depois de que] é seguida do indicativo e ilustra essa regra com citações emprestadas dos bons autores, ela marca, ao mesmo tempo, com um asterisco implícito qualquer exemplo em que *après que* [depois de que] é seguido de subjuntivo. Quando uma gramática enuncia que, em francês, não combinamos a negação total *ne pas* [não] com outras palavras negativas, ela marca com um asterisco as frases do tipo: "*ne servent pas de rien*" ["não servem de nada"], como fazemos em *Les Femmes savantes*.

De fato, nas gramáticas baseadas nas citações e que não comportam, por estrutura, exemplos ilustrando impossibilidades, a *função* do asterisco existe tanto quanto nas gramáticas em que o asterisco é explícito. Com efeito, a função do asterisco é estritamente opositiva: trata-se de opor, sobre a base de critérios a serem definidos, uma formação de língua possível e uma formação de língua impossível. Ora, essa função opositiva não é nada mais do que uma expressão do diferencial que estrutura tanto a gramática quanto a linguística; ela permanece definível, mesmo quando um único dos termos opostos é explícito.

2.1.2 A verdadeira diferença que separa a tradição gramatical da teoria linguística se encontra em outro lugar.

Na tradição gramatical, o exemplo está destinado a ilustrar uma regra. A tal ponto que, em algumas tradições gramaticais (especialmente nas gramáticas com objetivos escolares), as regras não tinham outra designação além do exemplo típico que as ilustra. Foi assim que, durante muito tempo, se ensinou as línguas antigas na França: não em termos de regras, mas através de uma lista de exemplos especialmente claros – inventados ou não. Falaremos, desse modo, em latim, da regra *haec est virtus*, ou, em grego antigo, da regra *ta zoa trékhei*. A maneira como a própria regra é definida não é, então, objeto de nenhuma reflexão particular: ela é registrada simplesmente, com base em uma distinção entre correto e incorreto cuja legitimidade depende, muitas vezes, de uma pura e simples constatação.

A linguística, por sua vez, apenas pode seriamente reivindicar um *status* científico se modificar profundamente esse modo de referência ao exemplo. Não deveria se tratar, para ela, de ilustrar uma regra; trata-se, antes de tudo, de usar o exemplo como uma configuração de dados própria para testar uma proposição da teoria. Dito de outro modo, o uso do exemplo em linguística está estritamente associado a sua característica de ciência empírica. Como essa característica é, em si mesma, dependente da característica refutável das proposições, o exemplo pode ser definido como uma instância mínima de refutação, digamos: um átomo de refutação, que responde à parte mínima de refutabilidade nas proposições. Idealmente falando, cada proposição empírica da teoria linguística pode ser considerada como um conjunto de pontos de refutabilidade; a cada um desses pontos deve corresponder, nos dados, uma configuração mínima de refutação: essa nada mais é do que o exemplo. Visto que aquilo que testamos é uma proposição da teoria, a configuração mínima nos dados somente é capaz de constituir um teste se é, ela mesma, tratada pela proposição em questão; dito de outro modo, o dado funciona na ordem da refutação somente se analisado pela teoria linguística considerada[24].

Para estabelecer que uma proposição refutável P da teoria não é refutada, convém construir *a priori* o tipo de dado que constituiria um con-

---

24. Chomsky insistiu muitas vezes no fato de que, para provar uma tese de linguística, não é uma frase como essa que é pertinente, mas uma frase provida de uma análise. Com isso, ele não faz senão revelar uma consequência natural e necessária da epistemologia popperiana que é a sua.

traexemplo para a proposição P. Se a proposição P afirma que tal tipo de dado é possível, então o contraexemplo seria que esse tipo de dado fosse, ao contrário, impossível; se a proposição P afirma que tal tipo de dado é impossível, o contraexemplo seria que esse tipo de dado fosse, ao contrário, possível. Compreende-se facilmente por que o uso explícito dos asteriscos se revela precioso, seja em um sentido, seja em outro. Compreende-se igualmente que o exemplo apenas funciona por *oposição*: é a oposição do exemplo e do contraexemplo que constitui o teste e não o exemplo sozinho ou o contraexemplo sozinho. Consequentemente, a reflexão empírica em linguística se baseia em uma bateria de exemplos contrastados: o que denominamos *paradigmas*.

Os exemplos devem ser numerosos e variados por duas razões. De um lado, para que sua variedade permita determinar com precisão a propriedade submetida a exame: cada exemplo é uma combinação de propriedades linguísticas múltiplas; multiplicando as variedades, faremos surgir a independência da propriedade que examinamos em relação a outras propriedades com as quais ela se encontra combinada. Desse modo, se queremos examinar a passiva, deveremos dar exemplos que mostram que a passiva é independente do tempo do verbo, do caráter relativo ou não relativo, interrogativo ou não interrogativo da frase etc.

De outro lado, os exemplos devem ser variados porque devem considerar todas as consequências refutáveis da proposição submetida a exame, a fim de que o conjunto das refutabilidades possíveis seja percorrido.

É interessante constatar que esse tipo de exigência se encontra de modo equivalente em formas de linguística estilisticamente muito diferentes. Por exemplo, a linguística estrutural. De fato, o procedimento de comutação – que consistia em fazer variar uma sequência sobre um único ponto a cada vez para esclarecer os átomos constitutivos da sequência – não é nada mais e nada menos do que o que é suposto no procedimento do exemplo. Nos dois casos, trata-se de variações que devem esclarecer as diferentes propriedades independentes que se encontram combinadas na observação bruta. Que esse procedimento de variação sistemática tenha sido interpretado em termos estritos de distintividade é uma outra questão, que diz respeito a causas particulares da epistemologia estruturalista.

Compreende-se então por que a linguística estrutural – cujas premissas epistemológicas explícitas eram, na verdade, bastante estranhas e até, em alguns aspectos, arcaicas – pôde ter um tal sucesso empírico: as técnicas da opositividade encontram exatamente o que é necessário para que os exemplos de língua tenham valor de teste.

Dissemos teste. Dissemos igualmente variações: poderíamos muito facilmente descrever o procedimento do exemplo como uma atividade de intervenção sobre os dados de língua, que permite, por um lado, fazer aparecer em sua unicidade esta ou aquela propriedade desses dados e que permite, por outro, avaliar esta ou aquela parte de uma proposição refutável da teoria. Encontraríamos, então, características que se aproximariam facilmente da descrição clássica que Claude Bernard havia dado do método experimental nas ciências da natureza.

Os exemplos são, como dissemos, sempre construídos; são, além disso, intrinsecamente repetíveis: por definição, um exemplo é, em si mesmo, como a repetição de um enunciado anterior, quer este tenha sido efetivamente pronunciado (citação) ou quer simplesmente se suponha que tivesse podido sê-lo (exemplo fabricado), quer este seja um enunciado materialmente possível, mas linguisticamente impossível (asterisco) ou um enunciado fictício, mas linguisticamente possível. Uma vez introduzida essa dimensão do repetível, a repetição se abre ao infinito: o sujeito falante supostamente pode julgar o exemplo como se tivesse, ele mesmo, o pronunciado. Dito de outro modo, nós o supomos capaz de repetir o enunciado por si mesmo e capaz de julgá-lo como possível ou impossível em termos estritamente linguísticos (tema da competência). Ora, o que assim supomos não é nada mais nada menos do que a reprodutibilidade que as teorias científicas correntes supõem de suas experiências[25].

Por essa razão, que o exemplo seja acompanhado de precisões sobre o lugar e o instante em que foi efetivamente pronunciado, isso não tem uma importância crucial. Essa precaução que se impuseram autores como Damourette e Pichon[26] é mais aparente do que real. É muito raro que traga informações úteis; na verdade, ela somente se impõe nos casos marginais, nos quais justamente o linguista leitor poderia ter dúvidas a respeito do dado proposto: ocorre que demonstrações repousam crucialmente em tais exemplos, e seria bom, para afastar as contestações de puro fato, para o linguista autor, se cercar de garantias de aparência documental. Na realidade, não se trata de documentação, mas de informação que concerne aos protocolos de observação. Nas circunstâncias comuns, o mais útil do exemplo reside no próprio exemplo.

Em resumo, o exemplo não é um documento. Assim como Galileu apenas se interessava pelo que havia de repetível na queda dos objetos que caem de uma torre, a ciência da linguagem apenas se interessa pelo que se pode redizer daquilo que se diz. Se acrescentamos que, fabricado ou não, o exemplo sempre é o resultado de uma construção ativa da parte do linguista, concluiremos que ele tem estritamente as propriedades de uma *experimentação*. Em resumo, uma teoria linguística fundamentada em exemplos visa não apenas um *status* de ciência empírica, mas um *status* de ciência *experimental*.

---

25. A sintaxe não pode realmente recorrer à indução por enumeração. Isso por causa do que se convencionou chamar o caráter infinito da língua. Porém, se há reprodutibilidade – i. é, competência – então o exemplo supostamente equivale a uma indução por enumeração de todas as frases sintaticamente equivalentes. A Escola de Gross parece considerar que esse procedimento é ilícito: nada substitui legitimamente a indução por enumeração, mas também, sustenta essa escola, esta se torna possível graças às técnicas informáticas.

26. Não é indiferente lembrar que Édouard Pichon era médico; seu tratamento do exemplo deve ser aproximado da técnica do caso médico, para o qual é efetivamente decisivo que precisões sejam dadas (Arrivé, comunicação pessoal).

2.1.3 Não é preciso, evidentemente, dissimular as diferenças. Nas ciências da natureza, a experimentação se baseia na estrutura do acontecimento. Dito de outro modo, ela se baseia, em última análise, na constatação de que determinado acontecimento se produz ou não se produz em certas condições. A noção "se produzir" ou "não se produzir" sendo tomada em sua definição mais corrente: inscrever-se em coordenadas espaçotemporais. A intervenção consiste, desde então, em construir as condições nas quais determinado acontecimento se produzirá ou não se produzirá no instante t no lugar x. Sem dúvida não nos interessaremos neste acontecimento pelo que ele tem de singular e que faz com que nunca se repetirá. Se, então, por acontecimento, decidimos designar estritamente uma singularidade que não se repete, nenhuma ciência galileana tratará do acontecimento. Se, pelo contrário, adotamos uma interpretação mais ampla, se entendemos por acontecimento aquilo que se poderia chamar de um *esquema de acontecimento*, as expressões "ser observável", "ser possível", "ocorrer" etc., tomarão uma significação bastante clara, mesmo que os fundamentos gerais daquilo que torna possíveis a observação, o acontecimento como observável e a validação ou invalidação que daí seguem estejam longe de serem triviais.

Em linguística, sem abusar das palavras, não podemos dizer que o exemplo tenha a estrutura de um acontecimento. E isso porque o possível de língua não é inteiramente de mesma natureza que o possível empírico. Ser possível, para a linguística, não é apenas poder ser constatado em um tempo e um lugar, é mais essencialmente se inscrever nos paradigmas da língua considerada. Sem dúvida, ainda que se fale de possível e de impossível, podemos, se se faz questão, falar de acontecimento nesse caso; não é, no entanto, preciso dissimular que a expressão se baseia em uma pura e simples analogia.

Compreendamos: um enunciado de língua é sempre proferível e, caso seja proferido, será proferido em um instante e em um lugar determinados; por essa razão o exemplo, tendo necessariamente como horizonte os enunciados proferíveis ou proferidos, tem propriedades que o aproximam do dado empírico no sentido mais usual do termo; mas justamente o próprio do exemplo é manifestar a característica inteiramente não essencial deste instante e deste lugar. E não é apenas porque a ciência da linguagem não se interessa no que diz respeito ao enunciado senão por aquilo que tem de repetível: isso seria verdadeiro em qualquer ciência positiva; mais radicalmente: o que faz, em última instância, que um enunciado inventado ou constatado seja um exemplo a respeito do qual se pode refletir não se inscreve inteiramente na soma dos proferimentos. É preciso, então, tomar cuidado que, utilizando-se a linguagem do acontecimento – se produzir, ocorrer etc. – ou mesmo mais geralmente a linguagem da observação – constatar, observar etc. –, em matéria de língua, se modificou profundamente sua significação.

Por mais reais que sejam, essas diferenças não afetam, entretanto, a legitimidade das analogias.

Para bem compreender estas últimas, convém melhor estabelecer a relação que a experimentação mantém com o acontecimento. De fato, seria cômodo falar aqui de função discriminante: se a experimentação pode ter o papel de confirmação ou de infirmação de uma proposição, é porque funciona como discriminante. Mais exatamente, ela constrói o átomo de acontecimento cuja possibilidade ou impossibilidade supostamente faz a discriminação entre os valores de verdade de tal átomo teórico. Idealmente, deveria ser possível estabelecer uma relação biunívoca tal que um único átomo de acontecimento dado discrimina os valores de um único átomo teórico dado. Sabemos que essa situação ideal jamais se encontra.

Já que se trata de valores de verdade e que, na maior parte das teorias usuais, a verdade supostamente é bivalente, o discriminante será, ele também, bivalente: é o que a linguagem do acontecimento permite entre todos, já que o acontecimento é este x do qual se predica comumente somente duas propriedades: ocorrer ou não. Compreendemos, então, a estrutura geral da experimentação; podemos assim resumi-la: discriminar entre dois valores de uma proposição, estabelecendo se tal acontecimento A ocorre ou não.

Dito de outro modo, a experimentação se limita a um julgamento, supostamente constativo: "nas condições C, o acontecimento A ocorre/não ocorre".

Porém, essa função discriminante da experimentação nada mais é do que aquilo que já havia sido introduzido com o nome de diferencial. Sabemos que a atribuição de uma propriedade a um objeto requer, no objeto, uma variação. A variação requer, de um lado, um diferencial – em Bacon, a presença e a ausência – e, de outro, um sólido de referência. Na verdade, a experimentação consiste em fazer aparecer, por meio de uma intervenção ativa, os valores do predicado diferencial no objeto: é suscitando julgamentos diferenciais sobre o objeto que ela permite discriminar entre os valores de uma proposição.

Ora, o raciocínio linguístico é, em certos aspectos, análogo: na medida em que a linguística se quer ciência, ela deve, também, discriminar entre os valores de verdade de proposições; na medida em que se quer ciência empírica, essa discriminação se faz com base em um discriminante material. Este último é constituído justamente pelo diferencial de língua: ao invés de falarmos de acontecimentos que ocorrem ou não, falaremos de configurações de língua que ocorrem ou não.

Ora, sabemos, há aqui uma dificuldade testemunhada pela gramática; podemos resumi-la assim: o que significa, para um dado de língua, ocorrer ou não ocorrer?

2.1.4 A ciência linguística não pode, portanto, evitar o embaraço suscitado pela autonomia eventual do possível de língua em relação ao possível do acontecimento. Trata-se de seu *status* de ciência positiva. Como indicamos no § 2.1.1.1, a decisão mais simples para ela consistiria em abandonar a hipótese da autonomia absoluta e a reduzir o possível de língua a um possível material ou de acontecimento de um certo tipo: trata-se do ponto de vista estritamente documental. Nesse caso, já vimos, um dado de língua supostamente ocorre se e somente se é atestado. Basta, então, constituir um conjunto de documentos suficientemente vasto. Ora, podemos acrescentar que essa extensão quantitativa se tornou hoje ao mesmo tempo possível e prática graças à informática: compreendemos que, assim definida, a linguística seja essencialmente documental e automatizada.

Três dificuldades, no entanto: a primeira é conhecida desde os primeiros tempos da Escola de Cambridge; ela repousa sobre essa propriedade material da linguagem que chamamos de criatividade. Se uma propriedade característica das línguas naturais é que o sujeito possa compreender e produzir dados que nunca antes encontrou – que, dito de outro modo, não são atestados em sua experiência com a língua –, então é paradoxal que a ciência linguística tenha como princípio de constituição a hipótese exatamente contrária.

A segunda objeção é menos frequentemente sublinhada; ela é, no entanto, muito mais forte: há, é um fato, em um conjunto de dados, vários sistemas de repartição diferentes. Quanto mais vasto e diversificado é o conjunto – e é preciso que seja, se a investigação empírica merecer seu nome –, mais elevadas são as chances de que os sistemas de repartição não sejam aí de um só tipo. Consequentemente, toda proposição refutável terá chances de ser refutada; o ceticismo, nessa via, parece inevitável.

A terceira objeção: a possibilidade ou impossibilidade material de um dado pode ser devida a fatores variados, alguns, inclusive, não são forçosamente pertinentes no exame em curso. De fato, não há nenhuma razão para supor que a linguística tenha mais facilidade para estabelecer seus dados do que as diversas ciências de observação. Como estas últimas, ela tem o direito e o dever de apreciar as informações documentais, filtrar as atestações a respeito da possibilidade material, eliminar os parasitas. Então apenas a experimentação pelo exemplo poderá funcionar. Ao mesmo tempo, não é mais verdade que a pura e simples atestação documental seja suficiente. É, no mais, desse modo que todas as teorias linguísticas procedem: pois, enfim, quaisquer que sejam as declarações em favor de uma abordagem estritamente documental, é preciso reconhecer que nenhuma teoria linguística de alguma importância se limita a registrar e classificar tudo o que se encontra em um conjunto de dados atestados.

A concepção documental, tomada estritamente, não parece então poder se bastar em si mesma. Assim que se trata de ultrapassar a simples estatística, algo da ordem da autonomia do possível linguístico parece necessária. Seria, contudo, por essa razão, o puro e simples retorno à gramática? Não parece. Na verdade, a ciência da linguagem dispõe, para tratar a eventual disjunção entre dados de língua e atestações documentais, de métodos mais sofisticados do que a concepção documental e mais positivos do que a tradição gramatical.

Lembramos que é possível distinguir em uma língua dada o que chamamos de *usos*. Eles correspondem frequentemente a comunidades sociológicas homogêneas. Porém, do ponto de vista da ciência da linguagem, essa homogeneidade sociológica não é nem uma condição necessária nem uma condição suficiente; a homogeneidade pertinente está em outro lugar: ela reside em um sistema de repartição entre os valores do diferencial.

Idealmente, um determinado uso não é, então, nada mais do que um sistema homogêneo de repartição diferencial. A partir de então, a teoria linguística pode se impor um tipo de princípio sanitário: estudar somente um único sistema de repartição diferencial a cada vez ou, ao menos, um conjunto coerente de sistemas de repartição.

Ora, compreendemos facilmente que, no interior de um sistema de repartição único ou mesmo simplesmente coerente, apenas são possíveis *materialmente* as formas possíveis *linguisticamente*. Desse modo, é tão impossível para Martine dizer *ne servent de rien* [servem de nada] quanto para Philaminte dizer *ne servent pas de rien* [não servem de nada]. Para aqueles que se situam em um sistema de repartição diferencial em que se diz *aller au coiffeur* [ir ao cabeleireiro], é tão impossível dizer *aller chez le coiffeur* [ir no cabeleireiro] quanto é impossível, ao contrário, dizer *aller au coiffeur* [ir ao cabeleireiro] para aqueles que se situam em um sistema de repartição diferencial em que se diz *aller chez le coiffeur* [ir no cabeleireiro]. Certamente, é verdade que nada de físico nem de moral impede Martine de proferir, se assim desejar, *ne servent de rien* [servem de nada], nada de físico nem de moral impede Philaminte de proferir *ne servent pas de rien* [não servem de nada]. A esse respeito, o impossível de língua continua não sendo de mesma natureza que o impossível físico. Não é, por isso, menos real.

Nessas condições, o princípio da autonomia do possível de língua pode e deve ser mantido. Apenas é entendido em um sentido mais preciso do que era na tradição gramatical: não se trata de uma diferença extensional, tal como os dados supostamente corretos do ponto de vista do diferencial de língua podem ser sistematicamente não atestados nos dados registrados ou tal como, inversamente, os dados supostamente incorretos do ponto de vista do diferencial de língua são os mais frequentemente atestados. Uma tal discrepância não deveria satisfazer e colocaria gravemente em causa o *status* da linguística como ciência empírica. Ela será evitada pela aplicação do princípio sanitário. A autonomia do possível de língua reside, então, somente na natureza de um sistema de repartição que não se manifesta em seus efeitos do mesmo modo que uma lei da natureza, ainda que, nos limites de um uso determinado, tenha as mesmas características de constância e de absolutividade que uma tal lei.

Convém notar que falamos de lei. Eis aqui, de fato, uma consequência importante: se a linguística respeita o princípio sanitário que acaba de ser formulado, ela tem infinitamente menos razões de recorrer ao vocabulário da norma e da regra. Uma das justificativas deste último, efetivamente, viria da não correspondência *extensional* entre os dois tipos de possíveis. Essa não correspondência estando agora reduzida, o vocabulário da lei natural se revela mais apropriado.

Poderíamos, por metáfora, comparar cada sistema de repartição (ou uso) a um universo que teria suas próprias leis; na medida em que um sujeito falante se coloca em um determinado universo de língua, ele obedece a essas leis e somente as conhece. Evidentemente, é claro, toda metáfora tem seu limite; no presente caso, sabemos qual ele é: as leis dessa espécie de universo que constitui um uso não são de mesma natureza do que as leis que governam o universo material. Consequentemente, além disso, a ciência da linguagem não pode, sem precauções, renunciar inteiramente ao vocabulário da regra (cf. infra, cap. 3, § 3.2.4.2.2). A metáfora dos universos pode, contudo, ser admitida, com as reservas que se impõem.

O importante é que os universos de língua são múltiplos. Ora, contrariamente ao que se passa em Leibniz, não são hierarquizados: nenhum pode ser dito melhor do que outro e, *a fortiori*, não há nenhum que se possa dizer ser o melhor de todos[27]. Ao menos enquanto as preferências sociais não intervenham; então, sabemos, uma hierarquia pode ser definida e, eventualmente, um sistema de repartição se sobressairá sobre todos os outros. Isso é, porém, de outra ordem[28].

Além disso, um mesmo indivíduo pode ter acesso a vários universos de língua. Essa possibilidade, inteiramente mítica quando se trata dos universos físicos, é aqui, ao contrário, completamente comum. Observaremos, ainda, o papel que desempenha aqui a instrução; é exatamente inverso daquele que lhe atribuímos e que, às vezes, ela mesma se atribui: longe de

---

27. No limite, pode ocorrer que um universo de língua seja mais "compreensivo" do que um outro e permita explicar suas leis, ao passo que o inverso não seria verdadeiro. Por exemplo, muitos franceses conhecem dois universos no que diz respeito à negação: um foi descrito no § 5.3.1 do cap. 1 e permanece amplamente dominante na língua escrita (inclusive na língua escrita corrente das correspondências privadas); o outro é amplamente dominante na língua oral e apenas se distingue do precedente em um ponto: *ne* não aparece*. Ora, fica claro que se obterá facilmente as leis do segundo universo partindo-se das leis do primeiro e a elas acrescentando uma regra de apagamento do *ne* (o inverso é muito mais difícil). Nesse caso, é preferível pensar desse modo a supor dois universos absolutamente separados, ou seja, um universo em que *ne* não exista e em que a negação é garantida somente pelos "forclusivos". Podemos também pensar na fonologia: em certos contextos, o *e* mudo desaparece, sem que, por essa razão, contudo, os sujeitos ignorem os lugares em que ele pode aparecer; mesmo quando pronunciam *il épela* como *il est plat***, sabem onde e quando o *e* existe. Igualmente, a maior parte dos sujeitos que dizem "*je crois pas*" ["eu não acredito"] sabem onde o *ne* poderia aparecer ["*je ne crois pas*"/"eu não acredito"].

* N.T.: A negação em francês é construída com duas partículas; por exemplo, *ne verbo pas*. Em muitos contextos, o *ne* pode ser apagado.

** N.T.: Nesse caso, o *e* mudo que desaparece é o "e" (sem acento) da sequência *il épela*.

28. O fato de que Martine seja despedida por ter dito *ne servent pas de rien* [não servem de nada] testemunha, portanto, apenas o coeficiente social que é relacionado a um sistema de repartição diferencial.

forçar os sujeitos falantes a se curvarem às leis de um único universo linguístico (i. é, de um único uso), considerado o melhor, ela tem por efeito constatável multiplicar o número e a diversidade dos universos que um determinado indivíduo[29] pode percorrer. Desse modo, Philaminte conhece o universo de língua de Martine, ainda que o condene, enquanto Martine aparentemente não conhece o de Philaminte. Nessas condições, compreendemos melhor que um determinado indivíduo possa mudar de universo de língua, às vezes ao longo de um mesmo enunciado.

Por isso, a aplicação prática do princípio sanitário ficou mais difícil. Reformulado nos termos da metáfora do universo de língua, esse princípio se torna o seguinte: idealmente, a teoria deve estudar um único universo de língua ao mesmo tempo e, caso decida considerar vários universos, é preciso que sejam compatíveis. Ora, esse cálculo de compatibilidade não surge com a observação bruta, mas com um raciocínio, que, muito evidentemente, é linguístico. Como sempre, na ciência da linguagem, o processo de observação depende de um mínimo de preliminares que sejam elas mesmas teorizadas. No entanto, por mais difícil que seja, o cálculo não é impossível. Desse modo, foi possível admitir que o sistema de repartição diferencial que escolhe, de preferência, em certas condições, *aller au coiffeur* [ir ao cabeleireiro] e não *aller chez le coiffeur* [ir no cabeleireiro], é também um sistema em que se prefere o lexema *docteur* [doutor] ao invés de *médecin* [médico]. E tais raciocínios constantemente acontecem na linguística empírica.

---

29. Quando o professor de outrora dizia um *diga... mas não diga*, tinha, sem dúvida, a intenção de reduzir as diversidades: diversidades dos dialetos, dos usos sociais, das línguas regionais. Porém, qualquer que tenha sido sua intenção, seu papel objetivo era outro: para aquele que conhecia apenas um único universo de língua (um único uso), aquele de sua paróquia, ele mostrava que era de outros universos de língua. Seríamos tentados a desenvolver aqui uma moral linguística: um sujeito falante tem o dever de percorrer o maior número possível de universos de língua. Não somente em línguas diversas, mas também, e talvez sobretudo, no interior de sua própria língua. Ele tem a liberdade de escolher, no final das contas, o universo que preferir. A esse respeito, a ciência da linguagem não é indiferente.

2.1.5 Se a linguística raciocina desse modo, ela sabe o que significa exatamente o vocabulário do julgamento gramatical; por isso mesmo, ela pode, se julga mais cômodo, se permitir utilizá-lo. Resulta disso uma consequência paradoxal: sabemos que, por necessidade formal, por um lado, e por semelhanças materiais, por outro, o julgamento gramatical tradicional encontra a linguagem do valor: correto/incorreto sendo, a esse respeito, a oposição mais neutra. Ora, no momento em que ele se quer o mais próximo de uma experimentação objetiva, o discriminante linguístico nada encontra para se expressar a não ser justamente essa linguagem do valor. A experimentação de língua toma então a *forma* de um julgamento axiológico: "a configuração de língua C está correta/incorreta". Devemos, contudo, compreender nesse momento que, em seu *conteúdo*, esse julgamento não tem uma estrutura radicalmente diferente do julgamento de observação tradicional nas ciências da natureza.

Ele não chega até a bivalência, tão frequentemente contestada, do julgamento gramatical tradicional que não encontra um novo *status*. O que permite à linguística retomar os princípios de uma ciência experimental é que possa construir um discriminante, análogo em seu funcionamento ao discriminante do acontecimento das ciências experimentais comuns. Todavia, esse discriminante linguístico não é justamente do acontecimento no sentido habitual do termo *acontecimento*. Para que a analogia seja possível, é preciso então que seja estrutural e não substancial. Ora, o discriminante das ciências experimentais tem uma propriedade estrutural essencial: sempre deve, em última instância, ser reduzido a uma oposição bivalente. Isso resulta da refutabilidade.

Com efeito, o caráter refutável pelo qual definimos as ciências empíricas requer que suas proposições essenciais sejam bivalentes e que a negação de uma negação valha uma afirmação. Por outro lado, uma ciência experimental somente é uma ciência empírica da qual a instância de refutação é acionada por um discriminante experimental. É preciso, então, que o discriminante da ciência experimental, enquanto tal, seja bivalente. Sabemos que a estrutura geralmente recebida do acontecimento tem essa característica: de um acontecimento, podemos afirmar apenas duas coisas, que ocorreu ou que não ocorreu. Poderíamos até defender que o acontecimento como tal é esse *x* cuja bivalência não poderia ser negada sem contradição (sabemos que o mesmo não ocorre com proposições e, em particular, com proposições que dizem respeito a acontecimentos: é a querela dos futuros contingentes). O acontecimento tem, então, de modo intrínseco, a propriedade que lhe permite funcionar como discriminante.

Igualmente, é preciso que o discriminante de língua, não sendo relativo ao acontecimento, seja, ele também, bivalente. Mas pode ocorrer que, diferentemente do acontecimento, a bivalência não seja intrínseca e que possa ser negada. Desde então, a escolha da bivalência se mostrará problemática.

Sabemos que o diferencial gramatical tem justamente essa característica na tradição. Ele se presta, portanto, facilmente ao uso que a ciência linguística faz dele, mesmo que a intervenção de uma tradição possa obscurecer a verdadeira natureza das escolhas. Desse ponto de vista, as polêmicas usuais dirigidas contra a oposição bivalente correto/incorreto ou gramatical/não gramatical, frequentemente, não são bem-vindas. É verdade que os termos utilizados dependem, muitas vezes, da retomada pouco refletida de um par herdado. É verdade que a figura do par de opostos se presta, em si mesma, aos investimentos imaginários. Não podemos, porém, ficar nisso; se há bivalência, não é apenas porque as oposições binárias são mais agradáveis para a imaginação e mais fáceis de manejar. É também porque a bivalência é um elemento essencial do experimental como tal; ela mantém, portanto, uma relação essencial com o caráter experimental desejado pela linguística[30].

---

30. Seria conveniente retomar, desse ponto de vista, a querela do binarismo que dividiu a linguística estrutural. Ela recobre, é verdade, várias questões distintas; mas uma entre elas concerne justamente à bivalência experimental. Poderíamos apresentar a linguística estrutural europeia como uma ciência experimental cujo único procedimento de experimentação é a comutação. Compreendemos que, em última instância, esse procedimento sempre revela oposições bivalentes. Basta acrescentar que o sucesso da experimentação supõe que, para obter o binarismo, uma bivalência nas coisas responde à bivalência experimental. Sabemos que Jakobson manteve essa posição; Martinet não a admitia.

2.2 As ferramentas

A linguística é, portanto, uma ciência empírica, no sentido de que define uma instância de refutação e que esta última é constituída a partir dos dados contingentes das línguas. É uma ciência experimental na medida em que constrói ativamente as observações que darão lugar aos processos de refutação. Ocorre apenas que o processo experimental é desprovido de ferramentas. Essa observação, aparentemente anódina, recobre uma característica de grande importância. Pois, enfim, o que são as ferramentas experimentais?

Sua primeira função, sabemos, é possibilitar a construção de uma experiência, que permite testar uma teoria, ou seja, escolher entre duas proposições contraditórias: "a proposição empírica P (que refuta a hipótese H) é verdadeira"/"a proposição empírica P (que refuta a hipótese H) é falsa".

Ela dá, desse modo, acesso à instância de refutação. Podemos resumir essa função com um nome simples: as ferramentas da experimentação constroem a instância do *observatório*. Para que isso seja possível, convém que as ferramentas experimentais tenham uma independência lógica em relação às proposições submetidas ao teste. Essa independência seria, evidentemente, garantida, se existissem observações brutas, que não supõem nenhuma teoria. É ao que remete o tema do *experimentum crucis*. Admitamos, contudo, como parecem ter estabelecido a epistemologia e mais ainda a história das ciências, que não exista observação bruta, ou seja, observação que se fundamente, ela mesma, em uma teoria, basta uma independência de segundo grau: é preciso apenas que as proposições de teoria que fundamentam a experimentação sejam independentes da proposição que se trata de testar.

Podemos voltar a exemplos simples. A luneta astronômica, por exemplo. A que se devem suas propriedades de observatório? Ao fato de que um conjunto definido de princípios científicos presidiu a sua construção; digamos, para resumir: uma ótica científica. A mesma observação valeria para todos os aparelhos de experimentação. Uma experimentação, que colocaria em ação um aparelho – do qual nenhuma teoria científica suficiente fosse possível – não poderia ser inteiramente recebida. Ora, há aqui, observamos isso muitas vezes, um risco de circularidade; se a ciência física é um todo, como se poderia querer estabelecer a mínima proposição física nos fundamentando sobre uma experimentação que dependeria, ela própria, em parte, de fragmentos da teoria física? A resolução do círculo é, contudo, possível: é preciso e basta que o observatório em questão seja *localmente* independente. Dito de outro modo, as proposições das quais ele depende podem dizer respeito à ciência; elas podem, por essa razão, contudo, não depender da proposição, compreendida em sentido estrito, que a experimentação em questão objetiva testar. Desse modo, é verdade que proposições da teoria astronômica dependem da luneta, mas a ótica da qual a luneta depende é localmente independente da astronomia. O mesmo ocorre com a parte da física que governa a construção do telescópio eletrônico etc.

Esse desenvolvimento, em si mesmo banal, nos permite, contudo, compreender um ponto essencial: dizer que a ciência linguística é uma ciência experimental sem ferramentas significa dizer que é uma ciência experimental *sem observatório*. E isso tem uma grande consequência. Sem dúvida, a manipulação dos exemplos de língua tem todas as propriedades de uma manipulação experimental. Sem dúvida, permite operar as variações características das tábuas baconianas, sem as quais não há estrutura de refutação possível. Esses exemplos, todavia, não são dados brutos; como dissemos, todos incorporam uma gramática mínima.

Podemos, certamente, ser tentados a tratar essa gramática mínima como um instrumento de observação. É, no mais, o que fizemos em nossa própria apresentação (cap. 1, § 4.3), mas se tratava, naquele momento, de uma simplificação que visava esclarecer uma analogia importante. É tempo, agora, de sermos mais exatos: a gramática mínima, tomada geralmente da gramática tradicional e supostamente "filtrada" de modo a evitar as suposições implícitas, não deixa de ser uma gramática. Ora, toda gramática é um embrião de teoria linguística. Vemos a consequência disso: a instância que deveria ter o papel de observatório não pode se tornar completamente independente da própria teoria linguística.

Sem dúvida, podemos levar ao máximo as relações de independência; sem dúvida, poderemos e deveremos separar, ao máximo, nos exemplos, o que depende da proposição a ser testada e o que depende do corpo de doutrina admitido. Por exemplo, poderemos e deveremos testar proposições a respeito da natureza da passiva em uma língua, manipulando exemplos analisados sem nada prejulgar da natureza da passiva. Em contrapartida, nunca poderemos estabelecer, entre a análise linguística mínima suposta no menor exemplo e as proposições linguísticas submetidas ao teste, a relação de independência que articula, por exemplo, a astronomia e a ótica. Desse modo, o exemplo linguístico sempre supõe ao menos o uso de categorias linguísticas; ora, essas categorias, sua natureza e seu número, sua definição, não têm nada de evidente; e condicionam, de antemão, todas as proposições da ciência linguística: elas excluem dela, de antemão, certas proposições e, entre as proposições permitidas, estabelecem, de antemão, uma hierarquia preferencial.

Há algo mais grave. O bom procedimento experimental implica que uma determinada experiência seja construída para testar uma proposição e apenas uma. Parece que conseguimos isso nas ciências positivas. Se, em linguística, o exemplo é uma experimentação, ele deve obedecer à mesma restrição de procedimento.

Ora, há nisso uma dificuldade: as línguas naturais são organizadas de tal modo que jamais uma propriedade de língua se encontra em estado isolado. Desse modo, uma frase – e, em última instância, um exemplo é sempre uma frase – é, por natureza, constituída da interação de diversos princípios – lexicais, fonológicos, sintáticos etc. Cabe justamente à análise desenredá-los. Esse fenômeno, que chamamos de *concreção*, é de estrutura e nada tem a ver com a noção de contato, de ruído, de fenômenos parasitas, que as ciências ditas experimentais aprenderam a resolver. Sejamos claros: o dado mínimo de língua, que é uma frase, sempre é mais complexo em relação à proposição mínima de linguística.

Não há frase passiva que não faça também intervir a concordância do verbo, as propriedades semânticas dos diversos constituintes, sua forma fonológica etc. Não há unidade fonológica que também não seja uma palavra, com pertencimento categorial, sua significação etc. Tudo isso, sem dúvida, é tratável, mas jamais estamos na situação ideal que, ao que parece, podemos ter nas ciências experimentais: construir um aparato próprio para fazer intervir somente os dados pertinentes para o teste em questão. Por esse motivo, a experimentação linguística repousa sobre classes de exemplos e não sobre um único exemplo: graças à multiplicidade dos exemplos, podemos, na verdade, e apenas desse modo, fazer aparecer o dado singular que convém. Resulta que esse procedimento, ele próprio, supõe uma análise mínima: ter analisado uma frase significa, com efeito, ter reconhecido nela que tal propriedade estava absolutamente ou relativamente separada de uma outra. Ter analisado uma frase significa ter estabelecido, por exemplo, que a concordância plural do verbo com o sujeito é independente da questão de saber se está na passiva ou não. Depois de termos analisado muitas frases é que podemos concluir que, em francês, o verbo e o nome obedecem às mesmas leis fonológicas etc. Vê-se muito que essas análises, constantemente pressupostas, são mesmo relativamente complexas.

Sendo assim, a circularidade não pode jamais ser totalmente afastada: todo exemplo de língua, na medida em que permite o raciocínio linguístico, já supõe um raciocínio linguístico[31].

Em suma, em linguística, existem experimentações, mas não existe observatório – ou, o que dá no mesmo, o que passa por observatório inclui sempre um fragmento de teoria linguística, que não pode ser considerado totalmente independente do dado submetido à experimentação.

Essa situação, na verdade, não faz nada além de comprovar o que já havia sido constatado no que concerne ao exemplo: dizer que o exemplo não tem

---

31. Na verdade, encontramos, de uma forma transposta, a tese de Lacan: não há metalinguagem, esta que é também uma propriedade das línguas naturais.

a estrutura do acontecimento significa dizer, como vimos, que o possível de língua e o possível do acontecimento necessariamente não coincidem. Isso significa exatamente o seguinte: a linguística não tem outro recurso a não ser ela própria para estabelecer a divisão entre o possível e o impossível de língua. Ela não dispõe dessa instância de observação independente que a estrutura do acontecimento espaçotemporal constitui de fato. Mais uma vez, a observação e o registro do que é atestado não são suficientes. Ora, o limite entre possível e impossível de língua constitui, em si, um conceito – e um conceito relativamente sofisticado da teoria. Encontramos a circularidade descrita no parágrafo precedente: a teoria deve preceder a ela mesma.

A impossibilidade radical do observatório lembra um outro ramo da ciência[32]. Pensamos aqui na cosmologia: é devido a uma razão estrutural, sabemos, que as hipóteses cosmológicas nunca serão observadas. É porque falam do Todo, fora do que não há nada. A partir disso, um observatório independente não poderia ser construído. Diremos, facilmente, que a linguística e a cosmologia se assemelham e se opõem como uma *scientia infima* e uma *scientia maxima*: a segunda exclui o observatório porque tem um objeto máximo em extensão, de modo que o observatório aí estaria necessariamente incluído e dele dependeria necessariamente, o que é contraditório. A primeira tem um objeto mínimo, de tal modo que não podemos descer aquém dele.

Com efeito, qualquer que seja o grau de formalização matemática de uma teoria, a última instância sempre será uma proposição enunciada em língua natural. Essa proposição, diremos, deverá ser interpretável de ma-

---

32. Essa impossibilidade não é talvez igual para todas as partes da teoria. Alguns supõem, desse modo, que hipóteses mais específicas poderiam dar lugar a um teste de observatório; por exemplo, saber se as transformações existem ou não. Devo confessar meu ceticismo. Mas, supondo que isso seja exato, poderíamos ainda considerar que a análise particular e detalhada de um tipo de frase particular nunca será testada a não ser por uma evidência interna à língua considerada: anuncio que nenhum observatório no mundo nunca dirá se essa análise é esta aqui ou outra. Ora, é exatamente essa análise particular e detalhada dos tipos de frase que, em última instância, fundamenta todas as provas em linguística.

neira unívoca, mas essa univocidade, ela própria, reclama justamente uma gramática, que não passa de um embrião de teoria linguística. Resumindo, para retomar um *logion* de Althusser, sempre já há língua e isso quer dizer que sempre já há teoria linguística.

Sem dúvida, poderíamos projetar proceder por confirmações e infirmações cruzadas. Suponhamos, com efeito, que a ciência da linguagem avance uma hipótese. Examinaríamos então o que essa hipótese provoca ou supõe para outras ciências, que poderiam, por sua vez, recorrer a um observatório. Nesse caso, a linguística poderia, ao menos, dispor desse observatório indireto. Uma dificuldade, no entanto: parece mesmo que a linguística seja *scientia unica*. Não somente não pode se basear em nenhuma ciência logicamente anterior e localmente independente para construir um observatório, mas, mais geralmente, nenhuma outra ciência, além dela mesma, fala dos dados que são para ela pertinentes. Uma comparação, mais uma vez, pode esclarecer o raciocínio. Em química, falamos do ferro, mas sabemos que outras ciências também falam: a física, por exemplo, pode enunciar proposições que, não dizendo especificamente respeito ao ferro, lhe concernem ao menos de modo geral e como um caso particular (p. ex., as leis da gravidade concernem ao ferro, como a qualquer outra matéria, e a química pode e deve considerar, no que concerne ao ferro, tais leis igualmente, sem ter que justificá-las em termos propriamente químicos). Isso permite, em contrapartida, que a química possa, se necessário, esperar de outras ciências uma confirmação que é independente de suas próprias hipóteses. Como a maior parte das ciências da natureza tem um *status* comparável, uma rede de confirmações mútuas pode ser construída.

Ora, que outra ciência, além da linguística, falará do grupo nominal? Sem dúvida, diremos, trata-se aqui de uma noção técnica, de modo que o exemplo é falseado. Porém, se for preciso se deter no dado bruto, que outra ciência, além da linguística, falará da palavra *homem*, da palavra *o*, do fonema /p/ etc.? Quando efetivamente uma ciência não linguística fala de tais coisas, é fácil perceber que, na realidade, por um instante, ela adota o ponto de vista da gramática (caso se detenha em uma abordagem elementar) ou da linguística (caso se imagine mais sofisticada).

Podemos, no mais, nos interrogar: se a linguística é *scientia unica*, não é porque a linguagem, em si mesma, é *res unica*? Sem dúvida, é legítimo que uma ciência retenha em seu objeto aquilo que o distingue de maneira única de qualquer outro objeto; desse ponto de vista, constatamos que todas as formas de linguística não procuram inserir a linguagem em um gênero próximo. Sabemos que Saussure e a maior parte dos grandes estruturalistas se opõem, nesse ponto, à Escola de Cambridge: os primeiros pensavam dever esperar luzes de uma semiologia geral, que nada mais era do que a ciência do gênero próximo do qual a linguagem supostamente era uma espécie; ao contrário, a Escola de Cambridge sempre manteve que, por princípio, as únicas proposições interessantes sobre a linguagem eram aquelas que não eram verdadeiras senão unicamente para a linguagem; em resumo, a ciência da linguagem somente tem como objeto as diferenças específicas e nada tem a esperar do gênero próximo.

É preciso ir mais longe: contrariamente à expectativa de Saussure e de seus continuadores, nenhuma luz jamais veio da semiologia geral; de fato, a relação sempre funcionou em sentido inverso: foi aquilo que se sabia da linguagem que permitia esclarecer o funcionamento daquilo que se pensava como um sistema de signos. A semiologia jamais teve outro conteúdo além daquele que a linguística lhe conferia. O que explica o caminho que tomou a aventura semiológica. Mais geralmente, é preciso constatar que todas as tentativas de se propor um gênero próximo se revelaram vãs: nunca ultrapassamos as frases vazias do tipo: a linguagem é um instrumento de comunicação, a linguagem é um sistema simbólico etc. Frases vazias, porque não sabemos determinar as propriedades do gênero próximo. Chegamos a duvidar: seria possível que a linguagem não tivesse gênero próximo? Que ela fosse o único elemento de seu conjunto? Então, efetivamente, seria única em seu gênero.

Seja o que for a linguagem, a unicidade da linguística provoca uma consequência: dos objetos dos quais se ocupa, ela não pode nada aprender de importante, por enquanto, de nenhuma outra ciência. Nem da física, nem da anatomia, nem da biologia etc. Essa situação pode mudar; ela é, nesse momento, o que é: quando falam dos objetos de língua, as outras ciências nada mais fazem do que encontrar, conscientemente ou não, o que a ciência linguística propôs – e, na maior parte das vezes, seria melhor dizer a tradição gramatical.

Essa relação é particularmente visível quando um autor deseja fazer da linguística um ramo particular de uma família de ciências mais ampla; por exemplo, Chomsky insistiu muito sobre o fato de que a linguística era, na realidade, um ramo da biologia, subgrupo da psicologia cognitiva. Porém, foi para, logo após, acrescentar que a linguística nada poderia aprender nem com a biologia nem com a psicologia cognitiva. A tese se torna, portanto, puramente metodológica: trata-se de dizer que a linguística deve inspirar-se, em seus métodos, nos mesmos princípios das ciências biológicas. E ainda: somente é possível se tratar de princípios *gerais*, porque, no detalhe, a especificidade dos objetos é tal que impede toda transposição direta. Jamais, em todo caso, uma proposição sintética da ciência linguística considera, em seu conteúdo particular, alguma proposição particular da ciência biológica (que se trate mesmo desse ramo particular da biologia que é, aos olhos da Escola de Cambridge, a psicologia cognitiva).

Sem decidir sobre a questão de saber se a sociologia é uma ciência, a situação é comparável: podemos enunciar muitas proposições de estilo sociológico sobre os objetos de língua. Quando elas têm um sentido para a linguística é porque, na realidade, essas proposições fazem linguística ou, mais precisamente, gramática sem saber; quando não fazem linguística sem saber, não têm sentido algum, e, consequentemente, nenhuma utilidade para a linguística.

A única posição coerente nesse campo é, portanto, a de Bourdieu e de sua escola: se a sociologia é uma ciência e se ela pode se ocupar dos objetos de língua, então a linguística não existe. Se, por outro lado, Bourdieu se engana e se a linguística existe, então ela está sozinha na busca de seu objeto[33].

De modo geral, a combinação da rede de confirmações mútuas e da instância do observatório constitui aquilo que frequentemente chamamos de positividade das ciências da natureza. Ora, a linguística não apresenta nem observatório nem rede. Estritamente falando, ela não merece, portanto, o nome de ciência positiva. A combinação das características de *scientia infima* e de *scientia unica* justifica o *topos* da "imanência". Não se deve aqui confundir duas coisas: a linguística, como toda ciência, tem sua especificidade, e sabemos que, na tradição epistemológica ocidental, para uma ciência, tudo deve começar pela manifestação de seus títulos em relação à especificidade: especificidade do objeto e/ou especificidade dos métodos. É disso que se trata no *Curso* de Saussure, como na maior parte dos textos considerados fundadores da disciplina. Mas que a linguística tenha sua especificidade, isso não resulta em nada de particular: isso apenas a coloca no lote comum das ciências. A particularidade está em outro lugar: está nessa solidão que acabamos de analisar. O objeto da linguística é objeto de ciência somente para ela: ela tem tudo a dizer sobre ele, mas também é a única a falar dele e não o compartilha, ainda que parcialmente, com nenhuma outra ciência. Daí grandes dificuldades que ainda agravam as dificuldades provenientes da ausência de observatório: poderíamos ter pensado que, por falta de observatório no sentido próprio, a linguística poderia esperar substituir suas proposições por alguma proposição pertencente a outras ciências: como por um observatório indireto. Nada disso: a relação com as outras ciências nunca pode ultrapassar a analogia no sentido estrito; isto é, a analogia metodológica.

---

33. O que é válido para as ciências, é, no mais, igualmente para toda espécie de prática técnica. Muitas práticas técnicas se interessam pelos objetos de língua. Muito mais do que se imagina e do que se diz: todas as técnicas de decisão, todas as técnicas de gestão etc. É surpreendente, porém, que elas jamais nada proponham sobre os objetos de língua que já não tenha sido dito pela tradição gramatical.

É preciso praticar isso, mas sabendo o que fazemos e em quais limites o fazemos[34].

O fato de a linguística ser uma ciência experimental sem ferramentas lhe confere um lugar especial entre as ciências. Ela não tem, na ausência de observatório, outra arma senão a conjectura lógica. Exatamente por essa razão, não deveria se contentar com versões usuais, ou seja, rasas, da lógica empírica. Ela é, portanto, levada a elaborar modos de pensamento relativamente sofisticados. Foi assim na gramática comparada, foi assim no estruturalismo, foi assim na gramática gerativa – para citar apenas movimentos de importância sociológica reconhecida. A mesma observação poderia ser feita para autores isolados.

Quando fazemos linguística e a avaliamos com ponderação, devemos nos surpreender – tendo reconhecido a estreiteza do tipo de experimentação que lhe é acessível – com a extraordinária acumulação de conjecturas plausíveis, de teorias de peso. Isso, sem dúvida, não deve ser tomado como um canto de vitória em honra de uma ciência em que, em certo sentido, tudo está por fazer. Isso deve ser tomado como uma apreciação mensurada da situação: não sabemos talvez nada de definitivo a respeito do objeto da linguística (o que chamamos aqui de linguagem), mas sabemos como pensar a seu respeito. Essa situação somente pôde se estabilizar com uma condição: que a linguística não pare de refletir sobre seus métodos, sobre as necessidades da conjectura que permite a dispensa de observatório, sobre os limites para além dos quais a conjectura perde sua validade, ainda que provisória, sobre os métodos gerais da conjectura (*ars conjectandi*). Ora, isso posto, ela interessa ao conjunto das ciências, pois, sabemos, estas últimas, que dispõem de observatório, não param de ir lá onde justamente falta o observatório.

A ausência de ferramentas levou a linguística a se dedicar a reflexões metodológicas constantes, e não foi por outra razão que foi chamada de

---

34. Veremos que essa cláusula de prudência nem sempre foi observada pela ciência da linguagem: cf. infra, cap. 3.

ciência piloto. Que o estruturalismo, quando esse título lhe foi conferido, seja coisa do passado, como doutrina, como metodologia, como programa de pesquisa, e mesmo como epistemologia geral, isso é verdade; não podemos, contudo, fazer como se esse passado não existisse: um acontecimento considerável na ordem do pensamento e do saber ocorreu com esse nome, e foi a linguística que lhe deu respaldo. Ademais, foi da linguística ainda que veio o questionamento sistemático, ao mesmo tempo empírico e metodológico, do próprio estruturalismo: foi, como sabemos, o programa gerativista que expôs suas insuficiências com mais vivacidade. Poderíamos, sem dúvida, falar de anedotas: seria um erro. Pois uma situação fundamental foi, desse modo, revelada: presa na aparente contradição ou, ao menos, na dificuldade de ser uma ciência experimental e de dispor apenas de um tipo restrito de experimentação, a linguística funciona como uma espécie de laboratório epistemológico constante. Mesmo quando os linguistas não proferem proposições de epistemologia explícita – e, talvez, seja preferível fazer a boa linguística ao invés de se dedicar a falatórios sobre método –, sua prática, em si mesma, lança uma luz interessante sobre as reflexões que podemos ou devemos ter nessas ciências.

3 A EPISTEMOLOGIA DO DISPOSITIVO

Os instrumentos que permitem ir além da ausência radical de observatório são a inventividade e a sutileza lógica. Somos facilmente convencidos disso se considerarmos as cosmologias do século XX, como foram descritas e analisadas por Merleau-Ponty. Elas consistem em um uso específico da conjectura. O mesmo ocorre com todas as versões da ciência da linguagem.

Sem dúvida, podemos ser tentados a tirar dessa descrição uma conclusão cética. As cosmologias do século XX se deixam facilmente taxar de fantasmagorias. Em muitas de suas partes, a linguística é passível da mesma acusação: se a análise categorial de uma frase simples não pode ser sustentada por uma observação independente, se seu valor, quanto ao diferencial gramatical, não pode ser determinado como a posição de uma estrela com o auxílio de uma luneta, o que dizer então de proposições do tipo "existem árvores sintáticas", "existem transformações", "existem fonemas", "existem variantes combinatórias", "existem leis fonéticas" etc.? Verdadeiras ou falsas, essas proposições são de um tipo tal que a ciência linguística não pode dispensar, sob pena de permanecer vazia; ora, elas são, no sentido estrito, inobserváveis; ao mesmo tempo, a ciência linguística, em si mesma, e em todas as suas variantes, não é, propriamente falando, um longo sonho?

Alguns, é verdade, terão prazer, ao contrário, em destacar aqui a potência da conjectura. Justamente quando o observatório está ausente, duas ciências – a cosmologia e a linguística – provariam, a seus olhos, que podemos, através de um uso regrado da conjectura, chegar, a partir dos índices observáveis, a uma realidade dissimulada. Sim, mas ainda é preciso que a ausência de observatório não torne ilícita toda conjectura. Para decidir sobre esse ponto, não podemos dispensar um exame mais cuidadoso das consequências gerais que a ausência de observatório provoca. A rigor, seria conveniente tratar com a mesma atenção a *scientia maxima* e a *scientia minima*. De fato, por razões que facilmente se compreenderá, vamos nos limitar apenas à ciência da linguagem.

3.1 O dispositivo

A primeira questão que podemos colocar é a seguinte: uma ciência positiva poderia admitir proposições que ultrapassam uma observação possível?[35] De fato, contrariamente ao que, às vezes, se diz, muitas epistemologias

---

35. Não se deve confundir essa questão com a seguinte questão: admitindo-se a epistemologia da refutação, uma ciência positiva poderia admitir proposições não refutáveis? De um ponto de vista geral, sabemos que toda ciência positiva admite algumas proposições não refutáveis; de um ponto de vista particular, a proposição "existem transformações", por exemplo, é perfeitamente refutável; podemos até sustentar que ela pode propiciar a experimentação linguística, se admitimos que o raciocínio por construção e manipulação de exemplos é experimental. Mas ela não propicia uma observação, em sentido estrito, uma vez que, tão sofisticada como queremos, a experimentação linguística supõe um mínimo de análise linguística, que afeta, em parte, o raciocínio.

conferem às ciências positivas esse direito e dele fazem inclusive um dever. O ponto em debate diz respeito ao conteúdo lícito dessas proposições, que chamaremos aqui de hipóteses – ainda que essa palavra seja, em si, equívoca[36].

A segunda questão é: as proposições da teoria diriam respeito à substância real dos objetos? Responder afirmativamente significa supor que as teorias científicas são realistas. Responder negativamente significa negar nessas teorias essa característica: essa posição foi ilustrada especialmente pela escola empiriocriticista de Mach e pelo convencionalismo de Duhem. O debate é clássico e envolve o conjunto das ciências[37].

Para as ciências sem observatório, a questão ganha, contudo, um viés particular: independentemente do que possa ocorrer nas outras ciências, a ausência de observatório proibiria essas ciências particulares de serem realistas?

Há uma terceira questão: a teoria deveria dar às hipóteses que ultrapassam toda observação possível uma forma tão representável e tão detalhada quanto poderia ser uma descrição, em um caso em que a observação é possível?

É preciso distinguir, com cautela, essa questão daquela do realismo. Sem dúvida uma teoria realista pode se impor a tarefa de chegar a uma tal encenação: dito de outro modo, o realismo detalhado existe. Mas também é perfeitamente possível supor que a teoria seja realista, mas que o seja "no todo": um exemplo poderia ser a doutrina newtoniana da atração. Segundo

---

[36]. É equívoca, ao menos, na medida em que não distingue entre conjecturas refutáveis (ex.: existe uma atração) e conjecturas não refutáveis (ex.: uma conjectura sobre a causa da atração). Sabemos que, segundo a apresentação clássica de Newton, este último supostamente admitiu as primeiras e rejeitou as segundas, embora chame todas pelo mesmo nome de *hipótese*. A verdade histórica é, conforme Koyré, mais complexa.

[37]. A primeira e a segunda questão podem se cruzar, mas são independentes: com efeito, suponhamos uma concepção que responda afirmativamente para as duas; ela poderá considerar lícitas algumas hipóteses que concernem à substância real dos objetos. Suponhamos, por outro lado, uma teoria em que as proposições, de todo modo, não concernem à substância real dos objetos, mas, por exemplo, apenas ao observador (doutrina de Mach), as proposições que ultrapassam a observação possível podem nisso permanecer perfeitamente lícitas, mas não poderiam, é evidente, concernir à substância real: são "hipóteses de trabalho".

Newton, a atração é uma realidade física. Podemos inclusive pensar que se formou uma representação bastante determinada para excluir um certo número de possibilidades concorrentes[38], mas não se trata certamente de uma representação detalhada.

Enfim, uma teoria pode se impor a tarefa de propor representações detalhadas sem nem por isso ser realista ou, ao menos, sem sê-lo nesse ponto: pode acontecer que a encenação detalhada seja apenas pensada como cômoda e convencional.

Desse modo, Mach absolutamente não se proibia as hipóteses; ainda mais, absolutamente não se proibia representações hipotéticas detalhadas, apenas recusava que as considerássemos como tendo o mínimo grau de realidade substancial. O exemplo clássico é o átomo: aos olhos de Mach, o átomo, que escapa a toda observação possível, somente pode ter um *status* de hipótese convencional, da qual é preciso absolutamente recusar toda realidade substancial. Contudo, nada impede que, essa hipótese revelando-se efetivamente cômoda, proponhamos uma representação do átomo extremamente detalhada[39]. É verdade que esse detalhe, do qual, por outro lado, não se suporia nenhuma realidade, dificilmente escaparia da gratuidade.

Descartes, a esse respeito, merece uma atenção particular. Esse autor propõe uma combinação sutil entre realismo, não realismo e detalhe: ele construirá uma representação detalhada do mundo, mas, dessa representação, ele não exigirá que seja compreendida como positiva e absolutamente verdadeira: ela atinge apenas uma certeza "moral"; isto é, probabilística. Não existe, portanto, realismo integral. Todavia, essa certeza probabilística pode ser corroborada a ponto de valer como uma certeza absoluta e de permitir,

---

38. É por isso que rejeita a representação proposta por seu colaborador Roger Cotes e lhe pede que a corrija. Cf. KOYRÉ, A. "L'attraction, Newton et Cotes". In: *Études newtoniennes*. Paris: Gallimard, p. 333-343; cf. esp. p. 339.

39. Igualmente, os sistemas de Ptolomeu e de Copérnico são, ao mesmo tempo, representáveis e detalhados. Que sejam realistas não é nem certo nem necessário.

tanto quanto esta última, explicações e descobertas[40]. Podemos falar, a esse respeito, de realismo "provisório", como falamos de moral provisória.

Essa doutrina é conhecida; o que salientamos menos é o *status* de uma exigência específica: que a representação seja, em todos os pontos, igualmente detalhada, tanto nas partes em que a observação e a experimentação são possíveis quanto nas partes em que a observação e a experimentação diretas são impossíveis ou prematuras. Daí as acusações de romanesco, implicitamente contidas no *fingere* condenado por Newton: de fato, essa semelhança absoluta entre aquilo que se deixa observar e aquilo que não se deixa observar lembra o realismo do romance ou da encenação. O realismo provisório e o realismo ficcional estão relacionados.

É preciso, portanto, distinguir a exigência de uma tal representação detalhada da questão geral das hipóteses. Com efeito, trata-se aqui de combinar uma série de conjecturas diversificadas em uma espécie de encenação coerente e total. Certamente é necessário que as conjecturas sejam lícitas, mas toda teoria que admite as conjecturas nem por isso se dará o direito de combiná-las dessa maneira. Assim como o realismo pode se deter em uma representação no todo, a teoria também pode emitir conjecturas extremamente amplas, que não propiciam o que se poderia chamar de uma encenação realista do detalhe. É assim que refletia Pascal contra Descartes: "É preciso dizer *grosso modo*: 'isso se faz por figura e por movimento', pois isso é verdade. Mas dizer quais e compor a máquina, isso é ridículo. Pois isso é inútil, incerto e penoso" (Br. 79 = Manuscrito 152). Vemos aqui muito claramente ilustrada a diferença entre uma hipótese geral, que se encontra, além disso, revestida de um caráter realista ("isso se faz por figura e por movimento"), e uma epistemologia do detalhe.

---

40. Dito de outro modo, a teoria da ciência depende de uma certa noção de probabilidade. Essa relação, muito clara em Descartes, Pascal, d'Alembert, Condorcet, se obscureceu em seguida. Um dos méritos de Popper é o de tê-la iluminado novamente: propor, ao mesmo tempo, uma nova teoria lógica das proposições científicas e uma nova teoria das probabilidades são duas tarefas intrinsecamente ligadas em *La Logique de la découverte scientifique*.

Podemos chamar uma tal encenação detalhada de um *dispositivo*; e a epistemologia que o exige de uma teoria, uma epistemologia do dispositivo.

Seria completamente falso acreditar que o destino infeliz da física cartesiana tenha resolvido de modo definitivo a questão da epistemologia do dispositivo. Considerando apenas a história positiva, parece certo que as exigências do "estilo cartesiano" conservaram, por muito tempo, sua força nos meios científicos continentais e, mais especialmente, franceses[41]. De um ponto de vista mais propriamente epistemológico, poderíamos sustentar que o destino da física pós-newtoniana consistiu mais em reafirmar progressivamente as exigências de uma representação detalhada contra a suspensão operada por Newton. De maneira geral, a cada etapa importante da história das ciências, a demanda de dispositivo sempre se deixa constatar, e isso em todas as ciências.

Todas elas encontram a possibilidade do dispositivo e devem aceitá-la ou recusá-la. Mas as ciências sem observatório se encontram, a esse respeito, em uma situação particularmente crítica. De maneira geral, com efeito, o dispositivo deve permitir a qualquer ciência dar uma representação detalhada, inclusive quando o observatório está ausente; dessa maneira, não haverá solução de continuidade entre as partes que podem se basear

---

41. Cf. infra, cap. 3, § 3.1.2.1. Leremos, além disso, a análise crítica que faz Poincaré (*La Science et l'Hypothèse*. Paris: Flammarion, 1902 [reed., 1968, p. 216-217]) daquilo que poderíamos denominar a "ideologia francesa" em matéria de exposição científica. Não nos cabe decidir se essa ideologia permanece viva hoje; ela era certamente dominante à época de Poincaré – época em que, lembremos, a Academia das ciências ainda era uma das instituições científicas mais prestigiadas e mais influentes do mundo, senão a mais prestigiada e a mais influente. Ora, não podemos deixar de nos surpreender pelo caráter cartesiano do conjunto. O último aspecto merece ser citado: "Por trás da matéria que afeta nossos sentidos e que a experiência nos faz conhecer, [o leitor francês] desejará ver uma outra matéria, a única verdadeira a seus olhos, que não terá mais do que qualidades puramente geométricas e cujos átomos não serão mais do que pontos matemáticos [...]. E, no entanto, esses átomos invisíveis e sem cor, ele procurará, por uma inconsciente contradição, representá-los e, consequentemente, aproximá-los o máximo possível da matéria vulgar" (ibid., p. 217). Aqui está descrito com muita exatidão a demanda de dispositivo, em sua forma mais ingênua. Poincaré a julga pouco razoável; isso não significa que dispositivos mais sofisticados não lhe pareçam admissíveis (cf. infra, § 3.3.4.2).

em uma observação e aquelas que não podem. Ao mesmo tempo, a ciência poderá propor uma representação completa e coerente, sem depender excessivamente das informações que, em um momento determinado, se tornam acessíveis. Porém, quando o observatório está *sempre* ausente, a consequência se impõe: ou a ciência renuncia a toda representação detalhada ou recorre ao dispositivo. É verdade que a cosmologia parece, ela toda, consistir na construção de dispositivos, de modo que, renunciando a essa construção, renunciaria, de fato, a si mesma. Para a ciência da linguagem, contudo, a situação é diferente. Existem linguísticas sem dispositivo[42]. Dito de outro modo, uma escolha é possível e necessária.

3.2 A ciência linguística e o dispositivo: algumas observações

A linguística deve, portanto, determinar sua posição sobre cada uma das três questões: a linguística poderia admitir proposições que ultrapassam uma observação possível? As proposições da linguística diriam respeito à substância real dos objetos? A linguística deveria dar às hipóteses que ultrapassam toda observação possível uma forma tão representável e tão detalhada quanto poderia ser uma descrição, em um caso em que a observação é possível?

Dizer que a linguística reivindica a ciência moderna não serve de nada, nesse caso. Pois as diversas realizações historicamente atestadas da ciência moderna puderam responder diversamente a cada uma das três questões,

---

42. Várias linguísticas estruturalistas tomaram esse partido, recusando-se a entrar no detalhe das representações substanciais; por exemplo, recorrem às noções gerais de oposição distintiva, de paradigma, de traço, sem se preocuparem em "compor a máquina" daquilo que poderia ocorrer no psiquismo do sujeito falante. Da mesma maneira, Benveniste utilizava os fonemas conjecturais do indo-europeu (chamados também de *laringais*), sem se preocupar em lhes conferir uma substância fônica. Vale a pena citar sua posição: "Procuramos demasiadamente converter as laringais em realidades fonéticas. Sempre pensamos que o *status* que, nesse momento, as conviria era o de seres algébricos" (*Hittite et Indo-Européen*. Paris: Adrien/Maisonneuve, 1962, p. 10. Cf., em sentido contrário: MARTINET, A. *Des steppes aux océans*. Op. cit., p. 141-159). Encontramos, *mutatis mutandis*, a posição de Newton; a atração é uma força puramente matemática, da qual ignoramos inteiramente a que força mecânica corresponde. Mas se trata de recusar a epistemologia do dispositivo.

das quais resultam combinações múltiplas. Vemos, portanto, a seguinte situação: o ideal da ciência moderna inclui a matematização; dito de outro modo, não poderia haver, a esse respeito, desacordo real entre dois físicos modernos sobre a pertinência da matematização em si mesma. Em contrapartida, o ideal da ciência moderna não exige que uma teoria científica seja considerada realista; não exige que uma teoria construa dispositivos; nem mesmo exige, a rigor, que uma teoria construa dispositivos; nem mesmo exige, a rigor, que uma teoria construa hipóteses (mesmo que, de fato, essa construção se revele inevitável).

Parece que, do mesmo modo, as diversas teorias linguísticas se separaram a respeito dessas questões: algumas rejeitaram todo recurso a proposições que ultrapassam a observação imediata (o registro e a classificação dos dados); algumas escolheram o realismo, outras escolheram o convencionalismo. É a querela que opôs duas doutrinas, conhecidas pelas denominações bastante vulgares de *hocus pocus linguistics* (linguística do passe de mágica) e de *God's truth linguistics* (linguística da verdade verdadeira). O estruturalismo americano que a Escola de Cambridge combatia era muito geralmente duhemiano – mas sem saber, tendo em vista que seus principais representantes não leram grande coisa e, em especial, Duhem. O estruturalismo europeu, em contrapartida, foi, por vezes, realista.

Esses debates, em si mesmos, nada têm de muito surpreendente: não se distinguem muito dos debates comparáveis que encontramos em todas as disciplinas para as quais o ideal da ciência importa. Nós os encontramos na física, nas ciências da natureza em geral e também nas ciências ditas humanas. Não podemos dizer que a maneira como a linguística os formulou se distingue por uma acuidade particular. Não os retomaremos detalhadamente, portanto.

Em contrapartida, a questão do dispositivo ganha uma característica particularmente dramática, e isso devido à ausência de observatório.

Essa ausência provoca, com efeito, a seguinte consequência: uma vez que toda proposição de observação em linguística comporta uma parte incontornável de conjectura, existem apenas duas possibilidades: ou a linguística entra no detalhe das representações e, então, deve construir um dispositivo conjectural, ou ela rejeita a epistemologia do dispositivo e, então, deve se limitar a apresentações "amplas", operando somente com conceitos e relações gerais.

Eis a diferença que separa o estruturalismo da gramática gerativa.

O primeiro não acredita nos dispositivos. Isso não significa que não possa ser realista. Por exemplo, autores tão diferentes como Jakobson e Martinet acreditam no realismo: estes dois últimos autores sempre estiveram convencidos de que os quadros de fonemas que elaboravam – por vias um pouco diferentes, um e outro – constituíam uma representação maximamente plausível da substância. São, portanto, hipóteses de substância e não apenas estenogramas cômodos. Se esses dois autores se separam em um ponto, o debate diz respeito à imagem que fazem da substância, mas não do caráter substancial da estrutura.

Por essa razão, contudo, não existe dispositivo: se consideramos as noções fundamentais de oposição, de contraste, de paradigma, de sintagma etc., elas não recebem nenhuma representação realista *detalhada*. Quem perguntasse, por exemplo, como funciona substancialmente um paradigma na organização neuronal (admitindo-se que a substância da língua esteja, de algum modo, inscrita no cérebro), como se constrói a cadeia sintagmática, como uma oposição é percebida etc., não obteria senão uma resposta global e sem encenação.

Não é que a questão do dispositivo não esteja jamais no horizonte. Desse modo, podemos nos perguntar se a tese de Saussure sobre o tesouro não orienta para uma representação em termos de engramas; nesse caso, o tesouro saussureano se tornaria um dispositivo de interpretação psicofisiológica. No mais, trata-se, aqui, de uma simples possibilidade que nem Saussure nem seus sucessores estruturalistas desenvolveram.

Podemos igualmente nos perguntar se não poderíamos retraduzir em termos de dispositivo a terminologia usual dos diversos estruturalismos:

ela repousa na relação entre um fluxo contínuo e as operações de ruptura praticadas sobre esse fluxo. Ora, nada é mais fácil do que ver, nisso, a representação material de hipóteses de substância que envolvem a percepção[43]. E, de fato, Saussure propõe exatamente uma representação dessa ordem. Vemos, porém, imediatamente, que não se trata, em Saussure, de uma representação "detalhada": não existe detalhe na própria representação e não existe correspondência detalhada entre determinada parte precisa dos dados e determinadas partes precisas da representação. No mais, a representação conhece apenas uma única relação, a ruptura no fluxo; é, *a priori*, pouco plausível que possamos, desse modo, determinar a diversidade das propriedades percebidas. Ficamos com a palavra de ordem pascaliana. Tudo se faz por fluxo e por rupturas, mas é inútil e incerto dizer quais.

A ausência de dispositivo na representação tem, além disso, seu correspondente na construção teórica. Desse modo, são esclarecidas a sedução exercida pela epistemologia do mínimo e pela tese de que as propriedades da linguagem são estritamente analíticas: se tudo deriva do conceito de signo e da relação de oposição, isso significa que a teoria linguística jamais encontra, em suas representações, esse tipo de positividade que exigiria a construção da máquina em detalhe.

A gramática gerativa, por sua vez, sempre se apresentou como um dispositivo. Não apenas ela é realista – a Escola de Cambridge, sobre esse pon-

---

43. Toda propriedade se deixa analisar como o efeito de uma ruptura operada sobre um contínuo; toda ruptura operada sobre um contínuo determina uma propriedade. Que isso seja uma tese necessária e suficiente para a teoria linguística podemos duvidar; que seja uma tese generalizável para toda espécie de objeto era a crença estruturalista estrita. Uma das críticas dirigidas pela Escola de Cambridge ao estruturalismo consiste justamente em fazer valer que o modelo perceptual proposto nada tem de evidente em si mesmo. Isso significa retraduzir o estruturalismo em termos de dispositivo. Isso está em conformidade com a epistemologia de Cambridge que repousa sobre o dispositivo, isso está menos em conformidade com a própria epistemologia estruturalista, que teria podido, se os representantes do estruturalismo tivessem sido capazes, legitimamente perguntar: por que é preciso que a teoria linguística proponha algum modelo conceitual? Observaremos que a doutrina dos fluxos e das rupturas, articulada por Deleuze em *Anti-Œdipe*, tem muito a fazer com um dispositivo que se deixaria projetar a partir do estruturalismo generalizado dos anos de 1960.

to, reivindica Jakobson –, mas ela também propõe uma representação, para a qual se exige uma substância detalhada, correndo o risco, com isso, de renunciar caso ela se revele infundada ou caso seu detalhe substancial se revele ultrapassar demasiadamente aquilo que as proposições não refutadas permitem.

De fato, é surpreendente que a linguística dita gerativa seja de parte a parte e desde o início uma epistemologia do dispositivo: as árvores, as transformações, as regras, os componentes, os módulos, tudo isso deve receber uma interpretação substancial e constitui um dispositivo ligado a proposições refutáveis não refutadas da teoria.

Isso era verdade em *Estruturas sintáticas* (publicado em 1957 – tradução francesa: *Structures syntaxiques*. Paris: Éd. du Seuil, 1969); isso era verdade em *Aspectos* (publicado em 1965); isso permaneceu verdade na "nova sintaxe" (desenvolvida a partir de 1979). Na realidade, podemos sustentar que aí reside o verdadeiro parentesco entre as diversas formas que os modelos desenvolvidos pela Escola de Cambridge puderam tomar. Desse modo, podemos duvidar que a teoria chomskiana recente seja gerativa no sentido estrito dessa palavra; mesmo que não seja, ela divide com as formas autenticamente gerativas da teoria uma epistemologia comum: a epistemologia do dispositivo. É, portanto, esta última, mais do que a relação estrita com os formalismos lógico-matemáticos, que caracterizaria exatamente a unidade do conjunto de proposições – para alguns tão caótica e inconsistente – que se pode atribuir à Escola de Cambridge ao longo dos anos.

Essa correlação permite compreender melhor certos pontos da história recente das doutrinas linguísticas.

Admitindo-se que o tipo mais ilustre de uma epistemologia do dispositivo é a física cartesiana, concluiremos, em particular, que a referência que Chomsky fazia a Descartes era, a esse respeito, mais precisa do que geralmente se acreditou. Tratava-se de restabelecer os direitos de uma epistemologia que permaneceu muito corrente nos fatos, nas ciências da natureza, mas também muito desacreditada. Acrescentemos que o próprio dispositivo se imaginava conforme às exigências cartesianas: tudo, na gramática gerativa e transformacional dos anos de 1960, supostamente devia se fazer por figura e por movimento[44].

Isso pode levar, em alguns casos, a reinterpretações da letra de Descartes. Desse modo, as ideias inatas foram retraduzidas em termos de configuração genética; eis, aqui, tipicamente um gesto que concerne ao dispositivo. Reduzida ao que tem de racional, a posição de Chomsky (*La Linguistique cartésienne*. Paris: Éd. du Seuil, 1969) pode se resumir assim: os filósofos-eruditos do século XVII estenografavam pela expressão "ideia inata" um conjunto de proposições empíricas que hoje permanecem adequadas; entre elas, devemos mencionar especialmente uma proposição negativa: "a soma dos *stimuli* possíveis sempre será insuficiente para explicar certas propriedades das línguas naturais" (sobre essa interpretação do inato, cf. infra, cap. 3, § 3.2.1). É verdade que, acrescenta Chomsky, os inatistas do século XVII não dispunham de um dispositivo próprio para representar de modo plausível o referente da expressão "ideia inata"; de fato, não dispunham de um dispositivo próprio para representar de maneira clara e distinta nem o que entendiam por "ideia" nem o que entendiam por "inato". Em contrapartida, os modernos supostamente construíram dispositivos mais apropriados: em particular, para representar o que se entende por "inato", pode-se e deve-se recorrer à genética[45].

---

44. O que a teoria de Cambridge chama de análise própria de uma sequência é a figura; isso é ainda mais verdadeiro na medida em que essa análise, como sabemos, pode ser representada na forma de árvores e que tem, portanto, uma caraterística explicitamente geométrica. Quanto ao movimento, são as transformações. É surpreendente constatar que, em suas últimas versões, a teoria reduziu as diversas espécies de transformação apenas ao movimento.
45. Em *La Linguistique cartésienne*, Chomsky não levanta a questão de saber qual dispositivo poderia representar o que se deve entender por "ideia". Mais recentemente, essa questão foi levantada; podemos considerar que, fazendo seu o programa cognitivista, Chomsky e, com ele, a Escola de Cambridge adotaram a seguinte proposição: uma ideia tem a estrutura de uma informação codificada em um computador. Cf. CHOMSKY, N. "Sur quelques changements concernant les conceptions du langage et de l'esprit". In: PAPP, T. & PICA, P. *Transparence et opacité*. Paris: Éd. du Cerf, 1988.

Com essa tradução, parecerá que o programa de pesquisa estenografado pela expressão "ideia inata" conserva toda sua pertinência. É preciso destacar apenas que, na retomada feita por Chomsky, esse programa de pesquisa concerne somente às línguas naturais e ao fato de terem propriedades não deduzíveis dos *stimuli*. Ele absolutamente não diz respeito, portanto, à genética em si mesma, que é tomada como um dado admitido. O recurso à genética é, aqui, de puro dispositivo: é, portanto, eminentemente precário e determinado pela contingência histórica. Ocorre que hoje a genética fornece um dispositivo adequado; pode acontecer que, nos próximos anos, outras fontes forneçam dispositivos melhores: então, a referência à genética desapareceria, sem que necessariamente houvesse uma mudança do programa de pesquisa propriamente linguístico. Reciprocamente, o recurso às noções genéticas não comporta necessariamente um programa de pesquisa digno desse nome. Um grande número de confusões provêm daí: tomamos um fragmento de dispositivo por um programa de pesquisa.

Mesmo que Chomsky tenha sido o primeiro a fazer explicitamente referência a Descartes, não se deveria acreditar que a gramática gerativa foi a única doutrina linguística a ter reivindicado a legitimidade do dispositivo. A gramática comparada já havia encontrado o problema.

Em sua forma final e clássica, esta última havia, já vimos, definido seu objeto pelas correspondências fonéticas. O indo-europeu é, por conseguinte, fundamentalmente um conjunto de fonemas organizados em raízes e morfemas, e o fonema indo-europeu nada mais é do que o estenograma de uma série de correspondências. Essa formulação não é, porém, suficiente: pois, enfim, essa correspondência poderia ser estenografada por um signo puramente arbitrário, uma cifra ou uma variável algébrica. E, de fato, é exatamente o que faz pensar Saussure; a escola parisiense, nascida de seu ensinamento, teve inclusive tendência a acentuar essa interpretação: lá onde os neogramáticos pensavam em termos de leis *fonéticas*, os linguistas franceses davam cada vez menos importância à substância fônica, baseando-se cada vez mais exclusivamente nas relações formais de correspondência (cf. supra, § 1.1). Mas essa evolução não pode ser inteiramente levada a cabo. Sem dúvida, o fonema indo-europeu * bh nada mais é do que o estenograma de uma correspondência entre o grego, o latim, o sânscrito, o armênio, o balto-eslavo, o germânico, o celta etc. Sem dúvida, a verdadeira entidade observável é esta correspondência como tal: um conjunto de fonemas relacionados por uma lei e não um fonema articulável. Sem dúvida, o fonema indo-europeu tem estritamente o *status* lógico de um nome de função. Sem dúvida, desse ponto de vista, poderíamos nos contentar com nomes puramente convencionais. Saussure fez uso deles, desse modo, em seu *Mémoire*, para anotar um fonema conjectural, próprio para estenografar uma correspondência particular, que ele havia sido o primeiro a reconhecer: como as teorias fonéticas do momento não propunham nenhum nome especialmente natural, Saussure não se preocupou em determinar sua substância e se limitou a simbolizá-lo pela letra A. Depois dele, Meillet e Benveniste fizeram o mesmo, escolhendo, além disso, outros símbolos (H, em particular, cf. supra, cap. 2, § 1.1). A rigor, esse procedimento poderia ser generalizado[46].

De fato, porém, a gramática comparada não é apenas uma ciência formal: sempre chega um momento em que se deve considerar que representar por * bh a série de correspondências não depende somente de uma escolha arbitrária. Por menos acessível que seja a realização fonética em ato dos fonemas indo-europeus (jamais haverá observatório do fonetismo indo-europeu), não é menos verdade que, fazendo uso do símbolo * bh, dizemos duas coisas: uma concerne às correspondências, outra concerne à substância, e dizemos que essa substância tem algumas características fonéticas de uma labial aspirada (ou, de preferência, glotalizada, como esta-

---

46. Frege observava que o número zero não coloca nem mais nem menos problemas do que qualquer outro número e que o número um não é menos um conceito do que o número zero. Igualmente, os linguistas da Escola de Paris sustentam que o fonema hipotético anotado A ou H não é mais hipotético do que qualquer fonema indo-europeu, que *todos* os fonemas indo-europeus estenografam correspondências e são nomes de função.

beleceu Martinet e como já desconfiava Meillet[47]), assim como a fonética geral permite defini-las. Trata-se, aqui, de dispositivo; escrevendo * bh, ao invés de uma cifra arbitrária, o comparatista estabelece um dispositivo: enquanto o linguista não tem razão para renunciar a seu dispositivo, ele o afirma e, enquanto o afirma, afirma que os indo-europeus pronunciavam um /bh/. Dito de outro modo, ele supõe que a fonética geral – ou, antes, a fonologia – fornece o melhor dispositivo possível[48].

Nem mesmo o fonema conjectural que Saussure havia restituído pôde permanecer o ser algébrico que era. Muito cedo, supôs-se, para ele, uma substância fonética; é o que motiva o nome de *laringal* que frequentemente lhe deram. Mesmo que essa interpretação substancial tenha se revelado prematura, bem poucos linguistas se satisfizeram com a posição agnóstica de Saussure, recentemente ainda mantida por Benveniste (cf. supra, cap. 2, § 3.1). Bem longe de alinhar o conjunto dos fonemas indo-europeus sobre o fonema conjectural e algébrico, procurou-se, antes, alinhar o segundo sobre os primeiros.

Na verdade, a palavra *indo-europeu* designa duas coisas: de um lado, designa uma língua real, tão real, ao menos, quanto podem ser o francês ou o inglês (sabemos que a natureza dessa realidade está longe de ser trivial); de outro, designa o resultado das reconstruções dos comparatistas: de fato, o resultado de uma série de raciocínios cruzados. Em sua primeira significação, a única diferença que separa o indo-europeu do francês ou do inglês é que o indo-europeu, língua real, é estritamente não observável. Em sua segunda significação, o indo-europeu é constituído de formas perfeitamente manejáveis, mas cujo *status* é estritamente hipotético:

---

47. Cf. MEILLET. *Introduction...* Op. cit., p. 42.
48. Mais exatamente: lá onde os indo-europeanistas alemães do final do século XIX se baseavam em uma fonética, os melhores indo-europeanistas modernos se baseiam em uma fonologia. O papel de Martinet é, a esse respeito, decisivo. Cf., em particular, *Évolution des langues et reconstruction*. Paris: PUF, 1975. Observaremos que, baseando-se mais na fonologia do que na fonética, esse autor se separa, ao mesmo tempo, da tradição fonetizante dos neogramáticos e da tradição mais ou menos "algebrista" da Escola de Paris.

cada forma do indo-europeu no segundo sentido é uma hipótese empírica, e, por isso, refutável, sobre o indo-europeu no primeiro sentido. Por mais longe que se possa levar, portanto, a disjunção entre o indo-europeu como língua real, mas desaparecida, e o indo-europeu como conclusão de um raciocínio estritamente formal, resta apenas que a gramática comparada propõe uma coextensão absoluta entre os dois seres como ideal. Isso significa dizer, por reciprocidade, que as entidades obtidas no fim das cadeias de raciocínio puramente linguístico devem ser pensadas como tão próximas quanto possível das formas substanciais de uma língua real. Uma forma como *pHter é, em si mesma, abstrata e teórica; ela não corresponde diretamente a nenhuma "pronúncia" foneticamente articulável ou audível, mas se supõe que seja tão próxima quanto possível do lexema que efetivamente existiu na língua que efetivamente existiu e que hoje chamamos de indo-europeu.

Isso significa dizer que a gramática comparada reflete por hipóteses refutáveis, mas também que, por definição, imediatamente dá uma representação substancial detalhada de suas hipóteses: dito de outro modo, é, de saída, tomada pela lógica do dispositivo. Na maior parte de suas versões, o indo-europeu não é nada mais nada menos do que um dispositivo[49].

Isso não significa que a questão da gramática comparada seja esgotada pela questão da epistemologia do dispositivo. Isso apenas significa que ela sempre teve que enfrentar essa questão e propor uma solução, que pôde variar. De todo modo, trata-se, aqui, somente da linguística diacrônica. No campo da linguística sincrônica, a Escola de Cambridge foi a primeira e também a única a manter, com tanta precisão e de modo explícito, a epistemologia do dispositivo.

---

49. Geralmente, mas nem sempre, trata-se de um dispositivo realista. Em todo caso, o desenvolvimento da gramática comparada tem muito mais a fazer com o desenvolvimento de uma física de tipo cartesiano (que teria tido êxito, diferentemente da física cartesiana em si) do que com qualquer outra coisa. A relação que frequentemente é estabelecida entre o nascimento da gramática comparada e a emergência do idealismo alemão permanece, a esse respeito, muito superficial.

Resulta daí a tese descritiva: hoje, uma linguística que reivindica para si, conscientemente, a epistemologia do dispositivo sempre é, devido a certos traços, derivada de uma forma da teoria da Escola de Cambridge.

Evidentemente, a conexão é puramente contingente. Podemos imaginar teorias linguísticas que conservam proposições essenciais atribuídas à Escola de Cambridge e que renunciam à epistemologia do dispositivo. Podemos imaginar linguísticas do dispositivo que não devam nada a nenhuma proposição empírica ou teórica da Escola de Cambridge. A bem da verdade, a conjuntura presente na história da linguística consiste justamente nisso: é preciso separar a questão geral da epistemologia do dispositivo da questão particular de sua realização histórica efetiva; é preciso examinar essas duas questões independentemente uma da outra.

3.3 A ciência linguística e o dispositivo: o problema

A ciência da linguagem não tem, aparentemente, senão duas possibilidades: ou permanecer vaga e renunciar à atribuição de propriedades específicas a seu objeto, ou buscar a precisão empírica e ultrapassar os dados observáveis pela proposição de um dispositivo. Isso apenas significa reafirmar a dificuldade maior: a ausência de observatório tornaria o dispositivo necessário, mas não o tornaria, ao mesmo tempo, estritamente ilícito?

Para responder a essa questão, convém examinar de mais perto a natureza geral dos dispositivos.

3.3.1 Os caracteres gerais de um dispositivo

Um dispositivo tem as seguintes características:
(I) É representável, dito de outro modo, é espacializável e temporalizável: no máximo, supõe-se que representa a realidade tal como ela é (realismo integral); no mínimo, ele a representa tal como ela pode ser e tal como ela deve ser, considerando o conjunto dos elementos de co-

nhecimento disponíveis. Em todo caso, uma vez determinado, o raciocínio trata o dispositivo como tendo exata e inteiramente as propriedades operacionais de uma representação integralmente realista (realismo provisório).

(II) É conjectural e ultrapassa toda observação direta possível; sendo conjectural, é construído por uma inferência: uma de suas armas é, portanto, a lógica.

(III) É detalhado: tal como é construído, deve integrar todo detalhe observável. Quanto mais minuciosa for a integração, melhor será o dispositivo. Sendo detalhado, é necessariamente plural: não há uma só conjectura, mas uma trama complexa de conjecturas.

(IV) Não é refutável em si: o que é eventualmente refutável são as proposições, eventualmente hipotéticas, das quais é o correlato.

(V) Comporta partes intrinsecamente arbitrárias: o detalhe que o dispositivo se impõe sempre acaba encontrando um ponto em que toda espécie de verificação direta ou indireta é impossível; em certos casos, as restrições lógicas que a teoria se impõe a obrigam a preferir uma representação de detalhe e não outra, mas, em certos casos, essas restrições lógicas, em si mesmas, não permitem uma escolha: existem, portanto, em todo dispositivo, partes que são não apenas inverificáveis, mas também arbitrárias: convém tomar cuidado com isso e, então, distinguir entre aquilo que é consubstancial à teoria e aquilo que não passa da parte menos importante do dispositivo[50].

(VI) É claro e distinto: claro no que cada um de seus elementos constitutivos e cada relação entre cada um de seus elementos se deixam representar e conceber facilmente; distinto em tudo que é separável pela

---

50. A Escola de Cambridge distingue, consequentemente, entre a concepção e a execução: a concepção depende, no dispositivo, daquilo que, no dispositivo, materializa hipóteses empíricas de base; a execução depende daquilo que é somente requerido pela exigência do detalhe na representação. Pode ocorrer que vários tipos de execução sejam convenientes à mesma concepção (nesse caso, diremos que as diferenças são estilísticas) ou, inversamente, que o mesmo tipo de execução corresponda a concepções diversas.

análise nos dados e que deve ter uma representação separada no dispositivo: como os dados são intrinsecamente analisáveis (segundo, p. ex., um método baconiano), o dispositivo comporta necessariamente vários elementos constitutivos e várias relações entre esses elementos.

(VII) É causal. A relação lógica entre o observável e o dispositivo conjectural é de inferência. Porém, como o dispositivo tem uma realidade substancial, essa inferência supostamente tem, ela mesma, um correspondente na realidade. Esse correspondente é uma relação de causalidade. Em suma, o dispositivo supostamente é a causa oculta daquilo que se deixa observar. Reciprocamente, podemos supor que toda relação de causalidade se reduz, na verdade, a uma conjectura de dispositivo.

3.3.2 A diversidade dos dispositivos

Em seus limites, os dispositivos podem variar.

3.3.2.1 Já que o dispositivo é representável, ele é determinado pelas restrições impostas à representação. Mencionaremos, evidentemente, as restrições mais banais: os dispositivos são sempre, aberta ou secretamente, espaçotemporais. É verdade que, em geral, a teoria irá deixar claro que o espaço do qual se trata é abstrato e que a temporalidade da qual se trata é muito mais lógica do que cronológica. Porém, uma vez feitas essas reservas pertinentes, resta que os dispositivos utilizem um espaço que tem todas as propriedades geométricas de um espaço (eles podem, evidentemente, diferir no número de dimensões, na axiomática adotada etc.); e que eles utilizem um tempo que tem todas as propriedades lógicas de um tempo.

A essas restrições mínimas se acrescentam outras, que constituem o que podemos chamar de imaginação científica. Estas não são constantes: reconhecemos aí o que Holton estudou sob o nome de *themata* (cf. cap. 1, § 1.11). Poderíamos, portanto, retomar os diversos *themata*, cuja pertinência foi reconhecida, e reconhecer sua intervenção nos diversos dispositivos que puderam ser propostos: distinguiríamos, assim, dispositivos mecanicistas, dinâmicos, holistas etc.

Por exemplo, a demanda cartesiana de que tudo se faça por figura ou por movimento diz respeito ao dispositivo. Não deve ser confundida com o requisito de matematização: o requisito está indissoluvelmente ligado à ciência moderna como tal (não se pode, sem admitir uma revolução contragalileana, conceber uma física não matemática); a demanda geométrico-mecânica, por sua vez, não está (pode-se, sem dificuldade, conceber uma física matemática em que tudo não se faça somente por figura ou por movimento). De resto, a problemática da querela entre cartesianos e newtonianos reside justamente no fato de que a teoria newtoniana, ainda que matematizada, não respeita as restrições cartesianas impostas aos dispositivos.

As escolhas temáticas precedem logicamente as experiências e as observações. Dito de outro modo, as primeiras não dependem das segundas; exatamente o contrário, as segundas dependem sempre, em alguma medida, das primeiras. Nesse sentido, nada diz que o sucesso experimental dos newtonianos deva afetar a ideia que se faz de um dispositivo: por um lado, esse sucesso, contrastado com o fracasso dos cartesianos, não basta para provar que, em si mesma, toda epistemologia do dispositivo seja inválida (de resto, essa epistemologia sobreviveu amplamente); não basta para provar, também, que um dispositivo não deva respeitar precisamente as restrições que Descartes impunha a ele. Poderíamos até mesmo sustentar que, finalmente, apesar da aparência, as exigências cartesianas quanto ao dispositivo não cessaram de ser retomadas: na física e em outros lugares.

3.3.2.2 Já que o dispositivo é intrinsecamente causal, é normal que, entre todos, os *themata* e *antithemata* da causalidade sejam pertinentes: assim, os dispositivos se distinguirão na questão de saber se a causalidade admitida é uma causalidade por contato ou uma causalidade de tipo termodinâmico, sem contato necessário entre causa e efeito. Se a causalidade a distância é admitida ou não. Se ela é estatística ou não etc.

Existe, no mais, aqui, um ponto de complexidade que é preciso decifrar. Sabe-se que o esquema de causalidade suscitou numerosas discussões nas ciências. Sabe-se também que a noção de causa, em si mesma, não desempenha, necessariamente, um papel crucial na própria teoria científica. Podemos e devemos, portanto, distinguir cuidadosamente duas noções de causa: a causa para a ciência, que se revela, ao que parece, um falso conceito; e a causa para a imaginação. Ora, é justamente a segunda que desempenha um papel nos dispositivos: isso é compreensível. O esquema da causalidade vem da imaginação: ocorre o mesmo com os dispositivos. Pode, portanto, acontecer que a mesma teoria tenha uma noção sofisticada de causalidade ou, até mesmo, recuse qualquer noção de causalidade em sua parte propriamente conceitual, mas, tendo adotado a epistemologia do dispositivo, ela propõe um dispositivo em que a causalidade se apresenta sob as espécies mais planas. Essa situação é totalmente explicável e, até mesmo, justificável. Entretanto, ela contribui para obscurecer as discussões. Assim, quando nos perguntamos sobre a relação de causa e efeito, é preciso sempre saber e distinguir se visamos a teoria, independentemente do dispositivo que eventualmente ela propõe, ou o próprio dispositivo.

3.3.2.3 Já que o dispositivo é conjectural, a arma essencial é a lógica. Trata-se evidentemente de uma lógica empírica. Seu princípio é o seguinte: os dados são descritos em termos de presença, de ausência, de compatibilidade; as relações assim estabelecidas (em termos essencialmente baconianos) são projetadas em relações lógicas entre conceitos e proposições; em seguida, essas relações lógicas são, elas próprias, projetadas em relações espaçotemporais no dispositivo seguindo as características próprias deste último: se for mecânico, serão propriedades mecânicas que representarão as propriedades lógicas; se for geométrico, serão propriedades geométricas; se for dinâmico, serão propriedades dinâmicas etc.

A rigor, essa segunda projeção é biunívoca: qualquer relação de representação no dispositivo corresponde a uma relação lógica; qualquer relação lógica entre os conceitos e proposições tem sua representação no dispositivo. A regra de correspondência é simples: o que é independente nos dados – e essa independência é estabelecida pela lógica da análise – é representado de maneira separada no dispositivo. O que é dependente nos dados está ligado no dispositivo. Todas as propriedades lógicas das relações – simetria/assimetria, reflexividade/não reflexividade etc. – têm correlatos no dispositivo.

Em geral, as relações lógicas utilizadas são muito simples, para não dizer banais; é assim, em todo caso, nos dispositivos linguísticos. O quadro baconiano é decisivo para estabelecer os dados, mas o pensamento lógico é essencial para determinar o dispositivo. Visto que o dispositivo é, ao mesmo tempo, causal e conjectural, a relação de dedução e a relação de causalidade ficam supostamente recobertas.

3.3.2.4 Toda representação é analógica, no sentido estrito de que ela se assemelha sempre, por algum traço, a outra representação de que se dispunha anteriormente. A clareza e a distinção da representação de chegada dependem, portanto, do grau de clareza e de distinção da representação-fonte. Já que o dispositivo deve ser integralmente representável, as representações-fontes, às quais é análogo, não devem comportar nenhuma zona de obscuridade para o conhecimento. O reservatório das analogias de dispositivo não deveria ser, portanto, a natureza, já que ela está, justamente, sempre, por qualquer lado, em excesso de representações.

Duas fontes se propõem: a primeira é a técnica, visto que aí se constroem objetos cujo funcionamento é controlado do início ao fim. Consequentemente, constata-se que a maior parte dos dispositivos foi sucessivamente emprestada de diversas versões da tecnologia: geralmente a mais recente em um determinado momento. A relojoaria, a eletricidade e a máquina a vapor forneceram dispositivos: às vezes inconscientes, mas, nos grandes exemplos, perfeitamente conscientes. Nos dias de hoje, a informática é, evidentemente, uma fonte importante. A segunda fonte é o conjunto das ciências consideradas estabelecidas. Por exemplo, a astronomia do sistema solar, considerada como certa, pôde, durante um tempo, fornecer o dispositivo do átomo[51]. Na maior parte das ciências que tratam de atividades humanas (a linguagem, p. ex.), recorre-se à ciência positiva mais desenvolvida do momento: a anatomia propôs, em seu tempo, suas localizações cerebrais, atualmente a genética, e poderíamos seguir com a lista.

3.3.3 Algumas confusões

3.3.3.1 No que concerne à técnica, não se deve confundir o objeto técnico como dispositivo e o objeto técnico como realidade fabricada. Esse ponto é, às vezes, desconhecido. Por exemplo, a máquina de Turing pôde ser considerada um dispositivo que permite representar a atividade de pensamento, ou, pelo menos, a atividade de cálculo. Que esse dispositivo seja ou não adequado não importa aqui; sabe-se, em todo caso, que essa máquina, no momento em que foi proposta por Turing, não existia. Não é mesmo certo, no mais, que ela possa existir, visto que requer um suporte atualmente infinito. Isso não afeta, de modo algum, seu *status* de dispositivo: mesmo irrealizável, a máquina de Turing se valia de princípios de funcionamento absolutamente simples e claros. De maneira mais geral, foi possível se revelar apropriado construir dispositivos de tipo informático para representar uma teoria dos processos psíquicos; sabe-se que este é o partido que o programa cognitivista de pesquisa adotou. Esse programa não é, de modo algum, dependente da conjuntura tecnológica; se devemos atribuir, a um aparelho psíquico, propriedades que nenhum computador

---

51. Trata-se justamente de dispositivo, já que se emite uma hipótese sobre a substância, e uma hipótese que excede a observação possível no momento em que ela é emitida. Ela supõe evidentemente que se considere o sistema planetário como inteiramente conhecido e explicado; senão, evidentemente, o dispositivo não funciona inteiramente como dispositivo. De fato, tratamos o sistema planetário como um objeto maximamente próximo de um objeto fabricado e controlado pelo homem.

atual pode apresentar, isso não importa em nada: basta que as propriedades atribuídas possam ser apresentadas por computadores *concebíveis*.

3.3.3.2 No que concerne à ciência de referência, não se deve confundir a analogia racional e a analogia de representação. Na analogia racional, trata-se de levar a sério relações e, de fato, de se apoiar em uma analogia de relações para operar descobertas. No dispositivo, não se trata disso: trata-se de propor uma representação – e, de fato, uma representação material – disso que foi descoberto; se adotamos um dispositivo informático para representar a linguagem, não visamos somente raciocínios, não nos limitamos a sustentar que o método da linguística é análogo ao método da informática, mas afirmamos que, no quadro do dispositivo e para todas as operações de conhecimento que ele autoriza, a linguagem é, efetivamente, tal que a representamos em termos informáticos. O ponto de vista, devemos lembrar, é realista – quer se trate de realismo integral ou de realismo provisório (cf. § 3.3.1).

Esse recurso a uma técnica ou a uma ciência como dispositivo é eminentemente contingente e determinado por valores de conveniência: escolhe-se a referência que, em um determinado momento, fornece o dispositivo mais claro e mais distinto para a representação, aquele que comporta o mínimo de incontrolável. Dito de outro modo, esse recurso é, também, precário: uma ciência pode ser levada a mudar de dispositivo a qualquer momento, em função de seu próprio progresso. Em particular, ela pode mudar de dispositivo sem mudar de programa de pesquisa: isso pode acontecer, assim como apresentações muito diferentes quanto ao dispositivo recobrem, de fato, o mesmo programa de pesquisa (o inverso também é verdadeiro). É preciso tomar cuidado com isso: desse modo, não é certo que o programa efetivo da gramática comparada seja modificado profundamente pelo movimento saussureano. Este último, de fato, condena qualquer recurso às ciências dos seres vivos para construir o dispositivo: a língua não é um ser vivo, nem vegetal nem animal; as línguas, portanto, não morrem, não há evolução etc. Em contrapartida, ele prefere dispositivos emprestados das ciências sociais: essencialmente a teoria do valor. Apesar de tudo, o programa de pesquisa permanece amplamente inalterado; é verdade que ele é, em Saussure, definido com infinitamente mais clareza e avaliado com infinitamente mais rigor, mas isso não deve ser confundido com a mudança de programa. Ou, mais exatamente, o programa da ciência linguística é ampliado; entretanto, nesse programa, o subconjunto da gramática comparada permanece profundamente estável.

Inversamente, a referência aparentemente comum aos autômatos recobriu, nos anos de 1960, programas de pesquisa inteiramente díspares: certas representações da gramática chomskiana fizeram pensar que ela se ligava estreitamente às pesquisas técnicas que se desenvolviam, então, em torno da informática – e, em particular, da nascente inteligência artificial. Não se pode pensar em um contrassenso mais absoluto: os autômatos, para a Escola de Cambridge, são somente dispositivos e não fazem parte do programa gerativista de pesquisa *stricto sensu*. Para os defensores da inteligência artificial, os autômatos e suas propriedades não são apenas dispositivos, eles estão no cerne do programa de pesquisa.

3.3.4 Algumas observações históricas

Os debates em torno da legitimidade ou da ilegitimidade dos dispositivos são numerosos na história das ciências. Seguidamente, eles coincidem com a questão do realismo ou do não realismo, o que obscurece as discussões; porém, às vezes, eles permanecem autônomos.

3.3.4.1 É possível lembrar da situação em que se encontrava a química no início do século XX. Ela pensava em termos de átomos e de moléculas, sem que nenhuma observação lhe permitisse substantificar esses seres. Em um texto importante, Jean Perrin, em 1911, fala abertamente de hipótese "inverificável" (cf. o artigo "Chimie physique" do livro *De la méthode dans les sciences*. 2ª série. Paris: Alcan, 1911, p. 85). Isso não o impede, entretanto, de falar dos átomos e de pensar sobre eles. Porém, sabe-se também que Mach e sua escola – cuja importância, ao mesmo tempo intelectual e sociológica, não deveria ser exagerada – concluíam, na mesma época, que o átomo, como inverificável, não devia ter seu lugar entre as noções de que a ciência fazia uso. Em contrapartida, Duhem submetia a hipótese do átomo a uma crítica rigorosa e sustentava que ela era *logicamente* inteiramente supérflua[52].

Que o futuro tenha dado razão a Perrin contra Mach e Duhem não deve, evidentemente, obscurecer a força das objeções; não deve, em todo caso, obscurecer a natureza do debate: o átomo, em 1911, não é nada mais nem nada menos do que um dispositivo. Ele é espacializável, é inverificável, comporta partes arbitrárias, é articulado a um conjunto de proposições logicamente ligadas: essa característica é fortemente estabelecida tanto por Duhem quanto por Perrin.

Portanto, a questão é: a química teria necessidade desse dispositivo? Não parece que os partidários do átomo nunca tenham sustentado que ela tinha, *logicamente*, necessidade disso. Tal como se encontrava em 1911, a química claramente parece poder ser exposta sem fazer menção ao átomo e não encontrar nem contradição nem lacuna. Porém, ela tinha necessidade disso *empiricamente*? Todo o debate reside aí. Em 1911, e Mach destaca isso incessantemente, não existe nenhuma necessidade empírica absoluta para pensar em termos de átomos. A decisão de Perrin depende, portanto, de uma escolha estritamente epistemológica em favor do dispositivo.

3.3.4.2 A intepretação que Poincaré dá sobre a proposição "a Terra gira sobre si mesma" não é nada mais nem nada menos do que um exercício da

---

52. Para Perrin, além do artigo citado, cf. *Les Atomes*. Paris: Alcan, 1913. Para Mach, cf. o resumo e as referências dadas por Holton: "Sous-électrons, présuppositions et la controverse Millikan-Ehrenhaft". In: *L'Invention scientifique*. Paris: PUF, 1982, p. 148-153. Para Duhem, cf. *Le Mixte et la Combinaison chimique*. Paris, 1902 [reed., Paris, *Corpus* das obras de filosofia em língua francesa, 1985]. Notaremos, de passagem, que a denúncia pela Escola de Mach das "hipóteses metafísicas" visava bem mais à hipótese atômica do que às questões metafísicas da tradição filosófica e, principalmente, da tradição kantiana.

epistemologia do dispositivo. Dessa epistemologia, de fato, ele retoma todos os traços. Para começar, a proposição que afirma a rotação da Terra está além de qualquer experiência possível; de fato, "o espaço absoluto – isto é, o ponto de referência ao qual se poderia relacionar a Terra para saber se realmente ela gira – não tem nenhuma existência objetiva" (*La Science et l'Hypothèse*, cap. VII); do mesmo modo, a experiência que permitia uma verificação não é somente irrealizável: ela é contraditória (ibid.). Em seguida, a proposição coloca em jogo relações espaçotemporais *detalhadas*: a expressão "girar sobre si" só tem conteúdo por essas relações; observemos que assim seria caso ela não permitisse, em si mesmo, nenhuma medida. Enfim, a ciência não pode ficar neutra entre a proposição "a Terra gira" e a proposição "a Terra não gira".

Essa obrigação de escolher parece evidente aos olhos de Poincaré, porém, ela não se explica facilmente. Não nasce nem de uma necessidade empírica nem de uma necessidade lógica. Uma vez mais, ela se explica somente por uma epistemologia particular, implícita e desconhecida. Dito de outro modo, escolher entre a proposição "a Terra gira" e a proposição "a Terra não gira" é, fundamentalmente, escolher entre dois dispositivos distintos e inclusive incompatíveis[53].

---

53. Essa apresentação modifica pouco a interpretação disso que se chama o convencionalismo de Poincaré. Certamente, ele diz, em *La Science et l'Hypothèse* (ibid.): "Essas duas proposições 'a Terra gira' e 'é mais cômodo supor que a Terra gira' têm um único e mesmo sentido". Porém, a retomada de *La Valeur de la science* (Paris: Flammarion, 1905, cap. XI, § 7) mostra em qual sentido é preciso entender essa "comodidade". Não é uma comodidade da teoria em seu conjunto; é uma comodidade dessa parte da teoria que excede a experiência e que, por suas representações detalhadas, deve permitir obter, o mais simples e o mais completamente possível, um determinado conjunto de proposições empíricas experimentais. Considerar que a ciência não pode permanecer agnóstica no que concerne à rotação da Terra é considerar que a ciência pode e deve se impor a construção de representações detalhadas que excedem a experiência; isto é, do dispositivo. Há, aí, talvez, uma polêmica contra os newtonianos e um retorno a Descartes. O raciocínio seria o seguinte: os newtonianos só podem afirmar a rotação da Terra porque eles acreditam ter demonstrado (contra Descartes) a existência do movimento absoluto; porém, o movimento absoluto não existe; então, dada a epistemologia newtoniana, não se pode escolher entre rotação e não rotação a não ser que se possa descrever a atração: em todos os casos, as hipóteses requeridas seriam excessivamente detalhadas. Para poder escolher é preciso, portanto, voltar a uma epistemologia da hipótese detalhada, mais próxima de Descartes do que de Newton (ou Pascal).

Já que não há experiência possível, a escolha se fundamentará sobre uma análise lógica. Poincaré procede desta maneira: ele lembra um conjunto de proposições P. É verdade que ele lembra delas somente indiretamente, por intermédio dos fenômenos que essas proposições descrevem: o movimento diurno das estrelas, o movimento diurno dos outros corpos celestes, o achatamento da Terra, a rotação do pêndulo de Foucault, o giro dos ciclones, os ventos alísios. Fica claro, entretanto, que não se trata, aqui, dos fenômenos em si mesmos, mas dos fenômenos *teorizados*; dito de outro modo, trata-se, é claro, de proposições e de proposições que são, ao mesmo tempo, refutáveis, não refutáveis e experimentais. Ele estabelece, em seguida, que, sendo admitidas essas proposições P, o dispositivo da rotação (que, por sua vez, não é experimental) permite ligá-las entre si, em uma articulação clara e bem deduzida, enquanto o dispositivo da não rotação as deixaria totalmente dispersas. As proposições P, devemos lembrar, dependem de observações e de experiências possíveis; elas seriam, em si mesmas, perfeitamente acessíveis em uma teoria que sustenta que a Terra não gira; uma dificuldade apenas: elas permaneceriam aí sem relações. Para concluir, ainda que nenhum observatório permita verificar se a Terra gira sobre si mesma, a ciência tem fortes razões *lógicas* para preferir um dispositivo que consiste em um tal movimento e que terá tanta realidade quanto um dispositivo pode ter.

O mesmo raciocínio se deixa desenvolver a propósito do heliocentrismo: assim como a proposição "a Terra gira sobre si mesma", a proposição "a Terra gira em torno do Sol" é inverificável pela experiência e pelas mesmas razões. Todavia, a ciência deve escolher, e ela pode fazer isso reconhecendo que o dispositivo heliocêntrico permite religar, entre elas, uma longa série de proposições empíricas, que, em um dispositivo geocêntrico, permaneceriam dispersas (sobre tudo isso, cf. *La Valeur de la science*, cap. XI, § 7).

3.3.4.3 Da mesma maneira, o conjunto da física cartesiana é uma ilustração da epistemologia do dispositivo: a física cartesiana é mesmo uma ilustração particularmente sutil disso. O dispositivo proposto é, ao mesmo tempo, detalhado, completo, claro e distinto: o tipo das relações admitidas é estritamente definido – só pode ser geométrico e mecânico; o tipo de causalidade também é: somente a causalidade por contato é admitida. A relação com os fenômenos é, ao mesmo tempo, dedutiva e causal: partindo do dispositivo, combinam-se as regras da lógica comum, de um lado, e as relações de causa e efeito, de outro, e assim se obtém os fenômenos. Porém, em contrapartida, sabe-se que Descartes não atribui, a seu dispositivo, nenhuma verdade própria: poderia acontecer que fosse falso em si mesmo; seu valor de dispositivo não seria afetado por isso, uma vez que introduziria, entretanto, clareza e distinção lá onde, sem ele, se teria obscuridade e confusão. Ele poderia, portanto, ter o *status* de *hypothesis ficta*.

Por contraste, seria tentador restituir o famoso *hypothesis non fingo* de Newton como uma rejeição da epistemologia do dispositivo. O que Newton recusa é atribuir à atração uma causa diferente que Deus. Dito de outro modo, ele sustenta que a atração é uma realidade física (tese realista), mas recusa propor uma representação detalhada de sua substância e de seu funcionamento. Ele recusa, em outras palavras, construir um dispositivo disso. Por quê? Porque o único dispositivo admissível seria conforme o dispositivo cartesiano: se faria por geometria e por mecânica; porém, na ocasião, o dispositivo excederia demasiadamente a observação, e um tal excesso somente seria suportável caso se aceitasse suspender toda escolha entre o verdadeiro e o falso – o que é propriamente construir uma ficção. Ora, Newton não concorda com as ficções: muito mais, portanto, do que uma representação realista global; isto é, indistinta e obscura, mas não fictícia a seus olhos – Deus – do que uma representação clara e distinta, mas eventualmente fictícia[54].

---

54. Dito de outro modo, o próprio Newton parece permanecer de acordo com Descartes sobre as propriedades gerais que um dispositivo deveria ter, e é por isso mesmo que ele não constrói o dispositivo da atração. A posição de Newton é, portanto, complexa. Os newtonianos em seu conjunto simplificaram. A maior parte renunciou às restrições cartesianas

3.3.4.4   Evidentemente, os exemplos que acabaram de ser citados são limitados. Entre as múltiplas ilustrações da epistemologia do dispositivo, talvez valesse a pena mencionar, mais particularmente, o primeiro pensamento freudiano: quer se trate do *Entwurf* ou da *Traumdeutung*, Freud se empenhou em construir, com uma grande sofisticação de detalhes, os correlatos representáveis de suas proposições teóricas. Na verdade, poderíamos dizer que o nome *tópica* não diz nada além do que o nome *dispositivo*. Visto que, em contrapartida, Freud é realista, o freudismo clássico é um realismo detalhado.

Ao contrário, Jacques Lacan dá pouco peso às tópicas, o que não significa nem que a questão da ciência nem que a questão de uma ciência realista sejam, a seus olhos, sistematicamente desprovidas de significação. Em muitos aspectos, sua posição é pascaliana e consiste, de fato, em renunciar ao dispositivo, para se manter, em muitos casos, em um realismo "geral": tópicas inúteis e incertas, poderia ele sustentar.

3.4 Dispositivo linguístico ou romance?

Compreende-se, portanto, que a questão se coloque: em quais condições o eventual dispositivo linguístico escaparia ao romanesco puro e simples? Por exemplo, o que significam as proposições "existem transformações", "existem fonemas", "existem categorias" etc.? Para esclarecer a discussão, um desvio pela história da química é, uma vez mais, útil.

---

sobre o dispositivo e sobre o que se pode legitimamente qualificar de *mecânico*; ao mesmo tempo, eles puderam acreditar que dispunham de uma representação suficiente da atração sem precisar recorrer a Deus. Mas também a teoria da mecânica se encontrou afetada por isso; ela se revelará progressivamente com falta de clareza e distinção. Há aí um desequilíbrio interno com a teoria newtoniana, cuja amplitude Mach parece ter sido o primeiro a diagnosticar. Cf. *La Mécanique*. Paris: Hermann, 1904 [reed., Gabay, 1987]. É interessante notar que Mach apresenta a obra de Hertz como um retorno a Descartes (ibid., p. 225). Sobre todos esses pontos, cf. os trabalhos de Koyré, principalmente: "Newton et Descartes". In: *Études newtoniennes*. Op. cit., p. 87-242; em particular, p. 202.

3.4.1 Em uma via comparável àquela de Mach, ainda que suas intenções fossem diferentes, Duhem, no mesmo período, sustentou que a química devia se impor uma disciplina epistemológica rigorosa e se interditar as hipóteses inverificáveis. Ele se empenha em mostrar que a hipótese dos átomos não lhe é necessária e que tudo de suas proposições empíricas pode ser salvo ao dispensá-la. Sem dúvida, uma diferença subsiste: ainda que a química, por volta de 1900, não dispusesse de observatório, ela podia legitimamente esperar um desenvolvimento tecnológico que fizesse passar o inobservável para o grupo do observável. Sabe-se que esse desenvolvimento se produziu (Perrin, pelo menos, o prevê): em 1914, os trabalhos do físico inglês Bragg permitiram "ver" o átomo ou, ao menos, fotografá-lo[55] e decidir, desse modo, entre Perrin e Duhem (ou Mach).

Retomemos, entretanto, o debate. As duas partes estão de acordo em considerar os átomos como uma hipótese e uma hipótese inverificável que seja – ou seja, em nossos termos, que ela não pode ser submetida a nenhum observatório construível. Duhem, defensor de uma epistemologia de rigor grego, propõe eliminar da ciência toda hipótese inútil: o método consiste, portanto, em perguntar para que serve a hipótese dos átomos na ciência química; ora, ele estabelece que ela tem dois usos bem distintos: por um lado, ela reúne e organiza um conjunto de proposições empíricas da ciência química; por outro, ela emite uma conjectura sobre a constituição substancial e detalhada das próprias coisas. Porém, diz ele, esse

---

55. Uma fotografia desse tipo se encontra reproduzida no frontispício da obra de vulgarização de G. Gamow: *M. Tompkins explore l'atome*. Paris: Dunod, 1956 (o texto original data de 1942). A técnica de Bragg é comentada às p. 73-75. Cf. tb. FEYNMAN, R. *Lumière et Matière*. Paris: Interéditions, 1987, p. 73n. Vale a pena citar o texto de Gamow: "Jean Perrin pôde confirmar todas as conclusões fundamentais da teoria molecular da estrutura da matéria [...] de uma maneira tão decisiva como se ele tivesse visto, com seus próprios olhos, as próprias moléculas. Mas talvez vocês não estejam satisfeitos com a expressão 'como se ele tivesse visto com seus próprios olhos'; vocês gostariam que eu cumprisse minha promessa de mostrar as moléculas de modo que pudessem simplesmente 've-las'. Para satisfazer esse legítimo desejo eu só preciso pedir que se projete a primeira imagem [...]. A figura que vocês veem na tela [...] é a autêntica fotografia dos átomos e das moléculas que compõem o cristal de uma espécie química conhecida pelo nome diópside" (ibid., p. 73).

segundo uso é supérfluo, ele não depende da própria ciência, mas da imaginação metafísica, e é preciso se dispensar disso. Caso nos dispensemos disso, então, resta só o primeiro uso: a hipótese atômica se reduz à conjunção das proposições empíricas da ciência química. Há estrita equivalência lógica entre a hipótese dos átomos (uma vez retirado seu uso substancial) e essa conjunção de proposições. Dificilmente forçaríamos os termos de Duhem dizendo: a hipótese atômica é o *estenograma* de algumas proposições químicas. Uma vez que se tenha mostrado isso, basta substituir, na ciência química, a hipótese dos átomos pela conjunção de proposições que lhe é logicamente equivalente; ou, para retomar nossos termos, basta manter o nome *átomo* para um estenograma de convenção e se lembrar constantemente que a única realidade que ele designa é interna à própria ciência: certas proposições dela. Uma vez que a substância das coisas é, por estrutura, inatingível e não origina nenhum observatório independente (eis aí a doutrina de Duhem), a palavra *átomo* não deveria designar nada de substancial. Evidentemente, chegado a esse ponto, Duhem não pode deixar de tirar a seguinte conclusão: se for apenas isso, a palavra *átomo* é, ao mesmo tempo, inútil e enganosa. Inútil, já que pode sempre ser substituída pelas proposições das quais ela é o estenograma; enganosa, já que faz com que se acredite que se atinja algo da essência oculta das coisas. Do ponto de vista substancial, a única realidade que podemos nos dar em química não é nada mais nem nada menos do que o *misto*: dito de outro modo, o fenômeno do misto e os fenômenos que os comportamentos do misto constituem nas combinações e dissociações. Por isso um retorno em direção a Aristóteles e ao método da física peripatética: tudo repousa sobre esse dado que é o misto e sobre a análise lógica que permite a construção de todas as hipóteses necessárias e somente elas[56].

---

56. Na rejeição ou aceitação de princípio das hipóteses sobre a substância, coloca-se, portanto, segundo Duhem, uma questão decisiva: haveria uma diferença de natureza entre a ciência aristotélica e a ciência moderna? Duhem não deixa de concluir: se ela se prende em apenas reter as hipóteses necessárias, a ciência moderna é levada a eliminar qualquer

A posição de Perrin parte, de fato, das mesmas premissas. Ela se distingue somente no seguinte ponto: a ciência química tem o direito e o dever de emitir conjecturas sobre a substância. Ela tem o direito e o dever de emitir a questão: "consideradas as proposições estabelecidas da química, o que é preciso que seja a substância das coisas para que essas proposições tenham uma significação objetiva; isto é, um referente?" A abordagem é, portanto, clara: a hipótese atômica será examinada à luz das leis químicas reconhecidas, e nós nos empenharemos em demonstrar que essas leis só podem ser dotadas de uma significação objetiva caso se suponha a existência objetiva dos átomos. O átomo é, portanto, um dispositivo material que – caso existisse com as propriedades que, por conjectura, conferimos a ele – permitiria explicar certas proposições empíricas. O conteúdo referencial dessas proposições se torna, por conseguinte, efeitos dessa causa eficiente que é o átomo.

A diferença entre as duas abordagens não é, portanto, tão grande quanto se acredita. Elas têm um ponto essencial em comum: de qualquer maneira, a hipótese dos átomos deve ser tratada tendo em vista as proposições de química que ela articula e, em certa medida, resume. A diferença diz respeito somente à conjectura detalhada sobre a substância: ilegítima e inútil para Duhem, necessária para Perrin.

Na verdade, essa diferença é dupla: por um lado, ela opõe uma teoria que se pode chamar de realista a uma teoria que se pode chamar de convencionalista ou estritamente fenomenista. Por outro lado, ela opõe uma teoria "geral" a uma teoria "detalhada"; a teoria de Duhem é, ao mesmo tempo, antirrealista e "geral"; a teoria de Perrin é, ao mesmo tempo, realista

---

hipótese sobre a substância das coisas. Desde então, suas armas são exatamente aquelas da ciência antiga. Não há, portanto, ruptura epistemológica da Grécia para o mundo moderno; há somente proposições sucessivas que dizem respeito ao "sistema de mundo". As diversas obras de Duhem estabelecem essa doutrina de múltiplas maneiras. Sabe-se que ela foi rejeitada por Koyré. Ela teria sido também rejeitada por Mach – ainda que por razões diferentes. Em todo caso, compreende-se que o antiatomismo de Mach e o de Duhem não servem para os mesmos fins.

e detalhada. Ainda que não pareça ser representada historicamente, poderíamos, entretanto, imaginar uma teoria química que pense em termos de substância, mas que não se preocupe em conferir a ela uma representação detalhada.

3.4.2 A linguística, como já dissemos, somente pode propor representações detalhadas pelas vias do dispositivo. Ora, todo dispositivo deveria ser examinado da maneira crítica que é comum a Duhem e a Perrin. A partir disso se concluirá que a ciência linguística deveria sempre poder responder à seguinte questão: de quais proposições empíricas esta ou aquela hipótese detalhada seria o estenograma? Ora, esse exame jamais ocorreu de maneira sistemática. De modo que vimos pessoas discutindo a questão das transformações ou das categorias ou dos fonemas, sem literalmente saber o que isso queria dizer. Convém, em todo caso, que essa situação termine.

Em contrapartida, convém também escolher entre Duhem e Perrin ou, mais exatamente, convém escolher entre fenomenismo e realismo e entre teoria global e teoria detalhada. Isso significa retomar:

(I) A questão das hipóteses de substância.

(II) A questão das representações detalhadas.

As hipóteses de substância seriam legítimas em geral? Seriam legítimas em linguística?

Se retomarmos a posição de Duhem, ela equivale a um ceticismo da substância: esta, de qualquer maneira, não pode ser reconhecida, então, é preciso se calar sobre isso. A posição de Perrin equivale a dizer: sem dúvida, a substância não é, atualmente, conhecida, porém, podemos emitir conjecturas. Ora, é preciso lembrar que não se pode descartar a suposição de que a impossibilidade do observatório, quando se trata da língua, seja estrutural. E a posição de Perrin, ao menos do modo como é expressa, parecia exatamente se apoiar na certeza de que um dia o observatório irá existir, permitindo resolver a disputa entre as hipóteses substanciais. Aqui, a eventual diferença entre química e linguística pode se revelar decisiva. Mesmo supondo que se dê razão a Perrin em relação à química (e, de fato, o futuro devia dar razão a ele, já que o átomo, um dia, acabou sendo observável), pode-se escolher Duhem para a linguística. E isso porque se supõe que a impossibilidade do observatório em linguística ocasione a impossibilidade de uma teoria realista.

Todavia, esse raciocínio repousa em um desconhecimento do realismo. De fato, o realismo deve ser entendido somente como uma doutrina da refutabilidade: dizer que as proposições são refutáveis significa que existe uma instância independente (absoluta ou relativamente) dessas proposições. É o que se pode chamar de *realidade*: ela se resume, portanto, em uma função R de refutação. É possível que não se saiba nada sobre as propriedades substanciais particulares dos valores dessa função, mas é preciso supor que eles tenham essas propriedades: isso ocorre da mesma forma com a independência que nós lhe conferimos por definição. Se essa suposição não está feita, então, uma vez que a função R não é independente das proposições a serem testadas, só subsistem efetivamente os valores de comodidade: é o convencionalismo.

O único debate que subsiste pode ser resumido assim: na linguística, em que o observatório é impossível, haveria proposições refutáveis? A resposta, como vimos, é positiva: é possível construir uma instância de refutação que seja totalmente interior aos dados de língua. Há, portanto, uma realidade R que é exatamente o que se chama de língua ou linguagem (uma vez que a diferença entre os dois termos é somente de ponto de vista: cf. supra, cap. 1, § 2).

No entanto, poderá ser dito que não serve de nada supor que os valores têm propriedades substanciais, caso não se dê o direito de conferir, por conjectura, uma figura a elas. Esse é o papel da hipótese de substância.

Esta última depende de uma única coisa: das proposições da teoria. Qualquer proposição da teoria, enquanto é refutável, mas não foi refutada, abre certas hipóteses de substância. De fato, se a proposição não foi refutada, isso se deve ao fato de a substância não possuir as propriedades que as propriedades que a refutariam supõem. Por conversão lógica, pode-se passar, então, do negativo para o positivo. Tudo depende, assim, das seguintes questões:

(a) A relação lógica da proposição com a substância conjectural seria válida?

(b) A conversão lógica do negativo para o positivo seria válida?

É evidente que a conjunção de (a) e (b) não dispensa um salto: a hipótese consiste nesse salto. A hipótese que é colocada propõe uma representação que seja explicativa das proposições refutáveis e não refutáveis. Tomada nesse sentido, a hipótese de substância é, estritamente falando, exatamente um programa de pesquisa.

Resta a segunda questão: na ausência radical de observatório, a hipótese sobre a substância poderia ser *detalhada*? Aqui ainda é preciso fazer uma distinção.

Certas representações, aparentemente detalhadas, na verdade, são apenas a tradução simples de relações lógicas simples. Assim, supor que a sintaxe e a fonologia formam dois componentes distintos significa representar materialmente a hipótese de que, entre proposições sintáticas e proposições fonológicas, é sempre possível fazer a diferença; supor que a sintaxe forma um componente autônomo significa representar materialmente a hipótese de que as proposições sintáticas são independentes de outras proposições da teoria. Supor, ao contrário, que a fonologia forma um componente interpretativo significa supor que as proposições fonológicas podem depender em parte das proposições sintáticas etc.

Nessa medida, o detalhe da representação é diretamente legitimado. Ou, mais precisamente, é exatamente tão legítimo quanto a proposição correlativa pode ser. Que seja sempre possível fazer a diferença entre uma proposição sintática e uma proposição não sintática, que as proposições sintáticas sejam sempre independentes, que as proposições fonológicas dependam, às vezes, de proposições sintáticas, nada disso é evidente, mas, uma vez estabelecida, a representação de dispositivo é obtida de maneira simples e direta.

Trata-se, entretanto, de um outro tipo de detalhe; e, sem dúvida, é aí que a posição de Pascal encontra sua verdadeira força, e o método de Duhem, sua justificação. O dispositivo comporta, por necessidade, como já dissemos, partes inverificáveis e arbitrárias. Essa situação pode ser admissível nas ciências em que ocasionalmente falte a observação, mas em que a instância do observatório seja sempre construível. Consequentemente, a epistemologia do dispositivo pode apresentar êxitos incontestáveis ao lado de fracassos retumbantes: e que fique claro que o êxito e o fracasso se medem aqui em termos de fecundidade e não de adequação descritiva. Todavia, esses êxitos são constatáveis nas ciências que dispõem de um observatório. Como a linguística, justamente, não dispõe disso, pode-se levantar sérias dúvidas quanto ao que há de incerto no detalhe dos dispositivos.

É o momento em que convém proceder à filtragem mais severa desses dispositivos. Por exemplo, se for verdade que a gramática gerativa e transformacional é um exercício da epistemologia do dispositivo, convém não somente submeter suas construções a um exame de tipo duhemiano (vimos que, em realidade, esse tipo de exame é comum a Perrin e a Duhem), mas convém também adotar um princípio de equivalência:

> **Em uma determinada teoria, se uma determinada conjunção de proposições se deixa representar por mais de um dispositivo, então, esses dispositivos serão equivalentes.**

Um, entre eles, será escolhido, por comodidade, mas somente valerá como o representante da classe dos dispositivos equivalentes. Além disso, esse representante será sempre provisório; de fato, os critérios de comodidade são eminentemente variáveis: pode ocorrer que uma parte dos dispositivos se revele, no uso, menos cômoda do que outra que tinha primeiramente sido rejeitada.

Lembremos alguns pontos essenciais:

- Só há dispositivo interessante se for supostamente verdadeiro: rejeição de ficcionalismo; reciprocamente, toda linguística substancial adota o dispositivo.

• Só há dispositivo interessante se for um programa de pesquisa.
• A única parte interessante do dispositivo é sua parte não arbitrária: fazer a triagem.
• A parte arbitrária é inevitável, mas deve ser tida como lugar-tenente da classe dos dispositivos equivalentes.

Tomemos o exemplo das transformações:

• Ou trata-se de um dispositivo realista ou de uma representação convencional.
• Se for um dispositivo realista, então é preciso relacioná-lo ao conjunto de proposições empíricas das quais é o correlato.
• Em relação a esse conjunto, é preciso estabelecer se o dispositivo transformacional é a única representação possível ou se existe uma outra (para epistemologias geral e particular idênticas).

Na ausência de observatório, pode acontecer que seja impossível escolher, então, entre as transformações e uma outra transformação, descritivamente equivalente[57].

No entanto, a teoria deve se expressar; para esse fim, ela pode escolher a linguagem das transformações (encontramos, então, mas por qualquer outra via, o convencionalismo); ela deve estar consciente de que essa linguagem vale, na verdade, para a classe das linguagens empíricas equivalentes e de que essas transformações são somente uma parte arbitrária do dispositivo[58].

---

57. Evidentemente, caso se tenha acesso a uma informação sobre os processos neuronais que correspondem à linguagem, poderíamos propor a construção de um observatório – nesse caso, a escolha seria eventualmente possível. Por ora, essa possibilidade não está aberta. Quer seja provisória ou estrutural, é uma questão a ser debatida.

58. Pode acontecer, evidentemente, que um único dispositivo seja compatível com as proposições empíricas dadas. Por exemplo, a distinção entre componente sintático e componente fonológico parece a única maneira de representar, em termos de dispositivo, as relações lógicas empiricamente estabelecidas entre proposições sintáticas e proposições fonológicas. Então, não há problema prático, ainda que o problema epistemológico permaneça; entre um dispositivo e a classe unária constituída por esse dispositivo há uma distinção lógica.

O mesmo raciocínio vale, a rigor, para todas as partes do dispositivo linguístico e para todas as relações que são estabelecidas entre essas partes. Ora, vimos que, na ausência de observatório, qualquer noção da teoria à qual se confere um *status* substancial pertence, na verdade, ao dispositivo: qualquer noção, incluindo a mais simples e a mais usual. Por exemplo, as categorias Nome, Verbo etc., sem as quais não se pode expressar nenhum julgamento de análise sintática, são partes de dispositivo. *A fortiori*, as noções amplas de sintaxe, de léxico, de semântica ou as noções técnicas próprias a cada teoria. Cada uma, idealmente, pode e deve ser reduzida às proposições empíricas, refutáveis e não refutadas, que ela resume.

Caso não se admita isso, então, retorna-se a uma doutrina da ausência de dispositivo.

Em suma, a ausência radical do observatório não questiona a legitimidade das hipóteses de substância; ela questiona a legitimidade de seu caráter detalhado. Mais precisamente, o detalhe é permitido com a reserva expressa de que ele não seja nunca apenas provisório e substituível. É, ao menos, o que se constata tanto nas linguísticas realistas quanto em cosmologia. Foi possível, legitimamente, ridicularizar a sucessão rápida das apresentações diferentes – e, por vezes, propriamente incompatíveis – da linguagem de acordo com a Escola de Cambridge; é possível notar uma situação comparável em cosmologia – a única diferença, talvez, seja que um mesmo indivíduo não propõe várias cosmologias diferentes no decorrer de sua vida. Mas isso, em si, é anedótico. Essa situação pode receber uma explicação racional: o que muda são as partes provisórias dos dispositivos.

Se, portanto, a linguística gerativa evoluiu, isso ocorreu por duas razões essenciais diferentes: uma é evidente, os dados permitiram refutar esta ou aquela proposição e, desde então, a parte do dispositivo que era o seu correlato de substância. A outra razão é que, com dados iguais e com proposições equivalentes, ocorreu que a necessidade desta ou daquela parte do dispositivo pareceu menos evidente. É assim que as transformações se revelaram dispensáveis: não é que as proposições das quais elas são o correlato de dispositivo sejam todas modificadas, mas é que essas proposições revelam não exigir, tão necessariamente quanto parecia, um dispositivo de tipo transformacional.

Duas dificuldades, no entanto: de um ponto de vista intelectual, ocorre raramente que se reduza sistematicamente as partes de um determinado dispositivo às proposições empíricas e refutáveis que ele representa; o esquecimento nessas matérias parece constante e sistemático; de um ponto de vista sociológico, os dispositivos se distinguem uns dos outros por suas partes arbitrárias: isso é evidente, já que, colocadas de lado essas partes arbitrárias, vários dispositivos diferentes parecerão empiricamente equivalentes ou, ao menos, mutualmente traduzíveis. A consequência é inevitável: nas querelas sociológicas que formam o tecido da história factual das instituições científicas, a discussão tratará essencialmente das partes arbitrárias e, para ser claro, não essenciais dos dispositivos. Por isso, ao menos, que essas querelas podem ser tão acaloradas; uma vez que o objeto é arbitrário, não há princípio de escolha diferente do que o capricho do momento.

Os exemplos não faltam. Mesmo que pareça se relevar que as transformações formam somente uma parte arbitrária do dispositivo linguístico, facilmente substituível por um outro tipo de dispositivo, no entanto, as transformações constituíram e ainda constituem um caráter identificatório essencial – tanto sociologicamente quanto intelectualmente – de uma escola. Ocorre o mesmo, *mutatis mutandis*, em muitas partes das teorias linguísticas. Em resumo, a maior parte das controvérsias diz respeito justamente ao que não é essencial: a execução, muito mais do que a concepção, pois a execução é o que há de mais visível.

Isso basta, talvez, para explicar o esquecimento intelectual que se destacava em outros lugares: para competir com o não essencial, o tempo falta para retomar o essencial, que é o conjunto das proposições com conteúdo empírico do qual o dispositivo é, para uma parte, o estenograma.

Em suma, convém ser cartesiano no que diz respeito à legitimidade das representações detalhadas, mas convém ser pirrônico em vista desse próprio detalhe. Em termos mais modernos, significa ser empiriocriticista em vista dos *dispositivos*. Ainda que essa exigência não tenha nada a ver, em si mesma, com a questão de saber se as representações são fictícias ou realistas (convencionalismo ≠ realismo), essa exigência é muito mais viva do que, por outro lado, a teoria é realista.

3.5 O risco do dispositivo

É próprio do dispositivo ser integralmente conjectural. Ele tem, como base de apoio, o conjunto dos dados, os quais fornecem índices. Essa base é, ao mesmo tempo, o ponto de partida na investigação e o ponto de chegada na teoria construída, já que, sendo o dispositivo integralmente colocado em ação, ele deve produzir o conjunto dos dados acessíveis. Há dois riscos: o primeiro é a fantasmagoria; o segundo é a teleologia insidiosa.

3.5.1 Dispositivo e fantasmagoria

Se a ciência não impõe nenhuma restrição aos procedimentos que ela se autoriza no funcionamento do dispositivo, pode-se, por meio de um pouco de engenhosidade, produzir qualquer dado observável a partir de qualquer dispositivo conjectural. Quanto ao próprio dispositivo, ele poderá muito bem ter sido escolhido em virtude de preferências imaginárias (no melhor dos casos, preferências temáticas) – o que é normal em si, mas que deixa de ser, caso o dispositivo não seja nada além do que uma reiteração tautológica dessas preferências. Sabemos que isso parece ter sido o defeito de um dos mais marcantes dispositivos conhecidos na história das ciências: a física cartesiana.

Sendo admitida a epistemologia do dispositivo, esta requer, portanto, uma doutrina que permite distinguir, entre os procedimentos de dispositivo, entre aqueles que são admissíveis e aqueles que não são. Essa doutrina é essencialmente uma teoria das restrições; ela não pode ser produzida a partir da observação, já que, por definição, o dispositivo diz respeito ao que excede à observação. Ela é, portanto, *a priori*.

Exatamente por isso, pensa-se naturalmente em restrições lógicas. No entanto, isso é um erro. Mais precisamente, o dispositivo não obedece a nenhuma restrição lógica específica; ele deve obedecer somente às restrições lógicas gerais que a ciência se impõe. Estas podem variar um pouco conforme os modelos, mas isso já é outra questão. No máximo, é preciso lembrar que, na construção de um dispositivo, duas regras lógicas gerais desempenham um papel essencial: os cálculos de dependência e de independência, por um lado, e a eliminação das entidades teóricas inúteis, por outro (princípio de Occam)[59].

Evidentemente, ocorre que se supõem, em certos dispositivos, propriedades específicas que evocam procedimentos lógicos particulares. Por exemplo, alguns acharam que o dispositivo da mecânica quântica requereria lógicas não bivalentes. Do mesmo modo, poderíamos acreditar que a hipótese segundo a qual as gramáticas têm propriedades formais de tipo particular significa impor restrições lógicas ao dispositivo de linguagem. Não é nada disso: trata-se, de fato, de propriedades *materiais* do dispositivo, as quais se presumem ter uma substância formal; não se trata de restrições lógicas enquanto tais.

Na realidade, a própria natureza do dispositivo ocasiona que as únicas restrições pertinentes devam ser concebidas em termos materiais: é preciso supor, no dispositivo, propriedades *materiais* suficientemente restritivas para que qualquer conjectura não seja aí lícita. O paradoxo é que essas propriedades materiais são também conjecturais; elas são, portanto, muito precisamente, conjecturas sobre a materialidade dos fenômenos e sobre os processos que, *a priori*, aí se supõem possíveis ou impossíveis. Em particular, quando se impõe uma restrição limitadora para um dispositivo,

---

59. Eu não falo da eliminação das contradições. Esta, evidentemente, se impõe, mas ela não deveria ser característica da construção das teorias. Mesmo os enunciados não teóricos devem ser não contraditórios.

supõe-se que, *materialmente*, o dispositivo não pode fazer certas coisas, o que proíbe, de saída, certas conjecturas; é verdade que essa impossibilidade é, ela própria, o fruto de uma conjectura. Há, portanto, uma circularidade, mas ela é necessária.

As ciências da natureza conhecem esse problema: elas, desde sempre, emitiram hipóteses sobre os limites dos dispositivos físicos lícitos, ainda que o conjunto desses limites não seja sempre apresentado como uma parte integrante da ciência física. Assim, o princípio "nada se cria, nada se perde" é um limite muito severo em relação aos dispositivos; colocada a epistemologia do dispositivo, esse limite é material; de fato, é uma hipótese sobre o que é a matéria. Outros exemplos poderiam ser citados. Um deles é célebre na história das ciências; trata-se da ação a distância. Sabe-se quais discussões ela suscitou entre cartesianos e newtonianos. Estas podem ser apresentadas do seguinte modo: deveríamos, em um dispositivo próprio para representar a teoria física, admitir ou não a ação a distância? Os cartesianos e o próprio Newton[60] respondiam negativamente. Isso conduzia os primeiros a rejeitar o conjunto da doutrina da atração, que não podia se inserir em um dispositivo conforme, e o segundo a rejeitar a epistemologia do dispositivo, cuja restrição demasiadamente severa não permitia salvar os fenômenos (cf. supra, § 3.3.4.3).

De resto, ocorre seguidamente que sejam confundidas as limitações metodológicas e as restrições materiais. A história da linguística é, nesse ponto, interessante. Por exemplo, as restrições que a linguística estrutural havia imposto para si são apresentadas por esta como sendo restrições metodológicas, visto que, em virtude da epistemologia grega, só se deve usar um mínimo conceitual. Porém, na realidade, são seguidamente restrições empíricas, que são articuladas a conjecturas de dispositivo, implícitas e não reconhecidas como tais por uma doutrina que não adota

---

60. Sobre essa rejeição da ação a distância por Newton, cf., p. ex., KOYRÉ, A. *Du monde clos à l'univers infini*. Paris: Gallimard, 1973, p. 213.

claramente a epistemologia do dispositivo. Por isso, uma parte da crítica desenvolvida pela Escola de Cambridge consistiu somente em revelar uma interpretação estritamente material das limitações do método estrutural e, em um segundo momento, demonstrar que as restrições materiais, assim restituídas, não eram justificadas.

Na teoria transformacional, supor a existência das transformações gramaticais é uma conjectura de dispositivo; supor que as transformações gramaticais somente podem realizar um conjunto estritamente limitado de operações (adjunção, supressão, deslocamento) é também uma conjectura de dispositivo restritiva. Supor que as transformações gramaticais somente podem afetar uma única entidade de língua a cada vez é, enfim, uma restrição muito forte: isso exclui, por exemplo, que se descreva a passiva em francês como sendo a pura e simples troca entre duas entidades: o sujeito do ativo e o objeto do ativo. Já que estão envolvidas duas entidades, há necessariamente duas operações transformacionais – supondo, evidentemente, que a passiva seja transformacional –, uma que afeta o sujeito e outra que afeta o complemento de objeto. Aqueles que manejam um pouco as linguagens-máquinas sabem que recusar a possibilidade de tais permutações às transformações não é, de forma alguma, trivial, visto que existem programas em que ela é acessível: sabe-se, portanto, exatamente a que condições materiais ela corresponde. Há aí uma conjectura importante sobre a materialidade das línguas.

Em contrapartida, pode-se admitir que, ao impor, às regras transformacionais, somente tratar uma única entidade de língua ao mesmo tempo (seja para suprimi-la, seja para adicioná-la, seja para deslocá-la), reencontra-se uma regra metodológica que todas as gramáticas, incluindo as não formalizadas, devem se impor: quando uma gramática descreve um processo de língua, ela tem que dar conta, separada e especificamente, da sorte de cada um dos elementos pertinentes. Isso remonta, de fato, à própria noção de análise gramatical: sob sua forma elementar, sabe-se que ela consiste em considerar uma frase palavra por palavra; facilmente se admitirá que esse procedimento é, em si mesmo, cientificamente insuficiente, visto que, ao se apoiar em uma noção maldefinida da palavra, ele não faz sempre aparecer as reais unidades; entretanto, mesmo deformada, uma restrição efetiva se encontra assim refletida.

Diríamos, então, que a restrição material imposta às transformações é, em sua base, de natureza estritamente metodológica? Não, pois a regra metodológica e a própria noção de análise que a fundamenta devem ser relacionadas com uma conjectura mais geral a propósito da linguagem: nomeadamente, seu caráter articulado. É somente por essa conjectura que se pode compreender que toda representação da linguagem possa – e também deva – levar em consideração separadamente cada um dos elementos concernidos por um determinado fenômeno. Ora, sabe-se que não se trata, nesse caso, de método, mas, sim, de propriedades materiais supostas na linguagem.

Entre as restrições que um dispositivo deve se impor existem algumas que devem ser mencionadas especialmente. Uma vez que o próprio de qualquer dispositivo é propor uma representação lá onde a observação é impossível, pode ocorrer – e isso ocorre com bastante frequência – que essa representação não se limite a repetir a configuração diretamente observada. Em linguística, esse procedimento foi tematizado explicitamente pela distinção entre estrutura de superfície e estrutura profunda e pela hipótese das transformações, que permitem religar (não logicamente, mas materialmente) uma representação de dispositivo eventualmente muito diferente ao que é diretamente observado. De resto, ainda que a linguística (e, notadamente, a linguística de Cambridge) seja, aqui, mais sistemática do que outras ciências, observações análogas valem para todos os tipos de dispositivo.

Pode-se considerar que toda teoria que admite os dispositivos admite também distorções entre o que é observável e o que é postulado (seja por qualquer razão) pelo dispositivo. Ela admite, por conseguinte, um itinerário que passa do dispositivo não observado ao observável. É aí que as restrições desempenham um papel essencial: já que o dispositivo não se assemelha inteiramente ao que é observado, é preciso, portanto, que o itinerário postulado encontre modificações: elementos que se acrescentam, que desapareçam, que se deslocam. Das duas, uma: ou tudo é possível ou restrições limitam as modificações lícitas.

É assim que a teoria das transformações teve de severamente limitar os apagamentos: nessa teoria, supõe-se que nada é apagado sem que se possa recuperá-lo a partir da superfície; do mesmo modo, nada é deslocado sem deixar vestígio. Essa restrição é, de fato, análoga ao "nada se cria, nada se perde"; ela quer dizer que, dada uma estrutura observada, a teoria não tem os meios de reconstruir o que ela deseja para explicar essa estrutura. Ela não tem os meios de restituir, simplesmente porque isso a organizaria, um elemento abstrato, do qual acrescentaria, em seguida, que ele pura e simplesmente desapareceu, ou que ele mudou de lugar etc. Sua comodidade não é a única regra. Uma vez mais, convém tomar cuidado: essas restrições têm uma consequência metodológica, visto que tendem a eliminar a fantasmagoria; entretanto, tomadas em si mesmas, elas supostamente constituem propriedades materiais das línguas.

3.5.2 A teleologia insidiosa

Já que o dispositivo deve explicar os dados, estes são, ao mesmo tempo, sua base e seu produto. Não convém, no entanto, que os detalhes do dispositivo sejam organizados *em vista* dos dados: a relação dos dados com o dispositivo deve ser global e não deve se estabelecer ponto por ponto. Caso contrário, o dispositivo não é mais do que uma repetição tautológica dos dados, e seu conteúdo de conhecimento é nulo. Disso decorre um princípio: admitida a epistemologia do dispositivo, quanto mais a relação com os dados for antiteleológica, mais valorizado será um dispositivo. Por conseguinte, cada detalhe do dispositivo deverá ser maximamente independente da configuração observável dos dados. E isso justamente porque o dispositivo deve dar conta, de maneira detalhada, dessa configuração observável.

Em suma, um dispositivo detalhado será mais valorizado quanto mais, em seus detalhes, se parecer menos com os dados que, no entanto, ele permite descrever exaustivamente.

Ora, esse máximo de independência será assegurado de duas maneiras: por um lado, se as repartições internas do dispositivo não corresponderem sempre diretamente às repartições observáveis dos dados; e, por outro lado, se o dispositivo funcionar às cegas, na total ignorância do resultado. Dito de outro modo, uma vez que os dados observáveis – em qualquer que seja o domínio – sempre se deixam classificar (sabe-se que a atividade classificatória é, por definição, "primitiva"; ela é, em todo caso, tão antiga quanto a própria linguagem, visto que esta última a supõe), um dispositivo será menos interessante quanto mais sua organização interna refletir diretamente as taxonomias que se obtém por observação direta. Reciprocamente, um dispositivo será mais interessante quanto mais permitir obter as taxonomias observáveis a partir de uma organização interna que não se assemelha a elas de modo algum[61].

Quanto ao caráter cego do funcionamento, isso é uma consequência intrínseca da epistemologia do dispositivo; não é objeto de uma escolha independente. Compreende-se, então, por que os dispositivos importantes, na história das ciências, são todos antiteleológicos e por que, reciprocamente, os dispositivos teleológicos são pouco eficazes[62].

---

61. Ocorre também que as taxonomias intuitivas devam ser modificadas e que a ciência as subverta. Mas isso já é outra questão.

62. O neodarwinismo é interessante em relação a essa questão. De alguns pontos de vista, trata-se de um dispositivo que permite tratar o que se observa como multiplicidade das espécies. Seu objeto está, portanto, intrinsecamente ligado a uma taxonomia. Entretanto, a força do dispositivo é que a seleção natural é cega e não sabe absolutamente nada do efeito "taxonômico" que opera; além disso, as unidades do dispositivo biológico de seleção são os genes; no entanto, a taxonomia não vê os genes, não mais, ao menos, do que a concorrência vital. Como destaca Gould, uma e outra só veem os corpos, que são somente os efeitos da configuração tipográfica dos genes. Embora o dispositivo biológico tenha muito a fazer com a taxonomia e precise torná-la, de fato, o seu verdadeiro fundamento, ele não a toma como finalidade.

De fato, os dois riscos se combinam. Se, na verdade, o dispositivo não for restringido por ele mesmo, a única restrição que encontrará será a dos dados observáveis; estes serão, desde então, seu único princípio regulador, e se encontrará a relação de reflexo biunívoco que se descrevia no momento. Do mesmo modo, se o dispositivo não for suficientemente cego, não se deixará que ele invente um tipo de conhecimento secreto que o orientará, como por magia, em direção ao resultado desejado e que contribuirá para organizá-lo no modelo dos próprios dados. Nas ciências da natureza, é verdade que as restrições das ferramentas vêm, seguidamente, substituir uma teoria insuficiente das restrições do dispositivo: mesmo que a teoria não tenha se dado uma doutrina suficientemente precisa das restrições materiais que ela impõe a um dispositivo lícito, ela deve, entretanto, permanecer nos limites da experiência possível e, nas ciências comuns, esses limites coincidem com os limites da experimentação possível. O resultado será, com frequência, intelectualmente medíocre; apesar disso, ele poderá se revelar empiricamente fecundo. Em linguística, ao contrário, essa restrição das ferramentas não existe; a insuficiência das restrições internas, de um lado, e a teleologia insidiosa, de outro, configuram, aí, consequentemente, riscos maiores.

Em linguística, o tema do funcionamento cego é recorrente; compreende-se, agora, o motivo disso. Se as leis fonéticas supostamente funcionam de maneira cega é porque a gramática comparada adotou a epistemologia do dispositivo. Se as transformações supostamente funcionam de maneira automática (daí a comparação parcialmente enganosa com as máquinas) é pela mesma razão.

Seja como for, esse tema, totalmente explicável, não é, de modo algum, suficiente. A teleologia retorna de maneira insidiosa, de modo que teorias que apregoam explicitamente a epistemologia do dispositivo e o tema da antiteleologia se encontram em relação de reflexo tautológico com seus dados.

Consideremos, assim, a primeira forma da teoria transformacional. Ela se caracteriza por uma tentativa constante de fazer corresponder uma transformação especializada a uma classe linguística de fenômenos: falaremos, então, de transformação passiva ou de transformação causativa etc. Essa terminologia é notável; ela associa, por um lado, uma noção puramente teórica, a *transformação*, e, por outro, uma noção puramente descritiva: passiva, causativa. Ela corresponde a colocar em correspondência – o que é supostamente desejável – a classificação entomológica dos fenômenos de língua (é nessa classificação que as noções de passiva e de causativa adquirem sentido) e a tipologia abstrata das regras possíveis. No limite, a correspondência deverá ser biunívoca: a um determinado fenômeno corresponde uma regra e apenas uma; a uma determinada regra corresponde uma classe de fenômenos e apenas uma.

Vemos que essa correspondência se manifesta pela especialização das regras e por sua multiplicação: uma vez que os dados de língua são, estruturalmente, muito denteados, é preciso muitas regras transformacionais especiais. Consequentemente, é preciso muitos caracteres identificadores de uma determinada regra.

O programa de pesquisa da teoria transformacional se torna, então:

(I) Será valorizada toda definição de uma regra transformacional específica.

(II) Será valorizada toda determinação de um fenômeno linguístico específico.

(III) Será valorizada toda definição de um novo caractere identificador que permite distinguir uma transformação da outra.

Ora, essa apresentação – que, convém repetir, domina implicitamente a primeira versão da linguística transformacional – não é nada mais do que uma teleologia insidiosa: ela retorna para modelar a teoria abstrata das transformações sobre a configuração dos dados. A última palavra de todas as coisas é a descrição gramatical; e o dispositivo transformacional é, a cada instante, determinado por uma finalidade: dar uma forma matematizada às descrições linguísticas, sem, entretanto, mudá-las em seu conteúdo. A partir daí, não há outro conteúdo de conhecimento, acrescido às descrições gramaticais mais usuais, a não ser este: a demonstração prática de que elas podem ser formalizadas em estilo lógico-matemático (é, de fato, o interesse e o limite da primeira obra de Chomsky: *The Logical Structure of the Linguistic Theory*).

Compreende-se, então, a evolução do modelo; ela está de acordo com a pressão da epistemologia do dispositivo. Ela é o fruto de um triplo esforço:

(I) Eliminação dos caracteres identificadores das regras.

(II) Abolição da correspondência entre operação de dispositivo e classe natural de dados.

(III) Determinação das limitações internas.

O programa de pesquisa valorizará regras cada vez menos numerosas, cada vez menos especificadas e cada vez menos distinguidas. No limite, a teoria conterá somente uma única regra transformacional, que será suficiente para descrever tudo. O tipo crucial de dados terá a seguinte característica: mostrar que o mesmo fenômeno de língua se explica pela combinação de duas regras; mostrar que a mesma regra permite descrever dois fenômenos de língua diferentes. O primeiro exemplo é a Passiva: caso se possa mostrar que não há *uma* transformação Passiva, mas, sim, a combinação de duas operações sucessivas, teremos eliminado a noção de transformação especializada da Passiva. O segundo exemplo é fornecido pelas interrogativas e pelas relativas: caso se possa mostrar que a posição do relativo e a posição do interrogativo obedecem à mesma regra, enquanto a gramática tradicional deve distinguir absolutamente a classe das relativas e a classe das interrogativas, teremos suprimido a correspondência entre uma transformação e as classes tradicionais. No mais, tudo se combina, uma vez que, das duas operações necessárias à passiva, podemos mostrar que são simplesmente duas aplicações diferentes da mesma regra não especializada, não característica da passiva.

O que distingue as classes observáveis de dados umas das outras não são, portanto, as regras que permitem descrevê-las, mas são, preferencialmente, as condições que elas impõem a regras não especializadas. Da mesma maneira, diremos que não se deve falar de uma lei do calor distinta das leis que regem a energia e o trabalho mecânico; há somente conjuntos de dados sensíveis diferentes, onde a mesma lei, não especializada, se aplica igualmente. Por um movimento comparável ao da física, a teoria linguística se dispensará de multiplicar os caracteres identificadores das regras.

Poderíamos apresentar essa evolução usando a oposição clássica da compreensão e da extensão. Chamamos extensão de uma regra a classe dos fenômenos que ela descreve; chamamos compreensão de uma regra transformacional as características distintivas dessa regra, as características que fazem com que uma regra transformacional seja distinta de uma outra. Toda teoria das transformações fornece tais características. Pode-se, então, afirmar que, em sua primeira forma, a teoria transformacional definia regras de extensão mínima e de compreensão máxima. Por conseguinte, as características distintivas deviam ser multiplicadas; desse modo, a teoria distinguia entre transformações de movimento, de apagamento, de adjunção, entre transformações cíclicas e não cíclicas; definia, entre elas, uma ordem extrínseca, de modo que duas regras totalmente parecidas, por suas propriedades, pudessem, entretanto, se distinguir unicamente por seu número de ordem etc.; como se podia esperar, uma gramática completa parecia, desde então, contar com numerosas regras distintas.

No decorrer de sua evolução, o programa foi totalmente invertido: a teoria tendeu a definir regras de extensão máxima e de compreensão mínima. Ao mesmo tempo, o número dos predicados distintivos tendeu a diminuir. Até que a teoria chega ao ponto de só reconhecer um único tipo de transformação: "deslocar X", sem qualquer outra precisão. Ou seja, uma extensão muito vasta e uma compreensão muito pobre[63]. A teoria transformacional passa a repousar apenas, então, sobre essa única regra que se pode chamar de transformação geral. No mais, precisar a natureza formal da operação como deslocamento é ainda dizer muito: uma vez que só há

---

63. Além disso, a teoria foi levada a colocar em dúvida a própria existência dessa transformação única e geral. Porém por outras razões.

uma única operação disponível, basta dizer: "operar sobre X", e a gramática saberá, de qualquer maneira, que se trata de um deslocamento.

A situação metodológica é, então, curiosa. Não haveria, no fim das contas, uma contradição entre a exigência do caráter detalhado que caracteriza todo dispositivo e a exigência antiteleológica? Essa contradição, certamente, não é de doutrina, já que nada impede que o detalhe do dispositivo revele não ser possível se sobrepor ao detalhe da classificação intuitiva. Entretanto, se este for o caso, qual seria a justificativa do detalhe de dispositivo? Um dispositivo muito detalhado, mas cujo detalhe não seria modelado sobre a configuração dos dados, não correria o risco da fantasmagoria? Ele não deveria ser submetido ao princípio de Occam? A partir desse próprio fato, não seria, pouco a pouco, sempre reduzido a um dispositivo pobre e global? Em resumo, a evolução do dispositivo de Cambridge poderia, é claro, ser típica: o dispositivo só teria duas possibilidades: ou ser detalhado, mas correndo o risco, então, de ser construído em vista dos dados observáveis e de repeti-los tautologicamente; ou não ser finalizado, mas correndo o risco, então, de se esvaziar do detalhe. Se essa alternativa for inevitável, então, o destino de qualquer dispositivo antiteleológico é se conformar, no fim das contas, ao princípio pascaliano: não construir a máquina em detalhe.

A ciência da linguagem e as outras ciências

1 O HORIZONTE ENCICLOPÉDICO

Se a ciência da linguagem pretende existir como ciência galileana, ela não pode evitar a questão de sua relação com outras ciências galileanas. De modo geral, estas dependem, sabe-se, de um mesmo gesto: aquele que determina a ciência em geral como possível e que define o moderno como tal; desse ponto, todas as ciências parecem, portanto, articuláveis umas com as outras. Em suma, tudo o que se apresenta como ciência coloca, explícita ou implicitamente, a questão da ciência articulada em uma enciclopédia. Que a enciclopédia seja um ponto ideal ou que deva ser constituída positivamente, isso, no fundo, pouco importa.

No entanto, levando em conta a organização sociológica das ciências – isto é, de fato, atualmente, a organização das universidades –, essa questão, estruturalmente necessária, fica sobrecarregada por oposições das quais se diz muito facilmente que são radicais, enquanto sua natureza exata deveria levantar as mais sérias dúvidas. Pelo lado das próprias ciências, a oposição mais notória separa as ciências duras e as outras, chamadas, conforme a polidez, ciências moles (ou ciências humanas, ciências sociais etc.). Pelo lado dos objetos, a oposição natureza/cultura – com suas múltiplas variantes – faz com que certos objetos formem um reino distinto e convoquem um tratamento particular, que poderá sempre ser batizado de ciência, mas em um sentido totalmente diferente das ciências da natureza.

1.1 *Duro*, oriundo da oposição bastante conhecida em inglês americano entre o *hard* e o *soft*, designa essa combinação em que intervêm, por um lado, o rigor formal da matemática (sob a forma privilegiada da quantificação) e, por outro lado, a materialidade das ferramentas de experimentação e de medida (*hardware*). Por contraste, fala-se das ciências moles para designar as disciplinas que, ao se proclamarem como ciência, não podem exibir uma combinação semelhante: seja porque a matematização não desempenha nelas nenhum papel imediatamente aparente, seja porque as ferramentas não tenham tanto peso ou, até mesmo, sejam inexistentes. A linguística, pela pouca importância que dá à quantificação e por sua ausência radical de ferramentas, seria, portanto, acima de tudo, uma ciência mole.

É evidente, entretanto, que se trata aqui somente de aparências e de convenções: em última análise, pode-se perguntar mesmo se não se trata apenas de uma observação jornalística sobre a repartição dos créditos: as ciências duras são aquelas que custam caro no que diz respeito aos meios materiais, as outras são aquelas que não custam caro. Na verdade, a oposição é puramente descritiva e institucional; é verdade que sua ausência de valor intelectual é justamente o que assenta sua dominação na opinião.

Entretanto, caso se permita deixar esse registro, facilmente se constataria que, entre as ditas ciências moles, há quem mereça mais o nome de ciências *rígidas*: sem *hardware*, por exemplo; mas, exatamente por essa razão, articuladas em modelos estritamente definidos e maximamente explícitos. A correlação é bastante clara. Justamente porque o *hardware* não dá, a elas, a falsa evidência de sua acumulação material, tais ciências se esforçam para reforçar a literalização de seus procedimentos. Fazendo isso, elas encontram seguidamente o caráter problemático da literalização como tal, o que as força a ter uma consciência mais viva das problemáticas e das escolhas. Quando, enfim, a literalização adequada se releva não poder tomar a forma simples da quantificação, então a exigência de rigidez epistemológica se torna maximizada: tendo escolhido um modelo literal de investigação empírica, segue-se até esgotar as possibilidades: na verdade, essa mecânica cega constitui a própria marca da matematização galileana, a única possível nesse caso.

A ciência da linguagem é o próprio tipo da ciência rígida; talvez mesmo ela seja a única hoje a merecer esse nome. Em todo caso, condenada, pela ausência de observatório, somente a conferir ao *hardware* um papel subalterno; fadada, pela natureza de seu objeto, a uma forma não quantificada da matematização, só pode (salvo para consentir ao falatório) se impor modelos literais que fará funcionar com a maior rigidez possível. Compreende-se bem, entretanto, que essa rigidez necessária somente funciona adequadamente ao preço de uma fluidez: convém estar pronto para abandonar qualquer modelo, no momento em que a literalização que ele permite se revele empiricamente inadequada. Consequentemente, a história da ciência da linguagem será também a história de modelos abandonados, retomados, modificados e abandonados novamente; as variações da Escola de Cambridge, das quais certos detratores zombaram abertamente, não têm, portanto, nada de escandaloso; a legitimidade dessas variações vem da própria natureza da ciência da linguagem. Isso não envolve em nada, evidentemente, a questão de saber se, no detalhe, esta ou aquela variação é teórica ou empiricamente interessante.

Vale a pena, talvez, lembrar que a rigidez que está em questão aqui não se confunde com o rigor. Sem dar à palavra *rigoroso* o sentido particular que Husserl lhe deu e se detendo no sentido mais ordinário dessa palavra, pode-se assegurar que existem ciências rígidas não rigorosas: nesse caso, sua rigidez não é nada mais nada menos do que uma ortodoxia de partido. Isso não exclui o fato de que haja ciências ao mesmo tempo rígidas e rigorosas: a ciência da linguagem pode ser desse gênero. Eis o que irá chocar certos representantes das ciências duras, frequentemente prontos para assimilar tudo o que não é uma massa de material de medida com o que pertence à cartomancia. Com a diferença, no entanto, de que, seguidamente, eles consultam as cartomantes, enquanto ignoram tudo o que, fora das ferramentas pesadas, impõe um dever de rigor e de honestidade intelectual. A seus olhos, Marx ou Freud ou Taine ou Saussure (não citamos contemporâneos) não valem muito mais do que Madame de Thèbes; de fato, valem, antes, menos, porque, não tendo renunciado a usar a razão a propósito dos objetos não quantificáveis, eles são culpados de pretensão. Reciprocamente, certos representantes das ciências rígidas se apressam em considerar que seus discursos não dependem da ciência moderna; não será, então, por humildade, mas por orgulho: história, filologia, filosofia, humanidades podem, ao sabor das circunstâncias, oferecer referências. Outros têm, para a doutrina, duas fontes: há, dizem eles, dois modos de cientificidade, igualmente dignos, mas distintos. É o que, como vimos, implica o nome *ciências humanas*: são ciências, não são ciências no mesmo sentido que as outras. A dificuldade é, evidentemente, construir uma definição do gênero próximo: a ciência que valeria, com suas diferenças específicas, tanto para um quanto para outro domínio. Ora, os esforços nesse sentido não foram muito coroados de êxito, uma vez que o gênero próximo se revelava seguidamente vazio[1]. É sabido que temos aqui a posição unificante[2]: se a palavra *ciência*

---

1. Um dos exemplos mais representativos: o esforço que consiste em definir a ciência de tal maneira que o marxismo e as ciências duras possam ser chamados de ciências, no mesmo sentido e do mesmo ponto de vista. Esse esforço – que começa com Engels – sempre se encontrou dependente das epistemologias reinantes, que fornecem os elementos da definição utilizada da ciência; como essas definições mudaram no ritmo aproximadamente regular de uma epistemologia a cada cinquenta anos, como, além disso, convém fazer intervir atrasos devidos ao que se pode chamar de viscosidade da opinião e como, enfim, esses fenômenos de atraso seguidamente têm uma amplitude quase igual a cinquenta anos, o contratempo é praticamente inevitável. De resto, o que é verdadeiro no marxismo não é menos em outros discursos menos políticos: a psicanálise oferece um espetáculo quase tão risível, e, da mesma forma, a vulgata linguística.

2. É a única interpretação exata que poderíamos dar do projeto de Freud. Esse projeto foi profundamente adulterado pela geração posterior e singularmente pela psicanálise de língua inglesa, quer mantenha a lógica da ciência unificada quer a substitua pela lógica das duas ciências. Nos dois casos, ela se desvirtuou, ao dar, para a ciência, uma definição extremamente pobre: é ciência, na física e na psicanálise, o que – ao mesmo tempo em que

tem um sentido a propósito da linguagem, então, ela tem o mesmo sentido que na física ou na biologia. Todavia, esse sentido não é, de forma alguma, aquele que se imagina frequentemente; consiste somente na combinação de duas características: a literalização, de um lado, a empiricidade, de outro. Sabemos desde já em que sentido a ciência da linguagem responde a esses critérios e em que sentido pode ser chamada de ciência galileana.

1.2 Seria, por essa razão, contudo, uma ciência da natureza? Para responder a essa questão seria preciso saber melhor o que se entende por natureza. Ora, a questão não é trivial.

Acima de tudo, admitindo que as ciências galileanas tratam de objetos espaçotemporais, é possível sustentar o que segue: na condição de que são analisáveis por uma ou várias ciências, esses objetos se compõem, uns com os outros, de uma *natureza*; reciprocamente, a natureza nada mais é do que a integralidade dos objetos das ciências galileanas.

Nesse sentido, toda ciência galileana é ciência da natureza; suponhamos, por exemplo, que exista uma ciência empírica e literal dos sistemas de parentesco. Um sistema de parentesco particular certamente não dependerá mais da natureza do que o motor a explosão, mas, sim, do conjunto das leis – supondo, evidentemente, que elas existam – que distinguem um sistema de parentesco possível de um impossível ou, em um determinado sistema de parentesco, uma regra componível com outras regras de uma regra incomponível. Por que não considerar que constitui uma natureza, da mesma forma que as leis que tornam possível o motor a explosão? Da mesma maneira, a afirmação "a ciência da linguagem existe como ciência"

---

não se afasta muito nem do senso comum nem dos manuais de vulgarização – pode receber uma representação espacial simples. O resultado é desastroso. Uma outra versão do pós-freudismo consiste, aí ainda, em renunciar ao programa da Ciência Una, mas em proveito das Humanidades: é a versão de Reik, infinitamente mais digna e fecunda, mas tão afastada de Freud quanto a precedente. Lacan foi o encarregado de retomar o programa da Ciência Una através de uma releitura da ciência a partir de Koyré.

levará à afirmação "a linguagem pertence à natureza", e bastará ter estabelecido a primeira para que a segunda se coloque.

Evidentemente, essa decisão é puramente terminológica, isso porque a dicotomia natureza/cultura, em larga medida, também é. De fato, existem dois conceitos de natureza; este que acabamos de resumir é perfeitamente claro e fundamentado, mas é puramente estrutural, pois não descreve nada. O outro conceito é descritivo; opõe o que é da mão do homem ao que não é da mão do homem. Evidentemente, é essa noção que se tem em mente quando se fala das ciências da natureza. Através dessa noção, cada um pode acreditar apreender alguma coisa com clareza; no entanto, não é claro. De bom grado, seria possível dizer que ela repousa somente em uma teologia dissimulada; assim, diremos que depende da natureza o que não depende do homem.

Ora, com dicotomias tão simples, a ciência nada pode fazer; compete a outros, melhor munidos, examinar sua estrutura, expor sua falsa evidência, determinar seus pressupostos: sabe-se que a obra de Foucault é decisiva nesse sentido. Portanto, permaneceu-se aqui na noção estrutural, que é apenas uma variante da noção da própria ciência. Desde então, ficará para as preferências de estilo o cuidado em escolher entre a adoção ou a rejeição das proposições: "a linguagem pertence ao reino da natureza", "existe uma natureza da linguagem", "a ciência da linguagem é uma ciência da natureza" etc.

1.3 Admitida essa decisão agnóstica, questões não terminológicas permanecem; é possível resumi-las em duas:
• Reagrupa-se certos objetos sob o nome de cultura; que, no lugar do nome de cultura, se prefira ou não os nomes de história ou de sociedade etc., que esse reagrupamento tenha um fundamento racional ou não, será preciso saber se o método da ciência da linguagem tem a menor semelhança com o método das disciplinas que supostamente tratam da história ou da sociedade.
• Que se fale de natureza ou não, e em qualquer sentido que se fale, a linguagem existe em certos seres vivos; será preciso saber se é possível

descobrir nela um substrato orgânico e se a ciência da linguagem mantém uma relação com as ciências dos seres vivos.

2 A CIÊNCIA DA LINGUAGEM E A CULTURA

A relação eventual entre a ciência da linguagem e as disciplinas da cultura (ou da história ou da sociedade) depende evidentemente da relação que a linguagem mantém com os fenômenos culturais (ou históricos ou sociais). Basta dizer que a reflexão se encobre rapidamente, aqui, de investimentos sentimentais. Parece, entretanto, que se pode reduzi-la a uma forma racional; parece, então, que a questão pertinente diz respeito a certas relações de causalidade.

2.1 Qual seria, de fato, a doutrina corrente no senso comum? Ela encadeia as seguintes afirmações: há acontecimentos históricos e acontecimentos sociais. Há, paralelamente, uma causalidade histórica: todo acontecimento histórico é efeito de um acontecimento histórico e causa de outro acontecimento histórico; há, do mesmo modo, uma causalidade social: todo acontecimento social é efeito de um acontecimento social e causa de outro acontecimento social. Como essa causalidade poderia ser pensada? Em um ou outro caso, também é uma questão não trivial: sabe-se que grandes espíritos sustentaram que justamente ela pode ser pensada e que, por essa razão, a causalidade não existe, ao menos nesses domínios. Sabe-se, por outro lado, que aqueles que acreditam nessas causalidades admitem também uma definição muito ampla do acontecimento histórico ou social: todo acontecimento é histórico (*resp.* social) enquanto não é estritamente redutível a mecanismos naturais. Ora, os dados de língua (os exemplos) não são redutíveis a mecanismos naturais, portanto, são acontecimentos históricos (*resp.* sociais). Portanto, podem entrar em uma relação de causa e efeito com outros acontecimentos históricos (*resp.* sociais).

Para estabelecer a existência de uma relação de causa e efeito entre dois acontecimentos, o mais simples seria recorrer aos cânones de Stuart

Mill – quer se faça isso explicitamente ou não. E, para que a teoria tenha um conteúdo, é preciso, evidentemente, que ela se distinga do que a linguística pode propor. Porém, a linguística, como vimos, admite perfeitamente variações concomitantes entre dados de língua. Se, portanto, acreditamos em uma relação de causalidade orientada da história (ou da sociedade) para a língua, é preciso estabelecer variações concomitantes entre dados de língua, por um lado, e acontecimentos históricos (*resp.* sociais) que não sejam dados de língua, por outro.

A tarefa é, portanto, tripla: em primeiro lugar, é preciso reconhecer variações nos dados de língua. Serão variações diacrônicas (mudanças linguísticas) ou variações sincrônicas (diferenças de uso). Em segundo lugar, é preciso reconhecer variações na história ou na sociedade: na história, serão os clássicos acontecimentos históricos; na sociedade, serão, mais seguidamente, as divisões sociais e as eventuais modificações que a história aí provoca. Em terceiro lugar, é preciso estabelecer concomitâncias.

Combinando todos os cânones de Mill, deveremos idealmente chegar à tese causal plena: não somente A é concomitante com B, mas a substância particular de A determina a substância particular de B.

É verdade que, geralmente, as proposições conformadas a esse ideal mal escapam ao ridículo. Eis aqui, misturados, alguns exemplos:

- As desordens do Baixo-Império causam a desorganização da sintaxe latina e do sistema fonológico latino: tese corrente sobre o baixo latim (note-se a analogia do adjetivo *baixo*). Cf., entre outros: REINACH, S. *Grammaire latine*, cap. XIV. • "Observations sur la décadence de la langue latine". Paris: Delagrave, 1886, p. 330-352.
- A deterioração das condições socioeconômicas ocasionada pelas primeiras cruzadas e, notadamente, as deficiências nutricionais explicam o enfraquecimento das consoantes intervocálicas em francês no século XII. Cf. STRAKA, G. "L'Évolution phonétique du latin au français sous l'effet de l'énergie et de la faiblesse articulatoires". In: *Les Sons et les Mots*. Paris: Klincksieck, 1979, p. 213-294.

• O *ethos* burguês da distinção explica a complexidade dos paradigmas sintáticos em francês; cf. as diversas publicações da Escola de Bourdieu.
• A indistinção lamentável da sociedade moderna explica o desaparecimento das distinções sintáticas ou fonológicas: tese neotocquevilliana de direita, totalmente semelhante à precedente, bastante difundida entre os amantes da bela linguagem.
• A indistinção desejável da sociedade futura ocasionará o desaparecimento das distinções sintáticas ou fonológicas que não servem para a comunicação (i. é, no fim das contas, para a produção): tese neostakhanovista de esquerda (semelhante, uma vez mais, à precedente), bastante difundida no semimundo da educação.

De fato, pode-se afirmar que isso que parece evidente para tantas pessoas – a saber, a conexão causal entre o que não é da língua e o que é da língua – não está apoiado em nenhum exemplo claro e incontestável. Não vamos muito além de uma simples plausibilidade de opinião[3] e, mesmo quando se ultrapassa a constatação de uma simples coincidência, nunca se

---

3. As causalidades inversas, em que um dado de língua causa o que não é da língua, não são mais evidentes. Assim, sustenta-se seguidamente na sequência de Humboldt, de Whorf e de um grande número de outros pesquisadores, que as repartições e distinções lexicais e sintáticas próprias a uma língua determinam as representações imaginárias dos sujeitos que falam essa língua. Para ser estabelecida, uma tal tese deve ser tomada com rigor; ela supõe duas proposições: – As distinções de língua não devem nada às representações imaginárias; elas são determinadas unicamente pelas leis da língua. – As representações imaginárias não podem ter outra fonte a não ser as distinções de língua. Essas duas proposições são independentes; ora, se ambas não são estabelecidas, então, não se ultrapassa a constatação de uma *analogia* de repartição entre língua e representações, sem que se possa concluir em qual sentido funciona a causalidade nem mesmo se há conexão causal. Ora, parece bem que a proposição (I) não seja sempre verdadeira, notadamente, se saímos do léxico propriamente dito, para nos interessarmos pela sintaxe (cf. MILNER, J.-C. *Introduction à un traitement du Passif*. Paris: Paris-VII, 1986 [Col. Era 642]). A proposição (II) não é evidentemente falsa, mas tampouco é evidentemente verdadeira. Não se confundirá evidentemente a tese whorfiana absoluta com a tese infinitamente mais fraca: ocorre que as representações dos sujeitos são afetadas pelas distinções de língua. Os exemplos disso abundam, mas, evidentemente, a problemática não é a mesma.

chega a colocar em relação precisa os caracteres *particulares* de um dado de língua e os caracteres *particulares* de um dado social ou histórico[4].

2.2 Nós não deveríamos nos ater na refutação pelo riso. Questões sérias se colocam; antes de perguntar se isso que não é de língua pode ter efeitos sobre a língua, é preciso perguntar mais radicalmente: a relação de causalidade teria seu lugar na ciência da linguagem? E mais radicalmente ainda: quando se coloca essa questão, o que se entende por relação de causalidade?

Sabe-se que essa noção foi fortemente criticada, e é perfeitamente possível que ela não tenha seu lugar nas ciências. Se for assim, falar de causa e de efeito é, de início, se ater a noções de pura opinião. Que seja, mas poderia ser o caso que a ciência da linguagem não tenha aversão ao uso de tais noções, permitindo-se discursos vagos; nisso, ela somente estaria se juntando ao lote comum das ciências ditas humanas.

2.2.1 A noção usual de causalidade pressupõe a de acontecimento. Consequentemente, a formulação usual seria: "o acontecimento A é a causa do acontecimento B". Dito de outro modo, para que haja relação de causalidade entre dados, é preciso, primeiramente, que esses dados sejam considerados acontecimentos.

Assim se obtém a distinção trivial entre explicação e causa: não se dirá que a lei da queda dos corpos é a causa da queda dos corpos, porque a lei da queda dos corpos não é um acontecimento no mesmo sentido que um corpo que cai. Em contrapartida, se dirá que o choque de uma bola de

---

4. A palavra importante é *particular*. Por exemplo, é muito fácil dizer que, em Paris, os membros das camadas populares pronunciam o /r/ fazendo agir sua úvula, enquanto os membros das camadas burguesas o pronunciam fazendo agir o palato mole. Porém, não há nenhuma razão clara para que a repartição seja assim ao invés do contrário. Nenhuma teoria sociológica ou antropológica pode sustentar que a pobreza ou o trabalho manual (ou o que quer que seja dessa ordem) induza uma relação particular do sujeito falante com sua úvula. Quanto a sustentar, como se faz seguidamente, que a língua do povo é sempre menos rica em distinções do que a língua da classe ociosa, não é necessariamente dizer algo de falso, mas é dizer algo de tão vago que não se possa tirar nada disso. Cf. supra, cap. 1, § 5.3.

bilhar contra outra é a causa do deslocamento desta, ou que a erupção do Vesúvio é a causa da ruína de Pompeia, ou que o desemprego é a causa de uma greve: pouco importa que isso seja verdadeiro ou falso; teremos, desse modo, relacionado, a cada vez, dois termos de tipo eventual.

Sem dúvida, a epistemologia do dispositivo pode enredar as distinções, já que todo dispositivo é intrinsecamente causal; assim, enquanto admitimos a física de Newton e a interpretamos como dispositivo, a atração é uma força real, ainda que de substância desconhecida; pode-se dizer, então, que a força de atração é a causa deste ou daquele fenômeno. Porém, isso é uma pura e simples maneira de falar, uma vez que a relação posta é totalmente relativa à admissão ou à rejeição da física newtoniana. De resto, a observação poderia ser estendida a todos os dispositivos: justamente porque a relação de causalidade tem algumas chances de ser puramente imaginária, ela se revela estruturante para os dispositivos; nós nos lembramos, de fato, que sua encenação detalhada provém essencialmente da imaginação. Entretanto, a relação causal tratada aqui não deveria ser confundida com a relação causal *primária* que relaciona dados observáveis e que se supõe independente das teorias. Para simplificar, concordaremos em falar, no caso do dispositivo, de uma conexão causal *explicativa*.

2.2.2 Segunda característica: entre o acontecimento A e o acontecimento B, A sendo causa de B, não há necessariamente homogeneidade de natureza. Podemos mesmo dizer que, nos discursos que fazem uso da noção de causa, a heterogeneidade da causa e do efeito acrescenta o valor "empírico" da conexão. Reciprocamente, quanto mais a causa e o efeito são homogêneos, menos o fato de relacioná-los tem interesse.

Essa segunda característica é uma variante particularmente importante desse *topos* de heterogeneidade: a *sobredeterminação*, ou seja, o fato de que vários acontecimentos, heterogêneos entre si, concorrem para produzir um efeito, ele próprio heterogêneo a cada um dos acontecimentos-causas.

O discurso dos historiadores apresenta vários exemplos. Sabe-se o que é preciso pensar de uma história que requereria que os fenômenos econômicos só tivessem explicações econômicas, ou que os fenômenos políticos só tivessem explicações políticas etc. Poderíamos, de fato, caracterizar a causalidade dos historiadores e, mais geralmente, a causalidade das ciências ditas humanas por essa "mistura" e heterogeneidade sistemáticas que eles se permitem.

2.3 Em todos os pontos essenciais, a linguística se separa dessa doutrina corrente (e amplamente implícita) da causa.

2.3.1 Nós dissemos que o exemplo linguístico não tem a estrutura do acontecimento (cf. cap. 2, § 2.1.3)[5]: não somente porque, como ocorre em toda ciência galileana, o dado referente ao acontecimento é, na realidade, uma classe de acontecimentos repetíveis ao infinito – e, de fato, o exemplo tem precisamente essa característica –, mas também, mais radicalmente, porque o possível e o impossível de língua não recobrem exatamente o possível e o impossível dos acontecimentos.

Nessas condições, deveríamos esperar que a ciência da linguagem nunca raciocine em termos de causalidade primária e que a única conexão que ela se permita seja explicativa, ou seja, interna a seu dispositivo. Ora, essa predição se verifica: é impressionante constatar que a linguística sente falta de reconhecer, em seu objeto, alguma relação de causalidade *primária*: se efetivamente seus dados observáveis são os exemplos, jamais se dirá que um exemplo é a causa ou o efeito de um outro exemplo. Em geral, não há sentido em dizer que uma frase causa uma outra frase, que um fonema causa um lexema, que uma configuração sintática causa uma interpretação.

Ocorre, é verdade, que alguns recorrem à linguagem da causa: tal transformação de movimento será supostamente a causa da posição de um determinado agrupamento nominal (p. ex., do sujeito da passiva); a neutralização da oposição surdo/sonoro em final de palavra em alemão será

---

5. É evidente que *acontecimento* é tomado, aqui, no sentido mais raso. Ignora-se deliberadamente o que esse conceito tem de não trivial. Cf. BADIOU, A. *L'Être et l'événement*. Paris: Éd. du Seuil, 1988.

supostamente a causa da realização fonética [t] no fim do substantivo *Rad* etc. Porém, percebe-se que se trata aí, evidentemente, de uma causalidade *explicativa*, de uma causalidade *secundum quid*, relativa a uma teoria particular e, mais precisamente, a um dispositivo particular, e não a fenômenos supostamente independentes das teorias. Para acreditar nisso é preciso crer nas transformações em geral e é preciso crer na pertinência das transformações no caso particular da passiva; é preciso crer na doutrina da oposição pertinente da qual a neutralização é derivada.

Sendo interior a um dispositivo, e esse dispositivo apenas se referindo, por definição, ao objeto da teoria, há somente relação de causalidade explicativa entre elementos de dispositivo. No mais, isso é verdadeiro de maneira geral: uma teoria, supostamente, somente explica um acontecimento caso possa propor, através de seus meios internos, os termos próprios (conceito, princípio etc.) à explicação do acontecimento. Quer se trate de química, de física, ou de qualquer outra teoria empírica, a causalidade explicativa obedece a essa restrição. No caso da linguística, a situação se especifica assim: o objeto sendo as línguas, a epistemologia sendo a do dispositivo, o dispositivo sendo a linguagem, somente se pode explicar um dado de língua permanecendo no interior do dispositivo *linguagem*. Em termos menos precisos:

Somente um dado de língua pode explicar um dado de língua.

Sabe-se que a linguística mantém esse princípio; sabe-se, também, que muitos representantes das ciências humanas a criticaram justamente por essa razão. Teriam, eles próprios, se interrogado suficientemente sobre a relação de causalidade primária e sobre seu caráter amplamente imaginário?

2.3.2 O dispositivo da linguagem é caracterizado pela pluralidade de suas partes: para simplificar, ficaremos nas distinções tradicionais entre sintaxe, léxico, fonologia, semântica (cf. a versão integral deste livro, parte II, cap. 2). A conexão explicativa, sendo interna ao dispositivo, deve respeitar a disposição deste último.

É verdade que as doutrinas divergem sobre esse ponto. É uma questão importante saber se a fonologia depende total ou parcialmente da sintaxe, ou se a sintaxe depende total ou parcialmente da semântica, ou o inverso etc. Conforme as escolhas (e essas escolhas são, por natureza, empíricas), vamos admitir ou recusar que um dado de sintaxe possa explicar não somente um outro dado de sintaxe, mas também um dado de fonologia etc.[6] Admitido isso, a conexão explicativa na ciência da linguagem conserva, seja qual for a situação, características comuns.

De um lado, a teoria dará sempre primazia para as relações homogêneas: não somente explicar um dado de língua por um dado de língua, mas também explicar um dado de fonologia por outro dado de fonologia, um dado de sintaxe por outro dado de sintaxe, um dado lexical por outro dado lexical etc. De outro lado, a teoria buscará sempre limitar estritamente em número os termos conectados: idealmente, ela preferirá as conexões *one-one*. Que um dado linguístico imediato seja, sim, um misto. Apesar disso, é sempre possível analisá-lo e relacioná-lo, assim, com entidades distintas de dispositivo; feito isso e uma vez que a conexão explicativa diz respeito, de qualquer maneira, apenas a entidades de dispositivo, uma determinada entidade será conectada, de modo explicativo, a uma outra e a apenas uma. Isso resulta, de fato, do princípio de clareza e de distinção que organiza tudo o que depende do dispositivo e, consequentemente, toda conexão explicativa. Veremos, assim, que a teoria das transformações se impõe somente afetar, por uma regra, um único termo ao mesmo tempo e que as diversas fonologias constroem proposições que somente dizem respeito a um único traço ao mesmo tempo etc.[7] É o que se pode denominar princípio da conexão mínima[8].

---

6. Não se tem exemplo claro em que a fonologia explique sincronicamente a sintaxe, ainda que tenham sido, às vezes, propostas tais conexões em diacronia.

7. Assim se explica a importância do elemento mínimo na linguística estrutural. Já que, idealmente, uma proposição da ciência pode conectar somente uma única entidade de dispositivo a uma única entidade de dispositivo, é essencial depreender átomos que, sozinhos, permitem garantir que não se deixou escapar uma conexão.

8. Dito de outro modo, não há lugar para a sobredeterminação em uma teoria linguística acabada.

A linguística dita histórica é notável nesse sentido. Como o nome já diz, ela se refere à história; isto é, a um discurso cujo objeto tem, por excelência, a estrutura do acontecimento, atestado por um documento. Porém, pode-se constatar, para o bem e para o mal, que a linguística histórica, nesse sentido, não tem nada de histórico[9]. Ela obteve seus maiores êxitos ao manter, de modo estrito, o caráter interno e mínimo da causalidade explicativa. A massa das "mudanças" linguísticas foi, incessantemente, dividida e subdividida até atingir *minima* da mudança, uma vez que o dispositivo final obedece ao princípio: a cada *minimum* de mudança, uma lei. Além disso, a teoria só admitiu, com cada vez mais reservas, os cruzamentos de conexão entre as partes separadas do dispositivo. Foi admitida somente, para explicar as formas fonéticas, a intervenção de leis estritamente fonéticas. Foi admitida somente, para explicar a sintaxe histórica, a intervenção de regularidades sintáticas. A explicação de uma mudança sintática por uma mudança fonológica ou morfológica pareceu cada vez mais suspeita, da mesma forma que a explicação de uma mudança fonética por uma mudança sintática[10]. Esse purismo se deve à influência do saussureanismo, que deu uma forma especialmente estrita à exigência da causalidade explicativa e eliminou, de modo absoluto, qualquer resíduo de causalidade primária[11]. Entretanto, ele permanece nas formas não estritamente saussureanas da ciência da linguagem.

2.4 Para concluir, a linguística – assim como todas as ciências empíricas – constrói conexões entre os dados, no caso, entre os exemplos. Porém, de maneira nenhuma essas conexões dependem da causalidade.

---

9. A não ser em um sentido muito pobre: o fato de que ela se interessa por coisas passadas, o fato de que pensa em termos cronológicos etc.

10. O desaparecimento das finais vocálicas em latim tardio (devido, ele próprio, aos efeitos do acento) será supostamente a causa da obrigação dos pronomes sujeitos em francês etc. Explicação corrente, mas falsa, ao que parece. Cf. FRANZEN, T. *Étude sur la syntaxe des pronons personnels sujets en ancien français*. Uppsala: Almqvist, 1939.

11. Uma das funções do conceito de arbitrário do signo é justamente eliminar a causalidade primária. Dizer, de fato, que a relação que articula as duas faces do signo, uma a outra, é arbitrária significa dizer que nenhuma é a causa ou o efeito da outra.

Ao fazer isso, a ciência da linguagem não faz talvez senão encontrar uma doutrina que se tornou corrente na filosofia das ciências ditas positivas. Pois a noção de causalidade foi, desde muito tempo, criticada. Desde Mach, Russell, Goodman, numerosos foram aqueles que examinaram a proposição: "o acontecimento A é a causa do acontecimento B". Não se trata de deformar a situação, mas de postular que se admite, geralmente, que essa proposição não tem seu lugar entre as proposições científicas. Se fosse assim, a ciência da linguagem teria diretamente chegado a uma conclusão que as ciências ditas duras só teriam alcançado ao término de uma longa reflexão. Poderíamos até mesmo sustentar que a ausência de observatório que a caracteriza deve torná-la mais exigente quanto às relações que julga lícitas: de modo que ela pode servir de revelador de necessidades às quais todas as ciências estão, na realidade, submetidas, mas sem ainda ter uma clara consciência disso.

Entretanto, a ciência linguística ocupa uma posição particular: de um lado, convém lembrar, ela é *scientia unica*. Por isso, ela é a única a tratar dos objetos dos quais trata; ao mesmo tempo, a conexão explicativa interna à linguística não atravessa nenhuma outra conexão explicativa proveniente de outras ciências. Por outro lado, mesmo supondo que a conexão causal primária só exista para a imaginação, o certo é que ela existe sob essa forma no conjunto dos processos observáveis e que ela surge aí para substituir, com uma evidência sensível (talvez enganosa), a causalidade explicativa, tal como uma ciência a constrói. Assim, a imaginação apreende o que a lei física é, baseando-se nas conexões causais primárias em que a realidade corrente consiste. No que diz respeito às línguas, em contrapartida, a ciência suspendeu qualquer analogia entre a teoria e as causalidades imaginadas (o som causa o sentido, o sentido causa o som, a hierarquia social causa a sintaxe, a sintaxe causa a divisão social etc.). Em suma, a imaginação não ajuda em nada a apreender o que quer que seja das conexões de língua; ao contrário, poderíamos verdadeiramente nos perguntar se existe uma experiência "bruta" da língua, análoga ao que é a sensação para os objetos físicos: parece que não.

É por isso que a ciência linguística parece específica em relação ao ponto da conexão explicativa e seu caráter estritamente interno.

2.5 Acabamos de concluir que a ciência da linguagem se separa radicalmente das "ciências" da cultura e se assemelha muito mais, na questão decisiva da causalidade e das conexões explicativas, às ciências galileanas reconhecidas. Uma objeção, entretanto: mesmo que seja verdadeiro que as ciências da cultura adotem seguidamente a linguagem da causa, elas não fazem isso sempre.

O exemplo da história é esclarecedor. Esta última raciocina seguidamente em termos de causalidade primária; quando faz isso, encontra necessariamente a possibilidade de que, entre a causa e o efeito, não haja nenhuma homogeneidade; ela encontra também a possibilidade de que várias causas, heterogêneas entre si, se combinem total ou parcialmente. Todavia, a história pode também recusar a causalidade: os historiadores variam nesse ponto, sem que, no entanto, eles recusem, uns aos outros, o título de historiador. Seguindo a lógica, é preciso, portanto, concluir que, tão importante ou mesmo tão decisiva que possa ser, a questão da causalidade não toca na essência da história (da "ciência" histórica). A fenda que separa a história (e, com ela, a maior parte das ciências ditas humanas) da ciência da linguagem estaria, no entanto, preenchida?

A renúncia à causalidade é um ponto em que os historiadores não deveriam variar: é preciso que, entre os seres que são objeto de seus discursos, alguma conexão seja possível[12]. É dessa conexão que a história é, ao mesmo tempo, a descrição e a teoria. Ora, um ponto essencial permanece: essa conexão não precisa respeitar o dispositivo; justamente porque não existe dispositivo da história. Por isso, a conexão histórica não conhece nenhum

---

12. Diversidades evidentemente subsistem: alguns acreditam em uma conexão total, de modo que, quaisquer que sejam dois objetos históricos x e y, haja necessariamente, entre eles, uma conexão; outros acreditam somente em conexões parciais. Não nos interessaremos por isso.

limite, nem no grau de heterogeneidade dos termos conectados nem no número dos termos conectados. Pode-se até mesmo propor que a conexão histórica seja considerada mais esclarecedora quanto mais os termos conectados forem heterogêneos um em relação ao outro. Em contrapartida, que um determinado ponto da conexão esteja conectado a um único outro ponto ou a uma multiplicidade de pontos, que esses pontos sejam multiplamente heterogêneos uns em relação aos outros, eis o que se vai reconhecer facilmente. Poderíamos dizer que o termo *intriga*, proposto por Paul Veyne, resume adequadamente essas diversas características formais: ausência de dispositivo, heterogeneidade e não minimalidade das conexões.

O domínio da história aparece, então, como um verdadeiro tecido de conexões. A causalidade somente é uma das versões possíveis da conexão de intriga entre acontecimentos; e a história pôde, às vezes, fazer uso dessa versão – mas nem sempre e não sem hesitações. Ao contrário, ela não pode não fazer uso da conexão de intriga. O que a ciência da linguagem rejeita, na verdade, não é, portanto, somente a interpretação causal da conexão de intriga, mas, sim, *toda* conexão de intriga: em resumo, a ciência da linguagem se deixa descrever como um discurso em que nenhuma intriga é pertinente. Isso não é verdadeiro no mesmo grau para nenhuma outra ciência positiva: sem dúvida, as ciências da natureza não se baseiam na conexão de intriga, mas as relações que elas propõem se deixam sempre reinterpretar, caso se queira falar assim, como intrigas. É, além disso, por esse motivo que a ficção científica é possível; e é o motivo pelo qual a vulgarização científica – inclusive em suas formas mais elevadas – pode ser lida facilmente: no fim das contas, alguém que seja habilidoso conseguirá sempre apresentar as relações construídas por uma determinada ciência como um encadeamento de acontecimentos, tão apaixonante quanto um romance.

Na linguística, nada semelhante ocorre: aí não existe intriga. Uma consequência secundária é que a vulgarização aí é malfeita; ou, pelo menos, ela não poderia tomar a forma de histórias em quadrinhos. E, quando ela se aventura em tais formas, acaba caindo na vulgaridade. Não há outra razão para o tédio que ela parece depreender seguidamente para o homem normalmente constituído[13]. Uma consequência mais importante: parece muito que toda conexão de intriga repousa sobre um critério de plausibilidade; porém, esse critério é eminentemente submetido à opinião. Sem dúvida, os grandes historiadores são capazes de modificar os limites do plausível e do implausível[14] – seja porque eles fazem com que se aceitem conexões que antes não imaginavam, seja porque manifestam o refinamento de conexões às quais todos, antes deles, acreditavam sem mesmo duvidar. Mas, para isso, é preciso que eles tornem incertos os critérios recebidos na *doxa*. Ora, o que deve ser observado é que, em matéria de linguagem, nenhuma plausibilidade de opinião intervém: o que se considera plausível ou não, nas conexões linguísticas, depende unicamente do que se sabe das línguas em geral; isto é, da própria ciência.

Tais observações têm um alcance mais geral. Afinal, a história não é a única disciplina a se basear na conexão de intriga. Pode-se até mesmo sustentar que o conjunto daquilo que se denomina uma cultura não é nada além do que um entrecruzamento de conexões de intrigas, do qual se depreende um sistema de medida do plausível. Na cultura dita ocidental, na qual se considera que a ciência galileana tenha nascido e se desenvolvido, um tal entrecruzamento existe: denomina-se Humanidades (termo ainda utilizado no sistema universitário anglo-saxão) ou cultura geral (termo

---

13. A linguística histórica não é exceção. Pelo que contém de história, ela se presta, é verdade, à conexão de intriga, mas justamente foi, então, deixado de lado ou foi classificado como auxiliar aquilo que ela contém de propriamente linguístico. *O vocabulário das instituições indo-europeias* de Benveniste (Paris: Éd. de Minuit, 1969) ilustra, de maneira impressionante, a tentativa – quase realizada e quase abortada – de uma reconciliação: mas a intriga cessa bruscamente no exato momento em que a imaginação passava a suscitar reações apaixonadas, e a demonstração linguística passa bem rápido sobre os pontos em que a razão seria mais vivamente solicitada.

14. Como as conexões dos historiadores articulam acontecimentos, os critérios de plausibilidade se dividem, em última análise, em dois tipos: plausibilidade de uma conexão no espaço (é o fundamento geográfico da ciência histórica) e plausibilidade de uma conexão no tempo (é o fundamento cronológico da mesma ciência).

usado na França antigamente). Compreende-se que as disciplinas que não têm por objeto as conexões de intriga não pertencem a esse entrecruzamento: é preciso mencionar aí, em primeiro lugar, as ciências ditas duras – senão na ocasião e graças aos esforços, por vezes, notáveis desses que convertem os dispositivos teóricos em conexões de intriga; é preciso também mencionar a ciência da linguagem: radicalmente refratária às conexões de intriga, ela também é – e justamente por essa razão – estranha às humanidades e à cultura geral. Ainda que, paradoxalmente, sejam essas últimas que, pelas vias da gramática, lhe fornecem seus dados e a maior parte de seus praticantes.

3 A CIÊNCIA DA LINGUAGEM E AS CIÊNCIAS DA NATUREZA

Uma vez que a ciência da linguagem se assemelha, em um ponto decisivo, às ciências galileanas reconhecidas, uma vez que ela se separa das disciplinas da cultura, seria, então, preciso concluir que ela pertence às ciências da natureza, assim como as definimos usualmente? Essa é, de fato, a posição da Escola de Cambridge, que se separa, nesse ponto, daquilo que havia se tornado uma espécie de doutrina obrigatória: a ciência da linguagem como ciência humana ou social. Ainda que somente fosse por essa razão, essa doutrina merece ser examinada. Mesmo que se demonstrasse que ela não tem mais conteúdo do que a vulgata conformista à qual se opõe, ela teria, pelo menos, o mérito de ter colocado o problema e de ter manifestado alguma audácia tentando resolvê-lo.

O raciocínio adotado é bastante claro. Para restituí-lo, basta indicar alguns pontos de peso:

• Para que a linguagem pertença ao reino da natureza, ela deveria somente ser a propriedade de uma espécie viva; a ciência que diz respeito à linguagem somente pode ser, portanto, um ramo da biologia, entendida, em sua definição mais geral, como ciência das propriedades distintivas dos seres vivos.

Ora, constata-se o seguinte: a biologia, nessa definição geral, é hoje inteiramente expressa sobre a base de um conjunto de hipóteses chamadas de neodarwinianas. A partir disso, o programa de pesquisa se torna preciso: se a linguagem pertence ao reino da natureza, então uma parte de suas propriedades deve poder se expressar em termos neodarwinianos.

• Em contrapartida, uma vez dado o conjunto dos seres vivos, reconhece-se aí, entre outras, uma distinção entre processos que implicam o pensamento e os demais; ora, a atividade de linguagem engaja, de uma maneira ou outra, o pensamento. Ou, para falar de maneira mais objetiva, ela supõe, de uma maneira ou outra, uma atividade psíquica (ou mental, ou intelectual etc.). A partir disso, a ciência da linguagem será abordada por qualquer programa de pesquisa que se proponha à construção de uma ciência galileana do pensamento: o que se chamará, sem engajamento particular, uma psicologia científica[15]. Ora, um programa desse tipo ganhou, na presente conjuntura, uma importância especial; nomeadamente, a "psicologia cognitiva". Em qualquer caso, a ciência da linguagem teria podido ser afetada pelo desenvolvimento de um tal programa. Ocorre ainda que certas proposições de linguística são organizadas, pelos defensores do cognitivismo, entre os mais fortes argumentos empíricos que podem propor em seu favor. Ora, as proposições pertinentes foram justamente apresentadas pela Escola de Cambridge. Como se pôde constatar em outras circunstâncias, uma relação de equilíbrio foi estabelecida: a Escola de Cambridge apoia seu programa no programa cognitivista, enquanto o programa cognitivista se apoia, ele próprio, em parte, nos supostos êxitos do programa de Cambridge.

---

15. Para determinar as relações da psicologia e da biologia, convém não se atrapalhar com as palavras; caso se defina a biologia como a ciência das propriedades não psíquicas dos seres vivos (definição estrita), então a psicologia científica não faz parte disso; nesse caso, a ciência da linguagem deverá combinar, ao mesmo tempo, proposições biológicas e proposições psicológicas; e restará denominar a ciência geral das propriedades (psíquicas e não psíquicas) dos seres vivos. Caso se defina a biologia como sendo essa ciência geral (definição ampla), então a psicologia científica faz parte disso; resta denominar a ciência particular das propriedades não psíquicas dos seres vivos.

Não é preciso examinar, aqui, a fundo, o que pertence à biologia ou ao programa cognitivista. A única questão que nos dirá respeito é a da ciência da linguagem: qual programa a Escola de Cambridge definiu para essa ciência ao integrar a linguagem à natureza (usando, para isso, o programa e a terminologia cognitivistas)? As hipóteses e as proposições que foram possíveis por tais decisões têm qual conteúdo de conhecimento potencial? Constataremos que nada é evidente nesse domínio: se, por acaso, ele revelasse que às palavras que articulam as proposições não se pode dar nenhuma significação clara, se ele revelasse que a relação de equilíbrio entre linguística e cognitivismo se reduz a uma circularidade, consequentemente nos encontraríamos dispensados de examinar se as proposições são válidas ou não: elas seriam, de fato, simplesmente anuladas.

3.1 A ciência da linguagem e o neodarwinismo

O programa neodarwiniano pode ser resumido em algumas proposições precisas:

(I) Há propriedades do indivíduo vivo que não são adquiridas pelo indivíduo, mas pela espécie à qual pertence. Dito de outro modo, a diferença indivíduo/espécie não diz respeito apenas aos níveis taxonômicos; a espécie não é apenas um meio de classificar conjuntamente os indivíduos que se assemelham; é também uma entidade que desempenha um papel positivo e específico.

(II) As propriedades da espécie são adquiridas pela espécie sobre a base da seleção natural.

(III) A seleção natural é definida como um processo cego de seleção das propriedades que aparecem nos indivíduos de maneira estritamente aleatória e por mutação brusca.

(IV) O princípio da seleção é a preservação da espécie, que é assegurada por intermédio da concorrência vital entre os indivíduos.

(V) As propriedades da espécie são inscritas em cada organismo individual, mas em um lugar de inscrição distinto das propriedades do indivíduo: genótipo/fenótipo, filogênese/ontogênese.

(VI) O lugar de inscrição das propriedades da espécie é o gene.

(VII) O gene é concebido como uma configuração no código genético: pode-se falar, nesse caso, a partir de Douglas Hofstadter, de uma concepção *tipográfica*. O programa de pesquisa consiste, portanto, em correlacionar uma determinada propriedade particular de uma espécie a uma determinada configuração tipográfica do texto genético. A ciência ainda não chegou a esse ponto; no entanto, seu propósito último está claramente definido.

A partir do momento em que se entende que a ciência da linguagem existe como ciência galileana, somos levados, quase invariavelmente, a supor que o conjunto das teses (I)-(VII) é pertinente para a linguagem. Isso não significa, entretanto, que se possa, a partir delas, formular um programa de pesquisa específico. O próprio da Escola de Cambridge é ter escolhido acreditar que um tal programa é, ao mesmo tempo, possível, necessário e suficiente para definir o objeto da ciência da linguagem. Ela fez essa escolha de maneira mais consequente do que qualquer outra e se empenhou em definir todos os elementos do programa. Algo precisa ser bem-entendido: é evidente que muitos autores trataram da linguagem em termos de biologia; e a maior parte deles não pertence, nem de perto nem de longe, à Escola de Cambridge[16]. Entretanto, deve ser mantida uma diferença entre aqueles que estudam a linguagem sob seu *aspecto* biológico e aqueles que,

---

16. Um momento importante desse estudo foi LENNEBERG, E.H. *Biological Foundations of Language*. Nova York: Wiley, 1967. Nota-se, além disso, que aí se encontra, em apêndice, o texto de Chomsky *The formal nature of language*: o entrecruzamento da abordagem biológica e da abordagem formal é característica do programa gerativista dessa época. E é evidente que, a partir de Lenneberg, a pesquisa progrediu. Cf., nesse sentido, a síntese proposta por Eccles em POPPER, K. & ECCLES, J.C. *The Self and Its Brain*. Springer-Verlag, 1977, II parte, cap. E.4. O público francês não pode ignorar as observações que Changeux emitiu a propósito da linguagem em *L'Homme neuronal*.

como Chomsky e seus discípulos, entendem a linguagem como um objeto *integralmente* sujeito à biologia. No primeiro caso, nenhuma definição da linguagem é engajada; e como, de fato, ninguém pode negar, seriamente, que exista, na linguagem – assim como em muitas outras realidades –, um aspecto biológico, a questão de fundo não é muito grande, a discussão somente pode dizer respeito à descrição dos dados pertinentes. A segunda abordagem é, de um outro modo, mais audaciosa.

Por outro lado, a ciência da linguagem é *scientia unica* e isso, talvez, porque a própria linguagem é *res unica*. É preciso, portanto, que o programa, que se pode chamar de neodarwiniano, ganhe formas particulares quando se trata da linguagem. De fato, ele foi desenvolvido por dois autores: por Chomsky, que – nem é necessário dizer – lhe conferiu uma autoridade sociológica particular; e também por Lorenz. Não que esse autor tenha enunciado teses decisivas sobre a linguagem (suas intervenções são pouco convincentes sobre esse assunto), mas, em seu esforço para ampliar o domínio dos objetos sujeitos à biologia, ele foi levado a definir noções e procedimentos sem os quais uma ciência neodarwiniana da linguagem não poderia dispor de uma base conceitual mínima.

Nesse sentido, sua importância não poderia ser subestimada. Assim, a Escola de Cambridge adotou a tese "a linguagem é um órgão"[17]; adotou também a tese "a linguagem é inata". Ora, sobre esses dois conceitos, Lorenz trouxe precisões decisivas; podemos dizer que, sem essas precisões, os conceitos de órgão e de inato não poderiam receber o menor sentido quando se trata da linguagem. Será conveniente, é claro, examinar o programa da Escola de Cambridge levando em conta essa dependência conceitual[18].

No decorrer desse exame, rapidamente se irá perceber que nenhuma das duas teses é trivial e que sua própria relação merece que a tornemos precisa.

---

17. Cf., p. ex., CHOMSKY. *Dialogues avec M. Ronat*. Paris: Flammarion, 1977, p. 98-103.
18. Chomsky cita pouco Lorenz. Cf., entretanto, *Le Langage et la Pensée*. Paris: Payot, 1970, p. 135-139. Isso pode provar que, de um ponto de vista histórico, a leitura de Lorenz teve pouca importância para Chomsky; isso não afeta a relação conceitual, a única de que tratamos aqui.

Elas são, evidentemente, articuladas. De fato, seguindo a ortodoxia neodarwiniana, a linguagem somente é um órgão caso seja inata. Todavia, o inverso não é verdadeiro: é perfeitamente possível sustentar que a linguagem é inata sem sustentar que seja um órgão. O que a noção de órgão acrescenta é, essencialmente, a seguinte especificidade: que a linguagem se distingue da memória ou da atenção ou da visão, assim como o fígado se distingue do coração. Independentemente, inclusive, daquilo que se terá eventualmente proposto, por outro lado, em relação à memória ou à atenção ou à visão, será conveniente, no mínimo, que se possa restituir traços inatos específicos que dizem respeito a toda a linguagem (a todas as línguas) e somente à linguagem. Ora, isso não é evidente: pode-se perfeitamente imaginar que as estruturas inatas que restituímos não sejam específicas da linguagem, caso em que a noção de órgão não deveria, de qualquer forma, valer.

Em suma, a proposição "a linguagem é um órgão" pode ser analisada em duas proposições conjuntas: por um lado, "a linguagem é inata"; por outro, "a linguagem é específica". Isso não quer dizer que, caso essas duas proposições sejam verdadeiras, a proposição "a linguagem é um órgão" é, necessariamente, verdadeira. Isso significa que a proposição "a linguagem é um órgão" somente tem sentido (somente é suscetível de ser verdadeira ou falsa) caso as duas outras sejam, ambas, verdadeiras. Suponhamos que esse seja o caso; suponhamos, além disso, que essas duas proposições ("a linguagem é inata" e "a linguagem é específica"), consideradas em si mesmas, proporcionem procedimentos experimentais precisos, então, poderemos considerar que a proposição "a linguagem é um órgão", mesmo sem estar estabelecida em si, pode servir de estenograma cômodo. É verdade que, então, sua utilidade não se impõe muito; e é verdade também que aqueles que defendem essa proposição lhe conferem um conteúdo mais rico. Se, no entanto, ela deve ser mais do que um estenograma, convém verificar o que ela vale em si mesma. É evidente que não se trata de saber se ela é verdadeira ou falsa. Uma proposição dessa natureza somente pode constituir uma hipótese, dada, sobretudo, a ausência de observatório que caracteriza a linguística. Será conveniente, portanto, somente medir sua fecundidade. Isso requer perguntar se ela pode ser colocada em relação com um programa de pesquisas empíricas que seria construído a partir dela. Se, por acaso, isso se revelasse impossível, seria necessário concluir que a palavra *órgão* aplicada à linguagem é, no melhor dos casos, um estenograma cômodo, e, no pior, um *flatus vocis* enganoso.

Em suma, convém examinar, de maneira autônoma, as três proposições: a linguagem é um órgão, a linguagem é inata, a linguagem é específica.

3.1.1 A noção de órgão mental

Se a linguagem é um órgão, as gramáticas constituem, em alguma medida, seus mecanismos característicos. A ciência linguística, na condição de ciência das gramáticas, pertence, por direito, às ciências que estudam os órgãos: a biologia (no sentido estrito do cap. 3, § 3), da qual depende a ciência dos órgãos somáticos e a psicologia, entendida como ciência dos órgãos mentais.

Pois, evidentemente, ainda que o órgão que está em jogo quando se fala da linguagem se assemelhe, maximamente, ao que denominamos usualmente um órgão; ele se distingue disso, entretanto, em um ponto: um órgão, no sentido usual dessa palavra, tem um suporte anatômico material no ser vivo; ora, se for verdadeiro que se pode determinar "centros da linguagem" no cérebro, é verdadeiro também que esses centros não se recompõem em um suporte extenso, espacialmente contínuo e solidário, claramente isolável pela anatomia. Desse ponto de vista, uma diferença permanece; para apreendê-la, falaremos de órgão *mental*, em oposição aos órgãos somáticos usuais. Do mesmo modo, falaremos de órgãos mentais a propósito da memória, da atenção, das diversas partes que compõem o sistema psíquico. Porém, é preciso dizer claramente que, em seu uso corrente, o termo *órgão* só se aplica aos órgãos somáticos. Falar de *órgão mental* é, portanto, uma extensão da noção.

Essa extensão pode ter dois tipos de justificativa; por um lado, a justificativa pode ser *analógica*: ao generalizar, para entidades não somáticas, uma noção que, de início, é somática, pode-se querer estender, ao mesmo tempo, os métodos que permitiram tratar dos órgãos somáticos. A proposição "a linguagem é um órgão" vale, então, pelas analogias que autoriza: em resumo, caso se considere que as asas são, nas aves, órgãos no sentido usual, constrói-se, a propósito das asas, uma série de proposições: "as asas têm certa função", "as asas têm um lugar na evolução" etc.; evidentemente, todo órgão somático dá origem a proposições desse gênero. Seguindo a analogia, poderemos e deveremos construir proposições de mesmo tipo a propósito da linguagem: a rigor, qualquer proposição científica concernente a um órgão somático permitirá a construção de um esquema de proposição, de onde resultará, por meio de algumas transposições e modificações, uma proposição concernente ao órgão mental em questão.

Por outro lado, a justificativa pode ser não somente analógica, mas também *identificatória*: ao estender a noção de órgão, mostra-se que a definição da noção de órgão era, até o presente, insuficiente; modificando-a, percebe-se que a linguagem, a memória etc., não são apenas comparáveis a órgãos (analogia), mas são também, verdadeiramente, órgãos (identificação). Isso supõe, evidentemente, que se tenha estabelecido uma definição de órgão: definição que só convém ao que se quer chamar de órgão e que convém a tudo o que se quer chamar órgão.

3.1.1.1 Para a justificativa analógica, o exame apresenta resultados curiosos. A característica da proposição "a linguagem é um órgão" é que ela, supostamente, tem grandes consequências epistemológicas: trata-se, por isso, de definir o *status* da ciência linguística. No entanto, é muito difícil provar que ela tenha consequências metodológicas palpáveis: dois linguistas que não estariam de acordo sobre essa proposição poderiam, apesar de tudo, estar de acordo sobre os métodos a serem empregados e sobre os resultados empíricos que alcançam. De fato, caso se detenha nas características que demos para a ciência linguística, a tese da linguagem como órgão é totalmente neutra. Quer a aceitemos ou não, a ciência linguística pode permanecer igualmente empírica, experimental, desprovida de ferramentas.

Parece, de fato, que as proposições obtidas por analogia – regrada a partir dos esquemas de proposições característicos do órgão – não pertencem ao conjunto das proposições empíricas da ciência da linguagem. Elas se sobrepõem a essas proposições empíricas; aquelas não modificam nem a forma nem o conteúdo destas, mas propõem um novo sistema de interpretação delas. E esse sistema de interpretação, ele próprio, se resume a um sistema de definições nominais; dizer, por exemplo: "a linguagem é um estado estável, assim como qualquer outro órgão", "a linguagem se desenvolveu na evolução, assim como as asas se desenvolveram na evolução", "o desenvolvimento da linguagem no indivíduo segue uma instrução inscrita no código genético da espécie, assim como o desenvolvimento da coluna vertebral nos vertebrados", todas essas proposições são denominações.

Para que elas sejam algo mais, seria preciso que a relação com a biologia permitisse construir um programa de pesquisa *específico*. Não é assim que ocorre. Esse último ponto requer um esclarecimento. Poderíamos acreditar, de fato, que a proposição "a linguagem é um órgão" resulta no alinhamento da linguística com as partes da biologia que tratam dos órgãos somáticos dos seres vivos – porém, na verdade, não se trata disso: em nenhum momento, devemos tirar daí a conclusão de que a linguagem é um ser vivo; nem mesmo qualquer analogia importante com o ser vivo se impõe. Em nenhum momento devemos concluir que os métodos da biologia podem inspirar, de maneira particular, os métodos da linguística; caso se possa reconhecer uma relação metodológica, ela permanece muito geral: a biologia pode inspirar a ciência da linguagem, mas como qualquer outra ciência positiva faria e sem nenhum privilégio. Para dizer a verdade, encontramos o que havia sido revelado a propósito dos dispositivos: convém distinguir nitidamente entre as proposições que devem ser entendidas no todo e as proposições que devem ser entendidas no detalhe. Um exame atento demonstra que a proposição "a linguagem é um órgão" não pode ser entendida de modo detalhado, e ocorre o mesmo com todas as consequências metodológicas e descritivas que teríamos aparentemente o direito de tirar daí.

Ora, não se pode esquecer que a epistemologia do dispositivo requer o detalhe, sob pena de negar-se a si mesma. A Escola de Cambridge, como se sabe, reclamou para si, incessantemente, essa epistemologia. É nesse quadro que, desde então, convém compreender a referência biológica; logicamente, seria preciso, portanto, concluir que, a partir desse momento, a ciência da linguagem usa a biologia como fonte e garantia do dispositivo linguístico. Ora, como acabamos de ver, a relação com a biologia permanece necessariamente geral e imprecisa. Daí uma contradição aparente.

Há uma razão para essa consequência paradoxal. Suponhamos, por um instante, que se afirme que a linguagem é um órgão; essa afirmação permanece sem consequência metodológica particular, e isso porque não há teoria geral do órgão; há somente teoria particular de um órgão particular. A partir disso, não há qualquer contribuição do estudo do coração para o estudo do fígado ou do cérebro; do mesmo modo, não há qualquer contribuição substancial do estudo da visão ou da memória para o estudo da linguagem.

Paradoxalmente, mas de forma explicável, a tese "a linguagem é um órgão" vem, portanto, reafirmar o caráter imanente da ciência linguística: ou seja, sua posição de *scientia unica*.

3.1.1.2 Uma consequência dessa configuração é que – uma vez que toda interpretação analógica da proposição "a linguagem é um órgão" não tem conteúdo – somente podemos e somente devemos nos interessar por sua interpretação identificatória. Ainda é preciso que ela seja compreendida. Para isso, é necessário voltar ao que, curiosamente, jamais foi especificado: o que se quer dizer exatamente quando se diz "a linguagem é um órgão"?

Para que essa proposição tenha um conteúdo, é preciso que se saiba dar uma definição daquilo que é – e daquilo que não é – um órgão. Ainda que a maior parte das fontes autorizadas não digam nada em relação a isso, parece que é possível propor três características:

(I) O órgão é um traço distintivo na classificação: definição taxionômica. De acordo com essa definição, o órgão (seja em sua existência, em sua morfologia ou em seu funcionamento) é uma unidade de variação na comparação das espécies. Está submetido às leis de Mendel e é possível traçar sua filogênese. É possível, então, legitimamente supor que lhe corresponde uma configuração tipográfica particular e isolável no texto genético, mesmo que, no estado atual da ciência, não se possa restituir essa configuração em seu detalhe.

(II) O órgão é um termo na relação [função, órgão]: definição funcional. Essa relação é seguidamente chamada de *adaptação*, o que é enganoso[19].

(III) O órgão tem uma base material somática observável: definição anatômica, que se pode resumir assim: um órgão é um *x* que pode ser separado do corpo.

É possível, desse modo, distinguir duas teorias do órgão: a mais difundida no senso comum se fundamenta, de fato, na característica (III) e somente confere, às duas outras, um valor acessório. É também uma teoria mais

---

19. De fato, em muitas terminologias, o termo *adaptação* possui uma conotação favorável: dizer que há adaptação entre o órgão e a função significa automaticamente supor que há adequação entre o órgão e a função. Porém, supor isso significa supor que se dispõe de uma medida independente dessa adequação. A única fonte possível para tal medida só pode ser uma tecnologia geral, que supostamente pode ser aplicada igualmente às máquinas e aos órgãos; poderemos, então, dizer que um órgão é mais ou menos adaptado à sua função em termos de custo energético, em termos de rapidez, em termos de confiabilidade, em termos de facilidade de reparação dos desempenhos ruins etc. Ora, pôde-se sustentar que, conforme os critérios da tecnologia geral, a maior parte dos órgãos anatomicamente definíveis está muito mal-adaptada à função específica que se dá a eles. Por isso, muitos recusam o termo *adaptação*. De fato, trata-se essencialmente de terminologia; por adaptação, supomos somente o seguinte: que a disposição de um órgão seja afetada, em alguma medida, por sua função, que a realização de uma função seja afetada, em alguma medida, pela disposição do órgão – de tal maneira que se pode sempre deduzir algo da função de um órgão a partir de sua disposição anatômica e que se pode sempre deduzir algo da disposição anatômica de um órgão a partir de sua função. Parece que é assim. O termo *adaptação*, em si mesmo, não requer nada além disso; em particular, não requer que a adaptação seja boa.

sofisticada, que inverte a relação: os dois primeiros elementos são os mais importantes; o terceiro é adicional. Ora, essa teoria sofisticada é a mais difundida na literatura científica. Basta, como fazem certos autores, eliminar totalmente a característica (III) para que se admita uma noção de órgão em rede (p. ex., o aparelho circulatório) ou de órgão fluido (p. ex., o sangue) ou de órgão negativo (a *libido*, segundo Lacan, tem esse *status*) ou de órgão imperceptível; de fato, a noção de órgão mental se inscreve naturalmente entre essas possibilidades que estão, desse modo, em aberto.

Porém, com uma condição: que se conservem as características (I) e (II); caso contrário, a noção se torna vazia. Ora, convém notar que a característica (I), caso possibilite protocolos de observação positivos, não pode sempre ser estabelecida, seja por razões práticas, seja por razões de base. Quanto à característica (II), ela gera dificuldades de princípio. De fato, o que chamamos de função? Suponhamos que se reduza a definição funcional de órgão a uma relação [órgão, função] (doravante [O,F]). Manifestadamente, essa definição só tem conteúdo caso possamos restringir, de maneira significativa e empiricamente fundamentada, o conjunto disso que poderá ser um valor possível de F em [O,F]. A resposta dos darwinianos e neodarwinianos é clara: somente merece ser considerado como funcional aquilo que serve para a preservação da espécie, considerando, além disso, que a preservação da espécie passa pela preservação dos indivíduos na concorrência vital. Porém, evidentemente, essa definição é geral e não permite responder em detalhe a seguinte questão particular: qual é a função *distintiva* de um órgão particular? Ou: como esse órgão particular concorreria para assegurar a sobrevida do indivíduo em sua concorrência vital com os indivíduos da mesma espécie ou de espécies diferentes? Ora, já que somente a definição distintiva de órgão importa, somente importa a função distintiva. É preciso, portanto, que se chegue a uma resposta detalhada.

A experiência mostra, no entanto, que nos contentamos, nesse sentido, com aproximações grosseiras. De fato, para determinar aquilo que serve ou não para a sobrevida do indivíduo na concorrência vital, o biólogo, com frequência, não tem outra escala a não ser suas impressões pessoais, completadas somente pelo axioma não falseável: o que subsistiu, na evolução filogenética, devia melhor assegurar a sobrevida em comparação ao que não subsistiu. Caso queira evitar o romance das origens – que seguidamente não é senão a projeção, no passado, de seus próprios fantasmas –, ele é levado a retroceder à pura e simples tautologia; quando a característica (III) é mantida, o raciocínio ganha a seguinte forma: constata-se que um conjunto anatômico determinado e separável pode ser concebido como o que produz, de maneira específica, um certo resultado (p. ex., a preensão para a mão, o caminhar para o pé etc.); diremos, então, que esse resultado específico define a função específica do conjunto anatômico em questão. Sim, mas o conteúdo de conhecimento da definição funcional se aproxima, então, da nulidade. De fato, isso não tem muita importância, tanto que a definição somática permanece disponível, mas a situação se torna grave assim que se renuncie à característica (III); nessas condições, a definição funcional de órgão deve desempenhar o papel decisivo: seria possível se contentar com aproximações ou com tautologias?

Para dar conta da situação, convém considerar algumas tentativas de definição não somática dos órgãos.

3.1.1.2.1 Uma boa ilustração da teoria sofisticada se encontra em Marr (*Vision*. São Francisco, 1980): segundo a concepção tradicional, admitida tanto no senso comum quanto na filosofia ou na ciência[20], o órgão da visão não é outro senão o olho e, reciprocamente, a melhor definição de olho é considerá-lo como o órgão da visão. Ora, na teoria de Marr, o órgão não é o olho, mas o conjunto de dispositivos anatômicos solidários que permitem fornecer uma resposta para a questão "O que está onde?" Esses dispositivos são numerosos e heterogêneos; cada um deles contribui de maneira modu-

---

20. Em particular, a teoria científica da visão, durante muito tempo, sustentou que era necessário e suficiente assimilar o olho a um aparelho ótico. Isso supõe, evidentemente, que se faça do olho o pivô de qualquer teoria da visão.

lar para articular um dos elementos da resposta pertinente. Dito de outro modo, a abordagem somática só atinge uma multiplicidade dispersa; a unidade definidora de órgão somente pode ser obtida em termos funcionais, uma vez que a questão "o que está onde" – explicitamente retomada de Aristóteles – é somente uma maneira indireta de definir a função visual[21]. É somente em relação a essa função que se pode especificar o órgão visual enquanto tal. Não há outra unidade além dessa função. Pode-se considerar que a palavra *visão* designa, de maneira ambígua, tanto o órgão O – e, nesse sentido, a visão é, em sentido estrito, um órgão – quanto a função F (sobre essa ambiguidade, cf. infra, § 3.2.4.2.2).

A partir daí, a unidade material que o olho parece constituir se reduz a uma pura aparência: ela poderia não existir, sem que, nem por isso, a unidade verdadeira de órgão visual seja colocada em questão: o fato de que ela parece se impor à observação não tem a menor importância para a teoria da visão. Sem querer exagerar, poderíamos dizer que, segundo Marr, o olho não existe. Ele não tem qualquer *status* na teoria da visão e não deve sequer ser aí mencionado. O caráter aparentemente concreto que a observação imediata lhe confere é enganoso: só há uma única razão para que o olho humano seja constituído como um volume simples (uma esfera), que é separável do corpo. Em uma definição estrita, o órgão visual é somente o termo anatomicamente determinável que entra em relação com a função visual; não importa absolutamente saber se a determinação anatômica desse termo é morfologicamente simples, espacialmente contínua, cirurgicamente removível.

Ora, retomemos a definição que Marr dá para a função visual: "ver é responder à questão 'o que está onde'". Constata-se o quanto ela é abstrata e formal. Além disso, pode-se duvidar que ela seja suficientemente específica: seria especialmente certo que não se possa falar da visão tanto quanto

---

21. Veremos que, além disso, essa formulação da função visual está ligada ao programa cognitivista de pesquisa ao qual Marr se filia. Porém, esse ponto não deve ser examinado agora. Cf. infra, § 3.2.

do tato ou da audição? Na verdade, a teoria sofisticada do órgão visual só escapa à indeterminação na medida em que pode se apoiar implicitamente em um correspondente anatômico coerente, que é justamente o olho. A propósito dele, repete-se, à exaustão, que não tem nenhuma importância; porém, ele nem por isso deixa de existir; e a evidência dessa existência parece, de fato, organizar, de maneira secreta, a teoria modular da visão. O recurso à característica (III) permanece, portanto, essencial, ainda que seja explicitamente recusado.

3.1.1.2.2 Outra ilustração da teoria sofisticada se encontra em Lorenz. Este propõe, a respeito dos comportamentos, um tratamento que parece somente poder encontrar sua coerência através da proposição: "um comportamento é um órgão"[22]. Manifestadamente, um comportamento não pode ser associado, de maneira unívoca, a um substrato somático simples; vários órgãos somáticos diferentes podem ser engajados nos movimentos que definem um comportamento único, e pode ocorrer que um mesmo órgão somático seja engajado em vários comportamentos diferentes. Nós não encontramos, portanto, a relação biunívoca da visão com o olho, que permaneceria constatável em Marr. Caso não seja, propriamente falando, um órgão mental, um comportamento é, portanto, pelo menos em tal concepção, um órgão abstrato.

Caso se retomem as três características definidoras de um órgão, a característica (III) falta aqui; só subsistem, a rigor, as características (I) e (II). Como isso ocorre nos fatos?

---

22. De fato, não parece que Lorenz tenha, alguma vez, explicitamente concluído que "um comportamento é um órgão", ainda que essa conclusão seja praticamente inevitável em seu sistema. Cf., entretanto, "Le tout et la partie de la société animale et humaine". In: *Essais sur le comportement animal et humain*. Paris: Éd. du Seuil, 1970, p. 326: "[Whitman e Heimroth] descobriram modos de movimento [ou seja, comportamentos, J.-C.M.] cuja extensão e distribuição, no mundo animal, se assemelham, da maneira mais perfeita possível, às dos *órgãos*" (o artigo data de 1950).

Consideremos, inicialmente, a característica filogenética e taxionômica. Ela é estabelecida de duas maneiras. A primeira depende da experimentação: considerando o programa neodarwiniano, basta – para ter certeza de que uma propriedade P está inscrita no texto genético – estabelecer que ela obedece às leis de Mendel. Ora, pode-se definir um órgão como uma propriedade característica da espécie (a recíproca, evidentemente, não é verdadeira); o critério mendeliano pode, portanto, ser aplicado. De fato, parece que certos comportamentos se conformam a isso (cf., p. ex., LORENZ, K. & EIBL-EIBESFELDT, E.I. "Les fondements phylogénétiques du comportement humain". In: *L'Homme dans le fleuve du vivant*, p. 226-227 [o artigo data de 1974]).

A segunda maneira não depende da experimentação, mas da observação: dizer que algo é um órgão significa supor que se inscreva na evolução. Sabe-se que a biologia chega a traçar a "história" de um órgão, descobrindo, de resto, seguidamente, que aquilo que se apresenta, em uma determinada espécie, como um órgão (no sentido, "órgão" = primeiro termo na relação [O,F]) tem, por origem, um órgão totalmente diferente – isto é, uma outra relação [O,F] – ou, até mesmo, algo que não pode ser relacionado a uma função definível e que, por isso, não é um órgão. Reconhecia-se aí o tema da bricolagem, longamente desenvolvido por Jacob. Não é impossível que se possam descobrir fatos de bricolagem no comportamento: em todo caso, é um problema que a etologia comparada pode examinar de forma razoável.

Além disso, a bricolagem tem uma recíproca: que algo que foi um órgão no sentido [O,F] deixe de sê-lo e subsista fora de qualquer relação [O,F]. A anatomia comparada apresenta exemplos de tais "sobrevivências" para os órgãos somáticos. Em relação aos comportamentos, Lorenz sustenta que alguns deles, cujo caráter funcional se deixa observar em certas espécies, podem aparecer em outras espécies, mas desprovidos de qualquer função. Ele até chega a fazer, dessa possibilidade (que, a partir da terminologia de Julian Huxley, ele assume sob o conceito de *ritualização*), uma parte essencial de sua teoria[23].

Pela combinação da experimentação mendeliana e da etologia comparada, o pertencimento de certos comportamentos ao estoque filogenético pode ser, então, estabelecido sobre bases positivas. Ao mesmo tempo, a conclusão se impõe quanto a seu valor taxionômico: há comportamentos que permitem classificar as espécies tão bem, senão melhor, do que os órgãos somáticos. Eis aí, segundo Lorenz, um dos resultados fundamentais da etologia comparada (cf. *Les Fondements de l'éthologie*. Paris: Flammarion, 1984, p. 133).

A característica (I) dos comportamentos não provoca, então, muita dúvida; resta seu caráter funcional. É preciso dizer que Lorenz se contenta, nesse ponto, com aproximações impressionistas. Sem dúvida porque ele pode se apoiar, além disso, em critérios mais acertados; em particular, mesmo que seja verdadeiro que um determinado comportamento não tenha substrato somático que lhe seja reservado, é verdade também que ele consiste em um encadeamento de movimentos corporais, que são, em princípio, perfeitamente constantes e se deixam descrever de maneira clara e distinta. A esse respeito, a identificação específica de um comportamento conserva um caráter material e positivo.

Sendo a identificação assim adquirida, cabe indagar, a propósito de cada comportamento, qual é sua função própria. Como resposta, poderemos nos contentar, sem grande prejuízo, em descrever os *resultados* observáveis do complexo de movimentos pelo qual se define o comportamento em questão: nidificação, fuga, caça, seleção de um parceiro sexual, comunicação etc.

---

23. Cf. *L'Agression*. Paris: Flammarion, 1969, cap. V. • *L'Envers du miroir*. Paris: Flammarion, 1975, p. 277-285. Na origem dessa concepção, encontramos o próprio Darwin: *L'Expression des émotions chez l'homme et chez les animaux*. Paris: Reinwald, 1877. Lorenz enxerta, na teoria da ritualização, uma teoria da linguagem e da comunicação em geral; segundo ele, um comportamento ritualizado adquire outras funções além de sua função "material" de origem. A primeira dessas funções é a comunicação. Não é certo, de forma alguma, que tais afirmações tenham o menor conteúdo empírico.

Compreende-se que a relação meios-fim desempenha um papel essencial: que Lorenz prefira falar, a esse respeito, de *teleonomia*, mais do que de teleologia, isso não muda nada na imprecisão fundamental da descrição, já que, em qualquer caso, não existe teoria que prediga, de maneira detalhada, o que pode ou não ser o resultado obtido por um comportamento[24]. No entanto, uma vez que existem muitas precisões úteis, o dano talvez não seja tão grande; em todo caso, ele passa despercebido.

3.1.1.2.3 Lorenz sustentou, em contrapartida, que o *a priori* kantiano podia e devia ser, em parte, considerado como um órgão[25].

Manifestadamente, a proposição só tem sentido caso se considere que a característica (III) não seja necessária. Não estamos mais no caso da visão, em que subsistia ainda um correspondente somático morfologicamente simples e anatomicamente removível; não estamos mais, nem mesmo, no caso dos comportamentos, aos quais é possível associar encadeamentos de movi-

---

24. Essa imprecisão afeta bastante a doutrina da ritualização e a história filogenética que resulta disso. A ritualização é um processo pelo qual um comportamento funcional se torna não funcional. Sim, porém, no que se reconhece que um comportamento é ou não funcional? De fato, tem-se a impressão, lendo os autores, que um comportamento é dito funcional quando os movimentos que o constituem realizam certo resultado "concreto". Por contraste, será dito não funcional se os mesmos movimentos que, em uma espécie, realizam esse resultado concreto estejam, de modo idêntico, em outra espécie (geneticamente aparentada da primeira), mas sem o resultado concreto. Dizemos, então, que o comportamento é "ritualizado", "simbólico" etc. Todos esses desenvolvimentos (nos quais Lorenz baseia uma teoria inteira da cultura) repousam, portanto, sobre uma oposição implícita e vaga entre "concreto" e "abstrato" e sobre uma teoria rudimentar do símbolo. Do ponto de vista da filogênese, dada essa distinção – ela própria obscura – entre comportamentos funcional e não funcional, admite-se que o segundo nasce sempre do primeiro: com exceção do prejulgamento clássico segundo o qual o "concreto" precede o abstrato, o que provaria que a evolução se daria sempre nessa direção? Lorenz compara, por vezes, a etologia comparada com a gramática comparada; parece que a primeira só reteve da segunda aquilo que ela tinha de pior.
25. LORENZ, K. "La doctrine kantianne de l'*a priori* à la lumière de la biologie contemporaine". In: *L'Homme dans le fleuve du vivant*. Paris: Flammarion, 1981, p. 99-131; cf. notadamente p. 103. O artigo data de 1941. É interessante notar que essa referência é uma das únicas que Chomsky faz a Lorenz.

mentos isoláveis pela observação experimental. É possível, aqui, efetivamente falar de órgão mental, como a Escola de Cambridge entende esse termo.

Quais seriam, então, os critérios que se revelam pertinentes? Lorenz utiliza, na verdade, somente um deles: o critério funcional; o *a priori* é chamado de órgão porque está em relação com uma função; e essa função é uma função de conhecimento. Desse ponto de vista, o *a priori* kantiano é descrito como o conjunto dos dispositivos mentais (que são, em última análise, filogeneticamente determinados) que permitem responder a um certo número de questões. Quanto a essas próprias questões, bastará, talvez, para formulá-las, voltar à noção de *categoria*, tal como articulada por Aristóteles: lembremos que, no uso particular desse autor, a maior parte dessas categorias são enunciadas na forma interrogativa[26].

Uma questão se coloca agora: o que ocorre com a característica (I)? Lorenz não fala dela explicitamente, a não ser de forma banal: o *a priori* caracteriza a espécie humana, o que ele estabelece lembrando que determinada espécie animal tem formas de raciocínio e formas de conhecer o mundo exterior diferentes das do homem (cf. infra, § 3.1.3, para mais detalhes). Isso posto, não se trata aqui de ultrapassar a proposição clássica desde Aristóteles: entre os seres vivos, a razão é uma propriedade distintiva do homem etc. Se nos colocarmos, como faz Lorenz, do ponto de vista da biologia neodarwiniana, esse tipo de afirmação taxionômica global não é suficiente para fundamentar a característica filogeneticamente determinada de uma propriedade. De fato, se for efetivamente um órgão, o *a priori* somente pode sê-lo no mesmo sentido em que um comportamento também o é; dito de outro modo, sua característica filogenética deveria ser estabelecida, tanto quanto for possível, pelos mesmos procedimentos de análise: o procedimento mendeliano e a história filogenética. Lorenz não realiza essa tarefa; sobretudo, ele nem sequer examina se ela é simplesmente

---

26. A tal ponto que se pode relacionar, ao menos parcialmente, a lista das categorias aristotélicas com a lista das palavras interrogativas em grego.

possível. Nesse sentido, a proposição "o *a priori* é um órgão" revela ter um conteúdo muito pobre e, em parte, negativo: o *a priori* tem uma função, e a maneira como essa função é assegurada não é logicamente necessária, já que existem, em outras espécies, outras maneiras de assegurar uma função comparável. Isso é tudo; pode-se duvidar que isso seja suficiente.

3.1.1.2.4 Certamente, não nos cabe substituir Lorenz. Além disso, examinar se o procedimento mendeliano e a história filogenética podem ser aplicados ao *a priori* kantiano, isso, em si, não nos diz respeito. A única questão que nos importa aqui é a da linguagem. É chegada a hora de abordá-la. Combinando diversas descrições e análises de Marr e de Lorenz, compreendemos melhor o que está em jogo quando se define a linguagem como um órgão mental. Uma vez que a questão do correlato somático é colocada, por construção, em suspenso e é julgada não essencial, restam apenas duas questões: a linguagem seria uma função, e qual função seria? Seria possível estabelecer, de maneira positiva, que a linguagem é filogeneticamente determinada?

É de se admirar que a primeira questão jamais tenha recebido uma resposta universalmente aceita. Alguns evocam a comunicação de informações, outros a comunicação dos pensamentos (que são coisas diferentes), outros a ocultação dos pensamentos, outros o esclarecimento dos pensamentos, e assim por diante; é perfeitamente possível que não se possa e nem se deva escolher e que o problema esteja malcolocado. Isso é o que o próprio Chomsky parece indicar: "de fato, o que se entende pela afirmação de que tal coisa é o objetivo da linguagem, ou sua função fundamental, está longe de ser claro" (*Dialogues avec M. Ronat*, p. 103). Porém, nesse caso, teríamos o direito de falar em órgão (já que, na ausência de substrato somático, um órgão apenas se distinguirá do conjunto do que está filogeneticamente determinado se for um termo na relação [O,F])?

Além disso, é preciso lembrar que, aparentemente, quando se trata de órgãos cognitivos, podemos sempre expressar F sob a forma de uma ou de várias questões simples. Ocorria assim com o órgão visual; ocorria assim com o *a priori*. Poderíamos imaginar chegar a tais formulações em relação aos órgãos mentais usualmente citados: a atenção ou a memória. No caso da linguagem, isso parecia infinitamente mais difícil.

Quanto à segunda questão, ela deve ser reformulada da seguinte maneira: seria possível aplicar o procedimento mendeliano e a historização filogenética à linguagem, definida como um órgão mental?

Quanto ao procedimento mendeliano, a dificuldade é intransponível: a linguagem é, supostamente, específica da espécie humana e comum a todos os membros dessa espécie. As experiências de cruzamento, nesse caso, são impossíveis (a mesma observação valeria, evidentemente, para o *a priori*). Resta, então, a história filogenética. Vimos que, pelo estudo combinado dos fatos de bricolagem e de ritualização, ela permite completar os procedimentos mendelianos ou inclusive substituí-los quando forem impossíveis. Ao menos em tese, pois, nos fatos, as dificuldades não faltam.

As dificuldades mais imediatas dizem respeito às imprecisões da noção de função. Mesmo no domínio dos comportamentos, elas afetam profundamente a legitimidade das conclusões (cf. supra, cap. 3, § 3.1.1.2.2). Podemos facilmente supor que elas se agravam pelo pouco que se considerem "órgãos" cuja definição é *exclusivamente* funcional (p. ex., o *a priori*): em tais casos, como depreender variações em que o mesmo "órgão" mudaria de função ou não teria mais nenhuma função? Por uma razão lógica simples, o raciocínio se torna impossível: já que a função constitui o único princípio de identificação, não há sólido de referência.

Sejamos claros: fala-se, de bom grado, em evolução para os órgãos somáticos; por exemplo, para o olho. É possível também falar em evolução para um órgão claramente ligado a um substrato somático; por exemplo, para a visão. É possível, em certa medida, falar em evolução para um órgão definido por movimentos observáveis e por critérios mendelianos; por exemplo, um comportamento. Porém, falaríamos em evolução da memória, da atenção, do *a priori*? Ou, pelo menos, falaríamos nisso de maneira positiva e verificável? E, caso não se possa falar em evolução filogenética dos órgãos mentais, o programa neodarwiniano não perderia sua substância em um de seus elementos mais importantes?

No caso da linguagem, a situação é ainda mais grave. Pois a dificuldade é que ninguém sabe realmente definir sua função. Desde então, não somente não há sólido de referência para medir uma variação de função, como também não há, nem mesmo, suporte para a variação. O ponto de vista evolutivo sequer pode ser minimamente definido[27].

3.1.1.3 Caso se queira reduzir a noção de órgão a um conteúdo positivo, os desenvolvimentos precedentes mostram que apenas é possível se apoiar, no final das contas, em duas características: na existência de um substrato somático (clara e distintamente definível em termos anatômicos) ou na existência de dados mendelianos. Sozinho, o critério funcional é insuficiente e só é eficaz combinado com um ou outro dos dois critérios positivos. Isso afeta a positividade do critério "evolutivo", que, em seu uso de fato, depende do critério funcional.

Assim, vimos que a visão, definida aparentemente de maneira estritamente funcional, repousava, na verdade, em um critério somático; vimos que os comportamentos só merecem o nome de órgão em virtude do critério mendeliano que sustenta todos os outros critérios; vimos que, em relação ao *a priori*, o critério funcional, o único acessível, não seria suficiente para fundamentar a proposição "o *a priori* é um órgão". Quanto à linguagem, nem o critério somático, nem o critério mendeliano, nem o critério filogenético, nem mesmo o critério funcional se aplicam. De todos os exemplos em que se tentou utilizar a noção de órgão em disjunção dos correlatos somáticos, a linguagem é, portanto, aquela que oferece a menor justificativa. Mesmo supondo que Marr tenha tido inteiramente razão

---

27. Veremos mais abaixo (§ 3.1.2.2) que razões ainda mais fortes impedem uma abordagem filogenética séria em matéria de linguagem.

quanto aos comportamentos ou ao *a priori*, a Escola de Cambridge não poderia, de forma alguma, se respaldar em seu exemplo.

Eis o motivo pelo qual foi possível submeter a subsunção do objeto *linguagem* sob o conceito *órgão* a uma crítica de tipo empiriocriticista (cf. MILNER, J.-C. "Linguistique, biologie, psychologie". In: *Ordres et Raisons de langue*, p. 302-317). É curioso que essa crítica tenha sido tão pouco compreendida pelos epistemólogos mais próximos da tradição do empirismo lógico, que, como se sabe, deve algo a Mach. O que teriam pensado os discípulos deste último – que se recusava a acreditar na hipótese atômica, porque os átomos escapavam à observação – de uma proposição tão distante de qualquer observação, tão mística, de fato, quanto "a linguagem é um órgão"? Nenhuma palavra tem, aqui, um sentido claro: nem a palavra *linguagem*, nem a palavra *órgão*, nem o verbo *ser*. A obscuridade é conceitual e operacional: nenhuma palavra remete a um protocolo de observação. Em suma, o órgão mental tem, aqui, aproximadamente, o mesmo grau de realidade que o *sensorium* divino em Newton.

Essa crítica, por ser empiriocriticista em seu estilo, não é necessariamente empiriocriticista em seu conteúdo. Dito de outro modo, ela não conduz, necessariamente, à renúncia da epistemologia do dispositivo. É verdade que a proposição "a linguagem é um órgão" só adquire sentido em razão dessa epistemologia. Porém, a recíproca não é verdadeira. É possível perfeitamente manter a epistemologia do dispositivo em matéria de linguagem sem que haja, necessariamente, a obrigação de se admitir tal proposição.

De fato, é possível se ater a uma posição de "realismo hipotético". As representações dadas pela linguística são realistas, são conjecturas sobre uma substância, mas elas não têm de ir além do que as experiências impõem. Com uma condição, entretanto: que, por experiências, se entenda não somente as experiências feitas – isso seria reencontrar uma definição da teoria como estenograma de observações –, mas também, e sobretudo, as experiências a serem feitas. Ora, o grande defeito da proposição "a linguagem é um órgão" não é que ela exceda as experiências feitas, é que ela excede qualquer experiência possível. No mais, é possível constatar que, depois de décadas repetindo incessantemente essa proposição, ela se revelou particularmente pouco fecunda.

Convém, portanto, abandoná-la.

Isso não basta, no entanto, para reestabelecer o *status* das duas proposições "a linguagem é inata" e "a linguagem é específica". Ainda que consideradas combinadas, elas são um pouco menos fortes do que a proposição "a linguagem é um órgão". Resta, portanto, examinar se, tomadas em si mesmas, elas são ou não acessíveis a uma experimentação possível (linguística ou não).

3.1.2 O inato

Para que a proposição "a linguagem é inata" tenha um sentido, é preciso que se dê sentido à problemática em que as duas teses inversas se opõem: "a linguagem é inata"/"a linguagem é adquirida". Pois, com exceção daqueles que defendem o adquirido (em nome, notadamente, de uma doutrina da tábula rasa, bastante difundida ainda no domínio anglo-saxão) e, ao mesmo tempo, aceitam os termos nos quais o problema é colocado, há também aqueles que recusam essa problemática em si mesma: em nome, principalmente, de uma representação hegeliana-marxista, bastante difundida no domínio francês, segundo a qual, de qualquer maneira, quer uma determinação seja inata ou não, ela é reinterpretada pelas estruturas humanas (ou mais exatamente sociais) e somente essa reinterpretação é um objeto válido para o conhecimento. Nessa perspectiva, é impossível, de fato, e ilegítimo, de direito, separar, na linguagem, o que depende da formação social (que, além disso, é necessariamente historizada) e o que depende de uma determinação "natural", a-histórica, associal e eventualmente inata. A matriz dessa representação se encontra em *A ideologia alemã*. Por meio de modificações, às vezes, sensíveis, ela se perpetuou até hoje. Reinterpretada em termos sociologizantes, ela subjaz as teses da Escola de Bourdieu.

Qualquer que seja a dignidade intelectual dessa posição, é possível lhe opor um princípio: uma tese que permite rejeitar uma problemática sem um exame detalhado das proposições que essa problemática autoriza é sempre, em si mesma, perigosa. De fato, ela é indistinguível de um asilo de ignorância.

3.1.2.1 Convém, portanto, voltar à tese inatista. Ela se opõe à tese: "a linguagem é adquirida". Sim. Mas sobre quais bases? É evidente que a tese só tem alcance caso o termo *inato* receba uma significação precisa, correlacionável a critérios distintivos que o separem do termo oposto: *adquirido*. Para estabelecer essa significação não basta considerar a tradição filosófica, notadamente cartesiana, em que, como se sabe, o inato desempenha um papel. Não que essa tradição não tenha importância; ao contrário, veremos que ela desempenha um papel crucial; porém, ela não é a referência que bastaria para justificar, aos olhos dos linguistas que a defendem, a proposição "a linguagem é inata". Eles se colocam, na verdade, de um ponto de vista estritamente cientificista; portanto, convém se voltar para o lado das ciências, especialmente das ciências que fazem da distinção entre o inato e o adquirido seu objeto de estudo. Em particular, quando Chomsky faz referência à tradição cartesiana, é para estabelecer que, nesse ponto, a filosofia clássica se liga melhor do que a filosofia empirista às ciências modernas; não é, de modo algum, para desvalorizar a referência à ciência moderna. De fato, ele interpreta a filosofia cartesiana como um programa de pesquisa separável da metafísica que poderia estar a ele ligada[28].

---

28. Notaremos que a interpretação da filosofia cartesiana em termos de programa de pesquisa não é certamente falsa historicamente. É exatamente assim que o próprio Descartes a imaginava. O que subverteu a situação foi que esse programa fracassou aparentemente em física e em psicologia. É preciso, portanto, caso se defenda que a filosofia cartesiana tenha ainda um sentido, separá-la desse programa, desde então, abandonado. Porém, essa formulação é ambígua: pode significar que a filosofia cartesiana deve ser separada de qualquer programa de pesquisa para ser considerada apenas como uma metafísica e uma moral. Parece que, a partir do século XIX, a maioria dos cartesianos universitários franceses tiveram essa posição. Pode significar também que a filosofia cartesiana deva se tornar compatível

Se a proposição "a linguagem é inata" deve receber um *status* científico, então, é preciso que o termo *inato* receba, aí, *mutatis mutandis*, o mesmo *status* e a mesma definição que tem nessas ciências.

Ora, essas ciências se resumem, no essencial, em uma única: a etologia e, mais precisamente, a etologia de Lorenz. A tese da Escola de Cambridge deve, portanto, necessariamente, ser confrontada com o programa de pesquisa característico de Lorenz; a questão, portanto, passa a ser a seguinte: o inato que está em questão na linguística seria o mesmo inato que está em questão em etologia e poderia receber a mesma definição? Ora, parece que, mesmo em etologia, o termo *inato* teve dois tipos de empregos. Um inferencial e negativo; outro experimental e positivo.

3.1.2.1.1 No primeiro emprego, *inato* e *adquirido* se excluem mutuamente, de modo que os critérios necessários e suficientes do inato se reduzem à simples negação do adquirido. Ora, os processos de aquisição são supostamente acessíveis à observação direta, ao passo que o inato, sendo por definição não adquirido, não resulta de nenhum processo observável. Já que o inato não é observável, ele será reconstruído por inferência a partir do observável; e como o inato é o oposto do adquirido, a inferência pode se limitar a uma inferência lógica construída a partir de uma negação: aquilo que não se pode estabelecer como possível de ser adquirido é inato.

Nesse emprego, a distinção inato/adquirido coincide com a distinção "inobservável, mas logicamente necessário"/"observável". Compreende-se a relação entre a definição negativa do inato e uma epistemologia que admite, ao mesmo tempo, a necessidade das abstrações e a necessidade do dispo-

---

com um novo programa de pesquisa. Em suma, ela pode e deve se transigir com Newton. E, de fato, mesmo que a física cartesiana tenha de ter cedido a vez à física newtoniana, não é certo que o *programa* cartesiano, em si mesmo, esteja por isso inteiramente arruinado. O mesmo vale para a ciência do homem. É possível, assim, construir um cartesianismo "modernizado" – ou "ampliado": tal era, talvez, a posição de D'Alembert e de Condorcet. Sobre esse ponto, cf. KINTZLER, C. *Condorcet*. Paris: Le Sycomore, 1984. Há, nesse sentido, menos ingenuidade do que se costuma dizer na posição de Chomsky a propósito de Descartes.

sitivo: a partir do momento em que são articuladas com algum detalhe, as estruturas inatas se configuram em um dispositivo. Isso acaba, além disso, gerando confusões; de fato, o dispositivo, em si mesmo, consiste justamente em dar uma forma material positiva às conjecturas lógicas. A partir de então, o inato, reinterpretado em termos de dispositivo, se assemelha a um inato positivo. Porém, trata-se de pura aparência: não se deve confundir a positividade do dispositivo, que é a positividade de uma *representação*, e a positividade de uma *definição*: o inato permanece definido negativamente; os critérios de sua definição não são substanciais, mas formais[29].

Ora, nesse emprego, a etologia não se afasta da tradição filosófica, ou melhor, ela se inscreve inteiramente nela. Pois somente esta última definiu verdadeiramente o modo de raciocínio ao qual corresponde o inato inferencial: existiria ou não, no entendimento humano de cada indivíduo, procedimentos de raciocínio que requerem, para que se explique a sua possibilidade, uma fonte de conhecimento que não dependa das experiências efetivamente vividas por tal indivíduo? Sabemos que duas respostas se opõem: uma positiva, que fala, por exemplo, de ideias inatas, e uma negativa, que fala, por exemplo, de tábula rasa. Observaremos, de início, que a doutrina da tábula rasa – chamada também de *empirismo* – depende exatamente da mesma problemática da qual depende a doutrina das ideias inatas. Observaremos, em seguida, que uma e outra admitem, em um grau igual, o princípio do mínimo: em virtude desse princípio, somente há ideia inata caso exista pelo menos um evento no entendimento que requer *necessariamente* a intervenção de uma fonte de conhecimento independente das experiências acessíveis a um indivíduo. O debate, portanto, somente diz respeito a um ponto: a existência de um tal evento crucial ao qual a doutrina da tábula rasa objeta que se possa sempre construir uma explicação alternativa que se substitui à explicação pela ideia inata. Mais do que uma

---

[29]. Porém, é possível acreditar no dispositivo sem acreditar em estruturas inatas; é possível acreditar no inato sem acreditar no dispositivo, ou seja, sem propor conjecturas detalhadas sobre a materialidade particular do inato.

doutrina anti-inatista, ela é, portanto, uma doutrina do inato inferencial nulo; sua força está no seguinte: diante de uma doutrina que compartilha com ela a epistemologia do *minimum*, ela está, desde o início, mais de acordo com esta última; é, por conseguinte, ao adversário que sempre cabe o ônus da prova[30].

Nem o behaviorismo, que defende a tábula rasa, nem a etologia, em sua primeira forma, acrescentam nada a esse debate. Nada se opõe, então, a que, para falar de inato, nos limitemos a raciocínios puros e a experiências não construídas: experiências de pensamento (e reencontramos o *Mênon*) ou experiências constituídas, sem serem construídas, por contingências excepcionais (acidentes, doenças, mudos de nascença, cegos de nascença — e reencontramos o problema de Molyneux). Porém, evidentemente, nada disso pode convencer o behaviorista.

As características formais do inato se reduzem ao seguinte: (I) se uma característica X é inata no grupo Y, então, todos os indivíduos do grupo Y têm a característica X (universalidade); (II) se, nas condições dadas, é impossível construir um processo de aprendizagem plausível, então, a característica X é inata.

Essa definição está na base da famosa "experiência" do escravo, que comprova (I) a universalidade, já que, negligenciando a diferença entre o senhor e o escravo — essencial, no entanto, para a cidade — permite concluir que todo ser humano, senhor ou escravo, é capaz de dedução matemática; e (II) a existência de um raciocínio não aprendido: a única condição, de fato,

---

30. A relação somente é modificada, portanto, caso se renuncie explicitamente à epistemologia do *minimum*; nesse sentido, cf. Chomsky: "Quando os empiristas se esforçam para mostrar como as hipóteses, que dizem respeito a um dispositivo de aquisição linguística, podem ser reduzidas a um *minimum* conceitual, essa tentativa está totalmente fora de propósito" (*Aspectos*, p. 84). Chomsky denuncia, a esse respeito, a opinião corrente que considera o empirismo como um pensamento mais "científico" do que o ineísmo. Sim, mas os adversários filosóficos do empirismo — com exceção parcial de Descartes — buscam, eles também, reduzir o dispositivo de aquisição a um *minimum* conceitual e eles defendem, como o empirismo, que uma teoria é tanto mais científica quanto mais respeita a exigência do *minimum*.

para que o escravo possa reconhecer a proposição matemática, submetida à análise, é que possa compreender as questões que são feitas a ele e respondê-las. Dito de outro modo, que ele fale grego (cf. supra, cap. 1, § 5.5). Ela está na base também do problema de Molyneux: para que se possa concluir seja o que for do cego de nascença, é preciso, inicialmente, admitir que aquilo que é verdadeiro para o cego de nascença valerá para aqueles que enxergam. Isso supõe que eles façam parte da mesma espécie (isso supõe também que, justamente, a cegueira não causa, no indivíduo, modificações tais que, *sobre o ponto considerado*, não se possa fazer abstração da diferença cego-aquele que vê)[31].

3.1.2.1.2 No segundo emprego, o adquirido designa o saber construído pelo indivíduo sobre a base de suas experiências individuais; o inato designa o saber construído pela espécie no decorrer da evolução, sobre a base da mutação, da seleção natural e, por consequência, da sobrevivência da espécie. A diferença entre o inato e o adquirido somente é, portanto, uma versão transposta da diferença entre indivíduo e espécie (ontogênese e filogênese). Esse emprego está estreitamente ligado ao darwinismo, enquanto, no primeiro emprego, o darwinismo, evidentemente, não desempenha nenhum papel decisivo. Como, ao contrário, o darwinismo se desenvolveu em neodarwinismo, admite-se que as características filogenéticas estão inscritas nos genes; como a genética adota, de bom grado, a linguagem da teoria da informação, admite-se que essas características filogenéticas são uma informação, codificada no código genético; como, enfim, a distinção inato/adquirido diz respeito, nesse caso, a saberes, parece evidente a pertinência

---

[31]. É, de fato, o que ocorre. Von Senden (*Raum und Gestaltauffassung bei operierten Blindgeborenen vor und nach der Operation*. Leipzig: J.A. Barth, 1932) mostrou que certos cegos de nascença, após a operação de catarata que lhes dava o poder material de ver, permaneciam incapazes de visão, no sentido funcional do termo: dito de outro modo, eles permaneciam incapazes de responder à questão "o que está onde?" A cegueira congênita modificou, portanto, o seu julgamento de maneira irreversível. Ora, lembremos que o problema de Molyneux dizia respeito, em primeiro lugar, ao julgamento.

da noção de informação: passa-se facilmente de seu emprego matematizado a seu emprego ordinário.

Evidentemente, os dois sistemas se cruzam, visto que o lugar em que a espécie sofre os efeitos da seleção natural é justamente o indivíduo; entretanto, no nível do indivíduo, a diferença permanece clara: há aquele que sabe porque, na condição de indivíduo, ele aprendeu; há aquele que sabe sem que, na condição de indivíduo, tenha aprendido. O próprio dessa definição é que, entre inato e adquirido, a oposição não é lógica, mas empírica: em termos lógicos, nada impede que se diga que a mutação seja uma forma de aquisição, que a pressão seletiva pareça – até o ponto de confundir-se com ela – uma instrução dos organismos pelo ambiente; reciprocamente, o adquirido requer, para ser adquirido, um dispositivo de aprendizagem inato etc. Resta que as formas empíricas são profundamente distintas. A partir disso, o inato deve ser estabelecido positivamente através de observações experimentais, que não se contentam com inferência lógica e reclamam ser construídas seguindo protocolos explícitos e cuidadosamente estabelecidos: é preciso mostrar não somente que não se vê como um comportamento poderia ser adquirido, mas também é preciso dar critérios substanciais e experimentais daquilo que é inato. Esses critérios são essencialmente: (I) a evolução filogenética; (II) o cruzamento, quando for possível. Dada a hipótese neodarwiniana, aquilo que obedece às leis de Mendel, nos cruzamentos, é necessariamente inato, quer se trate de uma característica somática, de um comportamento ou de qualquer outra coisa; (III) a privação: quando, sistematicamente, se suprime, em um indivíduo Y, o tipo de estímulo externo que poderia permitir a aquisição de uma característica X, e essa característica X, no entanto, aparece no indivíduo Y, então, uma vez que essa característica não pode provir das experiências individuais de X, ela só pode provir da filogênese: ela é inata.

Durante muito tempo, a definição propriamente neodarwiniana do inato permaneceu obscura. Convém, sobre esse ponto, dar a maior importância possível às próprias declarações de Lorenz: uma ruptura, que podemos bem chamar de epistemológica, ocorreu em 1961, que conduziu Lorenz, pressionado pelas críticas, a reexaminar o conceito de inato e a lhe dar um *status* experimental e não mais somente inferencial[32]. O ponto decisivo foi a experiência de privação, que lembra, é verdade, a definição negativa e inferencial. E, de fato, durante muito tempo, não houve muita diferença entre as duas, de modo que as críticas behavioristas tiveram a oportunidade de ser exercidas.

Então, apareceu claramente o que deveria ter sido manifestado de início: se a experiência de privação deve merecer esse nome, a ciência pode e deve construir protocolos de experiência cuidadosos, ela não pode se contentar com raciocínios de plausibilidade do tipo: "não se vê como a característica X poderia ser adquirida nestas ou naquelas condições"; de fato, trata-se de estabelecer que, com certeza, é *objetivamente* impossível (e não apenas impossível na imaginação do observador) que determinada característica seja adquirida em tais condições de observação. Com essa finalidade, convém construir uma lista com precauções a serem observadas na experimentação; resulta daí que, evidentemente, concluir sobre o inato nunca é trivial.

Lorenz construiu essa lista. A partir de então, o inato em etologia é uma realidade distinta (mais complexa, ao menos, do que parece); esta remete a processos definíveis, de fato, remete à filogênese e ao estoque de informações da espécie (por oposição ao estoque de informações que o indivíduo pode constituir no decorrer de sua existência).

Percebe-se logo o problema: quando falamos de inato a propósito da linguagem, seriam respeitados os protocolos de observação e de experiência?

---

32. O artigo decisivo data efetivamente de 1961 e respondia a um artigo crítico de Lehrman, publicado em 1953. Porém, podemos considerar razoavelmente que somente a publicação, em 1965, do livro *Évolution et Modification du comportement* (Paris: Payot, 1984) pôde apresentar a nova definição do inato. Ora, em 1965, as discussões sobre a questão do inato que agitaram a linguística começam de fato e se baseiam, por consequência, nas definições antigas. Não parece que, depois, os linguistas tenham se dado suficientemente conta da verdadeira mudança radical que havia ocorrido. Consequentemente, suas proposições sobre a questão correm o risco de estar irremediavelmente obsoletas.

Uma vez que há um sistema de observações e de experiências que permite distinguir entre inato e adquirido em etologia, haveria um tal sistema de observações e de experiências a propósito da linguagem?

3.1.2.2 As observações pertinentes dizem respeito à evolução e à filogênese. Já ao se estudar a noção de órgão, foi possível vislumbrar dificuldades. É preciso, agora, ir mais longe: no sentido darwiniano da palavra *evolução* e no sentido preciso da palavra *linguagem*, é impossível falar em evolução a propósito da linguagem.

Na verdade, se por *linguagem* se entende, como faz a ciência da linguagem, esse *x* que se deixa observar unicamente através das línguas, ele é um obstáculo incontornável: a história das línguas é muito recente, já que não se recua mais do que 3.000 anos caso se atenha aos documentos escritos ou 5.000 anos caso se confie na gramática comparada[33]. Entremos em um acordo: é evidente que as línguas mudam. Podemos, se desejarmos, usar, a esse respeito, o vocabulário evolucionista. Isso foi feito por grandes pensadores. Por exemplo, Bréal ou, mais recentemente, Martinet, que deu, a uma de suas obras, o título: *Évolution des langues et Reconstruction*. Reciprocamente, o darwinista aproxima, com frequência, seu próprio programa de pesquisa das técnicas da reconstrução linguística. Podemos citar o próprio Darwin: "os órgãos rudimentares poderiam ser comparados com as letras de uma palavra, conservadas na escrita mas perdidas na pronunciação, e que servem de guia na pesquisa de sua etimologia" (*A origem das espécies*, cap. XIII, § XI in fine); formulações semelhantes se encontram em Gould, em Lorenz e em todos os darwinistas minimamente cultos.

Deve ficar claro, contudo, tanto em um caso quanto em outro, que tais usos só poderiam ser metafóricos. Se a linguagem é *realmente* um dispositi-

---

33. Cf. MARTINET, A. *Des steppes aux océans*, p. 51, e as referências citadas. Para resumir o estado atual dos conhecimentos combinados da pré-história e da linguística, parece que se pode voltar ao neolítico, mas não além – o que não significa, evidentemente, que a linguagem fosse desconhecida dos homens do paleolítico.

vo inato e se a evolução da qual se trata é *realmente* a evolução darwiniana ou neodarwiniana, então, a temporalidade deve ser comparável. Ora, os biólogos parecem atualmente concordar a respeito da unidade da conta cronológica nesse domínio: isso não se faz em milhares, mas em milhões de anos.

Por conseguinte, caso se queira retomar a qualquer preço a terminologia neodarwiniana, as mudanças que se pode observar nas línguas dependem, no máximo, do fenótipo, e não do genótipo. Além disso, deve-se desconfiar das línguas-ficções: línguas primitivas, que representariam o análogo, na linguagem, da morfologia evolutiva do cérebro (ou do olho etc.). Não há razão para supor que as propriedades que atribuímos à linguagem não tenham sido verdadeiras desde sempre: o indo-europeu reconstruído é rudimentar porque os procedimentos da reconstrução não permitem atingir o detalhe; entretanto, temos todas as razões para supor que o indo-europeu real (para nós inatingível) era tão complexo quanto qualquer língua moderna – ou, caso se queira se prender ao passado, tão sofisticado quanto o sumério[34].

Não há outra possibilidade, portanto, caso se queira adotar o ponto de vista evolutivo, do que a de ampliar o campo de investigação ao conjunto biológico do qual a espécie humana é apenas um ramo. Porém, nesse conjunto, as línguas só aparecem no homem. É preciso, portanto, mudar o ponto de vista e considerar a linguagem como um elemento de uma classe mais vasta, incluindo outra coisa além das línguas: a única classe que, desse pon-

---

34. Há, como se sabe, uma poesia suméria erudita; havia, sem dúvida, uma poesia indo-europeia, da qual os pesquisadores reconstruíram parcialmente a métrica e identificaram certos procedimentos (cf. a breve síntese de HAUDRY, J. *L'Indo-Européen*. Paris: PUF, 1979, p. 114-118. • HAUDRY, J. *La Religion cosmique des Indo-Européens*. Milão/Paris: Archè/Les Belles Lettres, 1987). Burgess, roteirista de Annaud, tinha, sem dúvida, o direito de fazer os heróis do filme *A guerra do fogo* "falarem indo-europeu" (ainda que estes, aparentemente, pertencessem ao paleolítico). Entretanto, colocada de lado a licença-poética do espetáculo, nada prova que os homens do paleolítico tenham tido uma relação tão pouco civilizada com sua própria língua quanto é mostrado no filme: articulação fônica próxima do grunhido, raras palavras arrancadas somente pela necessidade da ação ou da necessidade; tudo isso diz respeito ao primitivismo mais imaginário, nos moldes, é preciso dizer, do romancista Rosny.

to de vista, se propõe de maneira plausível é a dos comportamentos simbólicos, entendidos eventualmente como órgãos de um certo tipo. Nada impede que se fale em comportamentos simbólicos em outras espécies que não a espécie humana. É possível acreditar, então, poder falar em filogênese e inclusive contornar, em certa medida, as dificuldades assinaladas no parágrafo anterior; basta, para isso, não ser tão exigente quanto à definição funcional desses órgãos de tipo novo: comunicação, simbolização, expressão de si etc.

É preciso reconhecer que as proposições que foram emitidas desse ponto de vista não são muito convincentes[35]. Ainda que fossem examinadas com a maior indulgência, elas teriam todas as chances de não interessar muito à ciência da linguagem. Esta, de fato, não estuda o motivo pelo qual as línguas se assemelham a outros sistemas (de comunicação, de símbolos etc.); ela estuda justamente o motivo pelo qual as línguas, em seu conjunto, se *distinguem* desses outros sistemas. O ponto de vista generalizante é certamente legítimo, mas não pode esclarecer o ponto de vista específico, que também é legítimo.

Como ocorre seguidamente, a terminologia corrente obscurece as coisas. É verdade que certos comportamentos simbólicos que não pertencem às línguas são, por vezes, eles próprios, também chamados de linguagens; em particular quando são encontrados nos animais. Daí a noção de "linguagem" animal. De um ponto de vista geral, é evidente que tudo é interessante: analisar o comportamento das abelhas, ou dos golfinhos, ou

---

35. Cf., p. ex., as conjecturas extremamente aventureiras de K. Lorenz e I. Eibl-Eibesfeldt ("Les fondements phylogénétiques du comportement humain". In: *L'Homme dans le fleuve du vivant*, p. 287-288). Elas dizem respeito, no mais, unicamente às significações; por exemplo, o fato de que, em muitas línguas, se fala em "desembaraçar" um problema, "desenredar" uma dificuldade, é explicado pela vida arborícola dos grandes macacos, supostamente ancestrais do ser falante. Porém, nada é dito sobre o mais importante: a base material da linguagem; isto é, a fonologia e a sintaxe. Nada é dito sobre a filogênese de um fenômeno tão importante quanto o caráter articulado da linguagem. Em resumo, não se saiu do romanesco.

dos chimpanzés, tudo isso são programas de pesquisa importantes em si mesmos; nomear alguns desses comportamentos "linguagens" pode justificar e permitir o desenvolvimento de programas fecundos. E, acima de tudo, é um caso de definição nominal. Se, no entanto, deixando de lado as palavras, nos interessamos pelas coisas, resta que a ciência da linguagem não tem por objeto a "comunicação" ou a "simbolização" em geral; ela nem mesmo tem por objeto a "linguagem" em geral; ela tem por objeto a linguagem enquanto detentora das propriedades empíricas *particulares* que procura esclarecer.

Supondo, portanto, que se possa razoavelmente reconhecer "comunicação simbólica" nos chimpanzés, isso ensinará algo sobre a comunicação simbólica nos chimpanzés; isso não ensinará nada sobre a linguagem humana. Nada deveria, de fato, prevalecer contra a seguinte evidência: *nenhuma* das propriedades definidoras da linguagem humana, nenhuma das propriedades que fazem com que ela não seja um sistema qualquer de comunicação ou de transmissão de informação ou de simbolização ou de ritualização etc., se deixa reconhecer fora da espécie humana. É preciso, ainda, admitir que a linguagem humana tenha propriedades definidoras e que é verdade que certos linguistas, eles também, não são claros nesse ponto. Porém, quando não nos perdemos em confusões, a situação fica clara: ou se emprega a palavra *linguagem* como se emprega ordinariamente e, então, não há linguagem animal; ou se muda a definição da palavra *linguagem* e, então, não se diz nada de interessante para a ciência da linguagem (o que não significa que não se diga absolutamente nada de interessante, bem ao contrário).

Para dar uma ideia do baixo grau em que caíram as discussões, é possível lembrar das pesquisas recentes sobre os grandes macacos. Quando, por linguagem, se entende – como é usual – este *x* que se realiza nas línguas, reconhecemos, entre suas propriedades particulares, ao menos esta: o fato de ter uma forma fônica. No entanto, nenhum grande macaco fala através da voz. E, por razões que se pode explicar, mas que não têm nada de científico[36], é *preciso* que os grandes macacos disponham de linguagem. Alguns astutos pensadores imaginaram, então, que, acima de tudo, o fato de que os chimpanzés não falam provaria somente que suas laringes não eram próprias para articular fonemas. Por que não se empenhar, então, em ensinar um chimpanzé a usar a linguagem dos surdos? Sem mesmo entrar no detalhe dos resultados obtidos, que são muito menos convincentes do que alguns pretendiam, é preciso deixar claro: na melhor das hipóteses, perguntar se o chimpanzé pode "falar" através de signos significa jogar com as palavras. Na verdade, estamos perguntando se o chimpanzé pode "se comunicar" sem usar fonação e aprender um sistema de transmissão de informação que a espécie não desenvolveu. Caso se possa responder de modo afirmativo, isso seria do mais alto interesse – e, caso se possa responder de modo negativo, isso também seria do mais alto interesse. Porém, em ambos os casos, de início, se esvaziou o problema de toda significação para a ciência da linguagem, já que se deu o impasse sobre uma propriedade definidora de seu objeto: a forma fônica e, de maneira mais geral, o caráter articulado[37].

Isso equivaleria a dizer, então, que não há nenhuma importância a ser dada à posição ereta, própria à espécie humana, já que os grandes macacos se deslocam tão bem e até mesmo melhor do que os homens, se valendo de seus quatro membros.

---

36. Elas são de dois tipos opostos: segundo alguns, é preciso levar o animal ao homem, para conduzir os dois juntos à espiritualidade; segundo outros, é preciso levar o homem ao animal, para impedir que se acredite que o homem escapa ao darwinismo. É claro, o mesmo indivíduo poderá adotar alternadamente uma ou outra opinião, impelido, por vezes, por uma caridade nauseabunda. Recusar a linguagem ao macaco não seria, dirão alguns, o mesmo que recusar a inteligência aos pobres e aos imigrantes? Sim, sem dúvida, mas com a condição de que se tenha, primeiramente, identificado os pobres e os imigrantes aos grandes macacos.

37. Consultaremos sempre, com proveito, o artigo de Benveniste, "Comunicação animal e linguagem humana", *Problemas de linguística geral I*. É interessante lembrar que Von Frisch reagiu vivamente a esse artigo quando de sua publicação na revista *Diogène*, I, 1952. Houve muito debate entre o linguista e o especialista em abelhas; pareceu somente que o segundo tinha, em sentido próprio, necessidade de acreditar que as abelhas "falavam" para continuar sua empreitada.

O alerta que acabamos de fazer a propósito da forma fônica poderia ser feito igualmente para todas as propriedades que teríamos de reconhecer na linguagem. Sem antecipar, é possível, entretanto, evocar duas questões: o animal do qual se garante que tenha uma linguagem seria capaz de ficção? O animal do qual se garante que tenha uma linguagem seria capaz de falar de sua própria linguagem? Veremos que as duas questões resultam somente em uma.

De fato, o estudo das "linguagens animais" somente teria importância para a ciência da linguagem com uma única condição: que possa estabelecer uma relação filogenética entre determinada propriedade de uma linguagem animal e determinada propriedade da linguagem humana, ficando entendido que se trata de uma dessas propriedades que distinguem a linguagem humana de um sistema simbólico em geral. Sem dúvida, não se pode excluir, de antemão, que isso ocorra[38]. No estado atual dos conhecimentos, estamos longe do que seria necessário.

3.1.2.3 O que ocorre nas experimentações sobre a linguagem atualmente? Aqui também a resposta é clara: nenhuma experimentação é construída pelos linguistas; nenhuma experimentação construída por outras ciências é mencionada por eles. Paradoxalmente, os únicos que falam em termos de experimentação são justamente não linguistas; notadamente, Lorenz. Qualquer que seja o mérito de suas afirmações, elas estão, desde então, marcadas pela ignorância, talvez inevitável, em relação aos métodos e aos resultados de uma linguística pouco rigorosa. Em suma, os linguistas que

---

[38]. É possível supor que somente seriam pertinentes, para tal história, os últimos elos da evolução; isto é, os grandes macacos. Sem falar dos insetos, os mamíferos superiores em seu conjunto (e, p. ex., os golfinhos) não serão verdadeiramente de nenhuma ajuda. Acrescentemos que, quando há o interesse pela "linguagem" nos grandes macacos, nada prova que o que ocorre, como tal, neles mantenha a menor relação filogenética com o que chamamos de linguagem no homem: sabemos de sobra que as semelhanças externas não provam nada nesse domínio.

falam em inato não falam em experimentação; e os biólogos que falam em experimentação não falam nem das línguas nem da linguagem: ou melhor, eles só falam delas de segunda mão e de maneira aproximada. Sejamos claros: a tese "a linguagem é inata" não tem conteúdo experimental, ou seja, tem somente um conteúdo filosófico e fundamentalmente negativo.

As experiências possíveis atualmente são: (I) a privação; (II) o cruzamento. Para o cruzamento, há uma objeção de base que havia sido evocada a propósito do órgão. É possível, agora, desenvolvê-la com mais precisão: as línguas são múltiplas, mas não são certamente inatas. Quanto à linguagem, ela é, talvez, inata, mas é única. Nem as línguas nem a linguagem permitem, portanto, uma experimentação significativa, ainda que por razões inversas.

Pois, devemos lembrar, ninguém pode supor que um ser falante fale francês de maneira inata; mesmo aqueles que pensam em termos de inato supõem somente o seguinte: um ser falante fala de maneira inata, e "falar" significa, aqui, "ser capaz de falar uma língua em geral". E isso é a linguagem. Sem dúvida, foi possível supor que essa "disposição para a linguagem" não era vazia (e que, dito de outro modo, a linguagem tinha propriedades). Porém, o conteúdo dessa disposição é uma disposição para uma língua *qualquer* ou para um *tipo* de língua qualquer. Se a disposição para a linguagem não é vazia, é preciso, então, necessariamente, que haja propriedades comuns a numerosas línguas, senão a todas. Por conseguinte, a suposição de uma disposição para a linguagem perpassa a questão da gramática universal.

A tese "a linguagem é inata" só pode dizer respeito à linguagem e não às diversas línguas. Para retomar o que dissemos em 3.1.2.2, só a linguagem poderia pretender depender do genótipo; quanto às línguas particulares, é inclusive excessivo atribuí-las, sem precauções, ao fenótipo. Pois é próprio às características fenotípicas que sejam transmitidas por fenocópia: é a hereditariedade "epigenética", cujo suporte e cujos mecanismos são distintos daqueles da hereditariedade filogenética, mas à qual o termo intuitivo e não teórico de transmissão hereditária pode, entretanto, ser aplicado[39]. Consequentemente, ocorre que um indivíduo fica "disposto" a desenvolver estas ou aquelas características que, no entanto, não pertencem ao estoque da espécie. Esse não é, aparentemente, o caso das línguas.

Desse modo, seja qual for a língua de seus genitores, o recém-nascido poderá falar qualquer língua. Sabemos que ele irá falar a língua de seu entorno. Normalmente, esse entorno é constituído pelos genitores, mas, se ocorre que o sujeito nunca esteja em contato nem com seus genitores nem com a língua deles, então ele não irá manifestar *nenhuma* característica linguística devida à língua dos genitores. Isso continua sendo uma verdade, ao que parece, se, ao invés de considerarmos as línguas particulares, considerarmos os *tipos* de língua. De fato, é possível definir, em meio à diversidade das línguas, reagrupamentos tipológicos (que não coincidem, necessariamente, com os reagrupamentos "históricos"); as línguas de um mesmo tipo poderão se distinguir em muitos pontos, mas elas compartilharão certas características estruturais. Ora, aí ainda, não há, em um indivíduo, predisposição inata para falar uma língua de um determinado tipo mais do que de outro. Ainda que nascida de uma linhagem ininterrupta e milenar de japoneses, uma criança não estará predisposta a falar nem o japonês nem uma língua que, sem ser o japonês, apresentaria certos traços gerais dessa língua, quaisquer que sejam[40].

---

39. Cf. DANCHIN, A. *L'Œuf et la Poule*. Paris: Fayard, 1983, p. 203. • "Note critique sur l'emploi du terme *phénocopie*". In: *Théories du langage, théories de l'apprentissage; le débat Chomsky-Piaget*. Paris: Éd. du Seuil, 1979, p. 109.

40. Esse é, ao menos, o estado atual dos conhecimentos, se ficarmos com o que é mais seguro. Eu tomo, de bom grado, o exemplo dos japoneses, que originou um verdadeiro *topos*: há grandes pensadores para sustentar que o centro da linguagem nos japoneses não fica situado no mesmo hemisfério cerebral do que nos europeus; da mesma forma, há grandes pensadores (não são os mesmos) para sustentar que a língua japonesa não conhece nenhum dos fenômenos que se procurou explicar em termos de transformações (acrescentemos, exagerar, que há grandes pensadores – não são os mesmos que os precedentes – para sustentar que os japoneses não têm inconsciente). Não vou julgar a veracidade de semelhantes afirmações. Se elas têm uma significação biológica, só podem, em todo caso, recebê-la da hereditariedade epigenética.

Na medida em que se distingue da linguagem, uma língua particular é, portanto, uma característica integralmente adquirida pelo indivíduo no decorrer de sua existência como indivíduo. De resto, é notável que aqueles que sustentaram a hereditariedade das características adquiridas não estejam muito interessados pelas eventuais consequências de sua posição no que tange à questão linguística. Eles deveriam ter suposto que, por exemplo, uma criança nascida de pais eslavos devia manifestar, em seu uso do alemão, traços fonológicos, sintáticos ou semânticos do polonês ou do tcheco; isso aconteceria mesmo que – como pôde efetivamente se produzir nos anos de 1940 (pensemos no Lebensborn) – ela fosse separada de seus pais em seu nascimento, fosse educada em um meio estritamente germanófono e jamais tivesse contato regular com as línguas eslavas[41]. Segundo a mesma lógica, eles deveriam ter suposto que nunca uma criança nascida de pais não franceses e adotada, em seu nascimento, por franceses "de origem" falará o francês sem manifestar, em algum ponto da estrutura, traços oriundos de outra língua.

As consequências deveriam ser evidentes para todos: eticamente repugnantes, elas são também demonstravelmente falsas[42].

Ora, se só a linguagem é filogeneticamente inata, e não as línguas, ela é *res unica*. Pois somente há uma única espécie de seres falantes: só a espécie humana fala e, se a linguagem tem propriedades, todos os membros da espécie humana compartilham essas propriedades (é a própria significação da tese da existência da linguagem). Para ser claro, a genética parece ter

---

41. Evidentemente, não se trata do que ocorre com os sujeitos que permanecem em contato, em seu entorno imediato, com uma língua diferente daquela da população majoritária. Ocorre que, nesse caso, interferências acontecem. Mas não necessariamente, longe disso. Damourette e Pichon acreditavam firmemente que estavam no direito de encontrar, no estilo de André Maurois, influências germânicas, advindas, segundo eles, das origens judaicas do escritor (*Des mots à la pensée*, V, § 1721, p. 194-195). Eis aí fantasmas.

42. De um ponto de vista histórico, é curioso constatar que a hereditariedade das características adquiridas foi seguidamente defendida por uma "esquerda" científica. Vemos ao preço de que perigos potenciais.

estabelecido que havia raças humanas; em contrapartida, ela certamente não descobriu a menor correlação entre a diversidade das raças e eventuais diversidades quanto à linguagem. Consequência: não há experiência de cruzamento possível.

Em relação à privação, seria adequado, ainda, distinguir entre privações "globais" e privações "finas". Nos trabalhos de Lorenz e de sua escola, somente as segundas são verdadeiramente esclarecedoras. Quando se trata da linguagem, dispomos de privações globais – mudez, surdez –, e de privações finas: em particular, as afasias. O problema é que, em qualquer caso, só se tem observações tiradas de circunstâncias contingentes e excepcionais.

Ao menos, é o que se espera. Pois pensemos um pouco no que poderiam ser experiências de privação provocada e no que elas têm de insustentável.

O caso mais célebre de privação diz respeito a uma privação global; trata-se de Helen Keller[43]. Ainda que o próprio Lorenz assimile tal caso às experiências de privação estudadas pelos etólogos[44], uma diferença fundamental, no entanto, subsiste: tal configuração não é construída, mas dada; por conseguinte, ela não dá origem a nenhum protocolo de experiência. Não apenas repousa sobre a boa-fé dos atores principais (que parece, no caso, assegurada, mas não é esse o problema), mas também repousa sobre a situação concreta e histórica, que comporta múltiplas determinações entremeadas e heterogêneas. Uma mente formada na disciplina da psicanálise não deixaria, evidentemente, de destacar, nesse caso, a questão da posição da mãe e a questão da eventual transferência no que diz respeito ao sujeito suposto saber falar (no caso de Keller, quem poderia ignorar o papel decisivo da instrutora, Ann Sullivan?). Mesmo supondo que se interprete integralmente a psicanálise em termos de ciência positiva (Freud, como se sabe, não estaria

---

43. Mais recentemente, podemos citar o caso Genie, que foi estudado de maneira mais conforme aos critérios das ciências positivas: CURTISS, S.; FROMKIN, V.; KRUSHEN, S.; RIGLER, D. & RIGLER, M. "The linguistic development of Genie". In: *Language*, n. 50, 1974, p. 528-555. As conclusões que se pode tirar disso não afetam, entretanto, sua amplitude.
44. Cf. *L'Envers du miroir*. Op. cit., 1975, p. 248.

em desacordo com isso), a questão passa a ser a seguinte: não haveria, na aquisição da linguagem feita por Keller, a intervenção de outros fatores diferentes daqueles que são relatados pelas testemunhas, as quais não são outras senão os próprios atores? (Ann Sullivan e a própria Helen Keller[45].) Ora, tais objeções afetam praticamente todas as narrativas de natureza semelhante. Elas são suficientes para tornar os dados de privação muito pouco utilizáveis para esclarecer o *status* inato ou adquirido da linguagem.

Quando se pensa nas precauções que, com razão, Lorenz exige das experiências de privação para que possam autorizar conclusões seguras em relação à característica inata de um comportamento, o mínimo que se pode dizer é que essas precauções não são tomadas em tais narrativas. Além disso, é impossível que sejam tomadas; por um lado, esbarra-se na questão ética por excelência: a manipulação experimental dos seres falantes seria permitida? Por outro lado, esbarra-se em limitações intrínsecas: mesmo supondo que se conceda o direito moral para construir experiências de privação com o ser falante, tão rigorosas quanto as experiências de privação com os animais, como garantir que, fazendo isso, já não se infringiu uma das regras colocadas por Lorenz: a de não destruir, na experiência de privação, as condições mínimas que governam o aparecimento do comportamento a ser estudado?

De qualquer maneira, notaremos que, nesse caso, Lorenz raciocina ainda por inferência: seria impossível que o sujeito cego, surdo e mudo pudesse dominar a linguagem, caso não dispusesse de um sistema inato. Pois como teria aprendido? Porém, isso diz somente que não se pode imaginar como ele teria aprendido: ora, os limites de nossa imaginação não são limites para o objeto. Além disso, o sujeito não é desprovido de fonte de informação, já que lhe resta o tato – e sabemos o quanto o tato foi capital na instrução de Keller; o argumento, então, passa a ser o seguinte: como teria aprendido em tão pouco tempo a partir de uma fonte de informação tão pobre?

---

45. KELLER, H. *Ma libératrice*: Ann Sullivan. Paris: Payot, 1956.

Ao que se pode objetar que não existe nenhuma teoria confiável no que diz respeito à rapidez da aprendizagem. De modo que a aquisição fosse extremamente rápida. É admirável que, ao estudar os animais, Lorenz destaca essa possibilidade e adverte sobre a enorme propensão de concluir que processos não podem ser aprendidos. Ele esquece isso quando se trata dos seres falantes.

É verdade que a posição de Lorenz se torna, então, sutil: se um aprendizado extremamente rápido ocorre é, sem dúvida, porque existe um dispositivo inato de aprendizagem. Nesse caso, diríamos que a linguagem, na condição de inata, é simplesmente o dispositivo que permite aprender uma língua (e, em primeiro lugar, a língua materna, cujo processo de aquisição começa, talvez, antes do nascimento, durante os últimos meses de gestação). Todavia, nada atesta que esse dispositivo seja específico da linguagem: é possível imaginar um dispositivo de aprendizagem pouco específico, que permite adquirir a primeira língua que se propõe (sem prejuízo de que esse dispositivo seja saturado na sequência; por isso a dificuldade maior de aprender uma segunda língua). Seria possível até mesmo imaginar um dispositivo de aprendizagem absolutamente não específico, que permite adquirir o que quer que se proponha no espaço próximo – língua, gesto, condutas etc. Que fique claro: nada de experimental impõe tais conclusões. De fato, não há nada de inverossímil em supor um dispositivo inato muito específico ao qual se dará o nome de linguagem e que consistirá, em parte, em um aparelho de aprendizagem das línguas particulares. Porém, isso é uma conjectura que, no momento, não está nem refutada nem confirmada.

Em relação às observações de privação fina, elas são numerosas[46]; entretanto, padecem das mesmas limitações: não podem resultar de uma experimentação construída. Dito isso, mesmo supondo que se encontre, algum

---

46. Um resumo dos trabalhos pertinentes poderá ser encontrado em POPPER, K. & ECCLES, J.C. *The Self and Its Brain*. Op. cit., p. 295-310. Proschiantz (comunicação pessoal) defende que seria possível contornar os obstáculos mencionados acima graças a um programa corretamente definido de manipulações genéticas.

dia, a gloriosa liberdade de experimentação que reinou em alguns campos de 1933 até 1945, é preciso saber que muito provavelmente não iremos aprender nada muito esclarecedor sobre a linguagem como inata. De fato, a linguagem só é observável em uma língua particular. Em etologia, parece sempre possível separar, com uma clareza e uma distinção suficientes, a parte inata de um comportamento de sua parte adquirida. Nos dados linguísticos, essa separação nunca é simples: mais exatamente, ela depende da teoria e não da observação. Suponhamos que se possa mostrar que certas propriedades se encontram em todas as línguas; elas se combinarão, incessantemente, em cada uma, com propriedades particulares. Certamente, caberá à teoria dar uma representação distinta do universal e do particular, mas a observação nunca encontra algo diferente de sua mistura. Por isso, também uma experiência de privação abordará fragmentos em que se encontrarão misturadas propriedades de linguagem e propriedades de língua.

Na realidade, não se pode ultrapassar, no que tange à linguagem, o uso *inferencial* do termo *inato*, uso que é preciso distinguir, com clareza, de seu uso experimental e cujo conteúdo se resume a isto: a combinação da universalidade e da pobreza dos estímulos. O que nos leva a Platão e ao *Mênon*.

3.1.2.4 A tese "a linguagem é inata" se assenta somente sobre um raciocínio lógico que podemos restituir da seguinte maneira:

(I) Há, nas línguas, estruturas universais.

(II) Há, nas línguas, estruturas que podem ser aprendidas.

(III) Há, entre as duas, uma intersecção significativa: X.

Conclusão: X é inato e não adquirido.

Como se comprova (I)?

Pela evidência, tanto negativa quanto positiva: de um lado, são citadas propriedades que existem em todas as línguas; de outro, são citadas propriedades que não podem existir em nenhuma língua. Como não é possível proceder por exame exaustivo, somente é possível se apoiar na evidência. Em relação às propriedades positivas: a impossibilidade de imaginar ou de conceber (não são a mesma coisa) uma língua que não tenha a propriedade P. Em relação às propriedades negativas: a impossibilidade de imaginar ou de conceber uma língua que tenha a propriedade Q.

Para que a prova (ela, de fato, se resume a uma experiência de pensamento) seja conclusiva, é preciso que a possibilidade de P ou a impossibilidade de Q não esteja contida analiticamente na definição geral das línguas (da ideia de que há línguas, ou seja, linguagem). É preciso, portanto, que P ou Q sejam sintéticos. Quanto à certeza que segue da evidência, é preciso, de acordo com a epistemologia do disposto, que ela tenha um correlato material: é a competência.

Vemos que tudo está relacionado. No caso contrário, uma teoria segundo a qual não há, nas línguas, nenhuma propriedade universal conduzirá, implícita ou explicitamente, a defender que a linguagem não existe.

Como se comprova (II)?

Nesse caso ainda, não há experiência positiva, mas somente um raciocínio cuja característica conclusiva está fundamentada na evidência. Se tudo na língua é adquirido, como explicar que, sobre a base de experiências necessariamente finitas em número e em diversidade, o sujeito possa produzir construções que jamais encontrou?

Esse argumento ganha força especialmente quando se acrescenta que a linguagem é infinita, já que as experiências que permitiriam a aquisição são necessariamente finitas em número e limitadas em diversidade qualitativa. Todavia, a infinidade da linguagem não é necessária: basta que se mostre que falar inclui a possibilidade de produzir ou de interpretar uma frase que nunca se ouviu anteriormente. A respeito desse último ponto nos apoiamos na observação mais comum. Sem necessidade, como se diz, de protocolo de laboratório, a observação quotidiana das crianças prova, com evidências, que isso ocorre dessa maneira.

Como se comprova (III)?

Através da investigação empírica. Dois pontos devem ser destacados: em primeiro lugar, ao contrário do que se poderia acreditar, a proposição (III) não segue logicamente as proposições (I) e (II). Dito de outro modo, pode haver estruturas que não sejam adquiridas pelo indivíduo e que não sejam universais. Reencontramos aqui a hereditariedade epigenética. Porém, vimos que ela permaneceria sem verossimilhança em matéria de linguagem: ou há estruturas linguísticas inatas e, então, elas dependem da hereditariedade filogenética, ou não há estruturas linguísticas inatas de maneira alguma. Não há, ao que parece, meio-termo. Em seguida, a palavra importante na proposição (III) é *significativo*. Não basta para a Escola de Cambridge que se possa construir a intersecção X; é preciso, além disso, que ela tenha um conteúdo rico.

O raciocínio que articula as proposições (I), (II) e (III) seria válido? Ele repousa sobre a tese implícita: os critérios de definição de uma característica inata são (a) a universalidade dentro de uma espécie, (b) a impossibilidade de ser adquirida. A impossibilidade de ser adquirida se comprova somente por inferência a partir da proposição: de qualquer maneira, os *stimuli* serão sempre muito pobres.

Essa definição, devemos lembrar, não tem nada a ver com uma proposição experimental. Trata-se ainda e sempre da definição do *Mênon*[47].

A justificativa fundamental não é outra senão um requisito lógico: há processos na linguagem que não se sabe como poderiam ser aprendidos. Logo, devem ser inatos. Em contrapartida, adotou-se a proposição "o que é inato está estocado pela espécie sob a forma de inscrições no código genético". Concluiremos, portanto: "há processos na linguagem que são inscritos no código genético".

Porém, isso é um sofisma; pois, assim, se está jogando com a palavra *inato*. A equação "inato = estoque genético" só vale para o inato experimental. Ora,

---

47. Além disso, Chomsky cita, de bom grado, esse argumento do *Mênon*. Apesar de tudo, ele cita, de bom grado, os raciocínios cartesianos. Isso mostra claramente que o inato que está em questão para ele não é o inato experimental dos eruditos, mas o inato inferencial, que não se distingue do inato dos filósofos. Cf. tb. seu artigo "Sur quelques changements concernant les conceptions du langage et de l'esprit". In: PAPP, T. & PICA, P. *Transparence et opacite*. Op. cit.

a ciência da linguagem só pode falar do inato inferencial. E, para este, a equação é, ao mesmo tempo, ilegítima, inverificável e vazia de sentido. Acontece o mesmo com a afirmação, que decorre disso, de que algo da linguagem faz parte do estoque genético da espécie.

Evidentemente, é claro, essa proposição, para ser muito geralmente adotada atualmente, também não possui nada de experimental; é somente a melhor proposição que permite manter, juntas, a doutrina neodarwiniana (a distinção das espécies está inscrita nos genes) e a afirmação clássica: a linguagem é uma propriedade definidora da espécie humana. Ora, essa justificativa é, em si mesma, puramente *lógica*; só diz respeito a uma materialidade através de uma epistemologia particular, em que um dispositivo detalhado pode e deve traduzir a relação lógica das proposições teóricas. Não se deveria confundir essa materialidade conjectural com uma materialidade experimental; é preciso ser claro: nenhuma experiência veio ainda correlacionar um fragmento de código genético e um processo supostamente universal e inato da linguagem. Isso não comprova que a proposição seja falsa; isso apenas significa que ela excede os limites da experiência. Ela depende, portanto, das preferências individuais ou, mais exatamente, da visão de mundo, e mesmo aqueles que a tomam por verdadeira não podem fazer absolutamente nada a respeito disso.

Quanto à universalidade dentro da espécie, nada de substancial está definitivamente estabelecido no que tange às línguas. Sobretudo se focalizamos o exame não sobre a existência ou a inexistência de estruturas universais – não deveria ser tão difícil chegar a um consenso sobre esse ponto –, mas sobre a riqueza ou a pobreza substanciais dessas estruturas. De fato, a Escola de Cambridge não levantou verdadeiramente a hipótese que a alternativa cética faz pesar sobre ela. Nessa perspectiva, a linguagem, enquanto comum à espécie, é muito pouco específica. No limite, ela poderia não conter mais do que a estruturação mínima à qual se limitavam os estruturalistas: em geral, a dupla articulação de Martinet. Somente isso dependeria, então, da filogênese. Todo o resto diria respeito ao fenótipo e até mesmo à aquisição individual, dada a ausência de hereditariedade epigenética nas línguas. Veremos que a ciência da linguagem não está, sem dúvida, reduzida a essa extremidade; entretanto, é preciso dizer que certas hipóteses excessivamente detalhadas parecem ir além dos limites legítimos.

No estado atual de nossos conhecimentos, podemos admitir, como uma tese filosófica, que a linguagem é inata, mas não podemos nada concluir a esse respeito que tenha um sentido biológico preciso; além disso, nada comprova que, sendo inata, a linguagem possa receber uma estruturação tão complexa e tão rica como a que se pensava desde os anos de 1960[48]. Dito de outro modo, a proposição "a linguagem é inata" corre o risco de não dizer nada de muito interessante nem sobre o inato nem sobre a linguagem.

3.1.3 O específico

A proposição "a linguagem é específica" parece muito característica da Escola de Cambridge. Acima de tudo, seu programa se opõe ao programa estruturalista justamente nesse ponto: a escola estruturalista havia se propos-

---

48. De fato, certos desenvolvimentos recentes da Escola de Cambridge vão nesse sentido, sem admitir isso explicitamente. Trata-se da abordagem dita paramétrica: sem deixar de manter que existe um núcleo comum a todas as línguas – a gramática universal, que corresponde objetivamente ao que chamamos aqui de linguagem –, a doutrina acrescenta que essa gramática é parametrizada. Uma língua particular L pode, então, se distinguir de uma outra língua L' escolhendo um valor diferente para um mesmo parâmetro; L e L' obedecerão à mesma gramática universal; obedecerão ao mesmo parâmetro e, no entanto, serão diferentes (cf. ROUVERET. *La Nouvelle Syntaxe*. Op. cit. p. 60-64). Além disso, pode acontecer que uma língua particular não retome este ou aquele elemento da gramática universal. É possível, então, nos questionarmos se a gramática universal teria verdadeiramente um conteúdo e se todo o conteúdo não seria absorvido pelas escolhas das línguas particulares. Acrescentemos que, raciocinando em termos genéticos, é possível interrogar sobre o *status* que é necessário reconhecer ao valor escolhido para um parâmetro; não é, certamente, o inato filogenético (visto que, por definição, essa escolha varia de língua para língua); não é, também, uma escolha que o indivíduo faz sobre a base de suas experiências individuais. Mas também não é, ao que parece, uma escolha transmitida por hereditariedade epigenética: um recém-nascido não está predisposto a escolher determinado valor de um parâmetro mais do que um outro. Aqui fica evidente a impropriedade de certas noções quando se trata da linguagem e das línguas.

to a descrever o conjunto da linguagem com as noções mais pobres e mais gerais. Oposições, contrastes, eixo paradigmático, eixo sintagmático etc.; fica claro que tais noções valem justamente pelo que elas têm de não específico. Em contrapartida, a Escola de Cambridge se empenha em esclarecer o que só a linguagem tem para mostrar.

Já que a mesma escola apresentou as duas proposições "a linguagem é inata" e "a linguagem é específica", poderíamos, portanto, acreditar que elas se articulam de modo harmonioso. Consequentemente, por uma combinação natural, a proposição "a linguagem é um órgão". Porém, até mesmo essa articulação é duvidosa: mais exatamente, seria absolutamente certo dizer que as propriedades inatas da linguagem são específicas da linguagem?

Na Escola de Cambridge, o programa é claro; ele coloca de modo preciso: "os processos *característicos* da linguagem são inatos". Já que se cita Platão a esse respeito, convém, no entanto, destacar que esse não é o argumento do *Mênon*: esse argumento diz: "existe o inato", mas não diz, de modo algum, que os processos inatos sejam muito particulares. Exatamente o contrário. Na verdade, tudo leva a crer que Platão concluía: "são inatas certas maneiras de relacionar as grandezas". Porém, essas maneiras de relacionar só fazem intervir noções muito gerais: "maior", "menor", "igual". Nós as encontramos na geometria; poderíamos muito bem encontrá-las em outras atividades discursivas.

Ora, a questão crucial é exatamente a seguinte: pode ocorrer que essas noções muito gerais, que são empregadas na geometria e em outros lugares, sejam não só necessárias, mas também suficientes para a linguagem. Ao final do § 3.1.2.4, evocamos a possibilidade de que a linguagem não tivesse um conteúdo muito específico; agora, seria preciso ir ainda mais longe: não apenas a linguagem não teria um conteúdo muito específico, mas também ela não teria qualquer conteúdo especificado. Nada a distinguiria de nenhuma atividade de pensamento; tudo que é distintivo viria das línguas no que elas têm de particular e de variável. Se assim fosse, o argumento do *Mênon* permaneceria válido, e, no entanto, o programa chomskyano desmoronaria.

Da mesma maneira, a teoria cartesiana da linguagem parece ser deduzida exatamente das teses mais gerais sobre o homem, o mundo, a matéria, o pensamento. Em suma, os pensamentos têm, em si mesmos, suas relações de inclusão e de exclusão, sua ordem, suas semelhanças, suas diferenças etc.; por isso, eles não necessitam, de modo algum, do corpo e, consequentemente, não necessitam, de modo algum, da linguagem. Entretanto, os pensamentos só podem se apresentar no universo material caso se manifestem materialmente. Considerando-se o que é a máquina do corpo, essa manifestação será, em primeiro lugar, a voz (a "fala", diz Cordemoy). Resulta daí que as palavras são, essencialmente, signos dos pensamentos; como os pensamentos são organizados em si mesmos, é preciso que seus signos tenham como manifestar essa organização: resulta daí a articulação, a sintaxe, a ordem das palavras etc. Nessas condições, não há propriedades da linguagem; tudo decorre das propriedades do pensamento (principalmente a ordem) e das propriedades do corpo (principalmente a fonia). De resto, é por esse motivo que uma gramática razoada deve ser *geral*: é geral também pelo fato de reduzir a linguagem às propriedades gerais do homem como sendo a união da alma e do corpo[49].

---

49. Du Marsais inverte a proposição: é a linguagem – isto é, de fato, a linguagem como matéria – que impõe a divisão ao pensamento: "nossos julgamentos se dão, primeiramente [...] sem que o espírito divida seu pensamento [...]. Essa divisão do pensamento é uma segunda operação do espírito que ocorre relativamente à elocução" (DU MARSAIS. *Les Véritables Principes de la grammaire et autres textes* – "Fragment sur les causes de la parole". Paris: Fayard, 1987, p. 100 – *Corpus* das obras de filosofia em língua francesa). Nos cartesianos de obediência estrita, o pensamento é, em si mesmo, dividido em ideias e ordenado: cf., entre outros, a resposta de Descartes às objeções de Hobbes contra as *Méditations* e o cap. I da *Logique*, de Port-Royal. Fica, então, para a verdadeira filosofia discernir sobre essa organização interna, que é independente das palavras, mas que as palavras mostram. Resta, evidentemente, que a ordem, na linguagem, pode não ser fiel a essa ordem dos pensamentos: é a famosa querela das Inversões. Notaremos, portanto, que, sob a unidade do programa oriundo da gramática geral, se dissimulam escolhas inversas quanto à teoria do conhecimento. Isso não significa que essa unidade seja factícia; isso significa que ela é indiferente a tais oposições. O mesmo raciocínio pode ser feito a propósito da questão da origem da linguagem: os defensores da gramática geral puderam escolher, sobre esse ponto, hipóteses opostas (comparar, desse modo, Du Marsais e Beauzée na *Encyclopédie*), sem que isso afete o programa como tal.

O mesmo raciocínio pode ser feito sobre outras bases. Caso realmente se queira, é possível interpretar a filosofia natural de Russell da seguinte maneira: considerar que as regras da lógica, aplicadas aos enunciados atômicos, e o princípio de abstração são suficientes para fundar tanto a percepção ordinária quanto o conjunto das ciências. Talvez seja considerar que nada além da lógica das classes é necessário para tratar do conjunto dos fenômenos supostamente inatos. Do mesmo modo, é possível interpretar a máquina de Turing como um dispositivo que representa o conjunto integral dos procedimentos inatos do entendimento humano. Porém, evidentemente, a lógica das classes e a máquina de Turing valem somente por sua generalidade. Caso fossem suficientes para tratar de todos os tipos de inatos e, em particular, da parte supostamente inata da linguagem, então o programa de pesquisa de Chomsky desmoronaria. No mais, Chomsky tem total consciência disso (cf., p. ex., *Aspectos*, p. 89).

Nós só podemos dar razão a ele. Se o inato filogenético na linguagem não é específico da linguagem, não há mais, para a linguística, entendida como ciência da linguagem, o menor motivo para se interessar pelo inato filogenético: bastaria aí uma teoria muito geral, que vale por sua própria generalidade. Quanto a reinterpretar essa teoria geral – lógica das classes, máquina de Turing, abstração extensiva etc. – em termos de evolução, isso será sempre possível e não seria nada além de um episódio a mais somado aos romances pré-históricos. Pois as proposições do tipo "o inato faz parte das informações adquiridas pela espécie no decorrer de sua evolução filogenética" só valeriam caso pudessem ser detalhadas e especificadas. Tanto que, enquanto permanecem nas generalidades, só servem para fixar a imaginação.

É preciso ser mais exigente, ao menos caso se pretenda conservar um conteúdo para o programa neodarwiniano de pesquisa: é preciso mostrar que, entre as propriedades da linguagem que não são adquiridas pelo indivíduo, há algumas que são muito específicas.

Uma maneira de chegar a isso é mostrar que essas características inatas não seguem restrições logicamente necessárias. Isto é, mostrar que isso poderia ocorrer sempre de modo diferente: podemos chamar isso de argumento da contingência.

Mais uma vez, Lorenz tratou da questão: o *a priori* kantiano, tal como é definido por Kant, constitui um conjunto de condições sobre a experiência possível; se essas condições não são satisfeitas, então, segundo raciocina Kant, não há nem experiência, nem fenômeno; o que faz com que, caso isso acontecesse de outro modo, nós não poderíamos nem conceber nem imaginar esse *a priori*. Visto que ele pretende tratá-lo como um órgão (cf. supra, § 3.1.1.2.3), Lorenz não pode, portanto, se contentar em *afirmar* que o *a priori* tem uma estrutura contingente (a isso, um kantiano consequente não teria problemas em responder que a proposição é vazia, já que não se pode tirar disso nenhuma consequência concebível ou imaginável); ele deve fazer mais: deve *mostrar* que o *a priori* poderia ser diferente do que é. Deve mostrar que se pode, ao mesmo tempo, conceber e imaginar raciocínios empíricos que não tenham as propriedades dos raciocínios empíricos humanos: os raciocínios animais, sem dúvida (Lorenz toma o exemplo do musaranho-da-água), mas, sobretudo, os raciocínios de um ser racional fictício[50].

Sim, mas o problema não estaria aí? A partir do momento em que se trata de seres racionais não humanos, só se pode raciocinar por experiência de pensamento, senão por experiência imaginária. Em relação à linguagem, a questão se torna, então, bastante difícil. Evidentemente, as propriedades inatas da linguagem são também universais; para estabelecer que sejam não apenas específicas, mas também contingentes, é preciso mostrar que poderiam ser diferentes do que são. Nesse caso, seria como imaginar uma linguagem tal que nenhum ser falante a fale e nunca a tenha falado. Podemos seriamente indagar se, aqui, não se está excedendo os limites estruturais

---

50. Por exemplo, Lorenz (ibid., p. 110) imagina um ser que não mediria uma determinada massa de água através do número de litros que permite preencher, mas através da pressão que exerce sobre um balão de borracha de um determinado volume. De maneira geral, ele constata que o pensamento humano compreende mais facilmente as grandezas numéricas do que as grandezas intensivas; isso, diz ele, não tem nada de logicamente necessário; é possível supor que se trate de uma propriedade filogeneticamente determinada.

da imaginação. Algumas tentativas podem ser citadas em matéria de semântica e de sintaxe (cf. CHOMSKY. *Aspectos*, p. 48 e 80-81). Seu alcance permanece limitado[51].

De fato, tal como é formulado, o programa da Escola de Cambridge está atravessado por uma contradição: ele parte da hipótese de que a ciência da linguagem deve esclarecer as propriedades ao mesmo tempo inatas, específicas e contingentes de seu objeto; mas, na falta de observatório, deve raciocinar por inferência. Desde então, ele está ligado a uma noção de inato inferencial e não de inato experimental. Ora, a partir do momento em que é retirada sozinha da inferência, a noção de inato dificilmente pode receber características específicas e contingentes. No entanto, a Escola de Cambridge não cessa de apresentar proposições sobre esse ponto. Compreende-se facilmente que sejam inevitavelmente frágeis.

3.2 A cognição

Já que a discussão requer, admitamos que a linguagem seja um órgão; resta determinar como esse órgão funciona. É nesse ponto que a Escola de Cambridge reivindica o programa cognitivista de pesquisa.

3.2.1. Esse programa se deixa resumir da seguinte maneira:
(I) O pensamento é um tratamento da informação; por isso, aliás, preferimos denominá-lo *cognição*; segundo essa terminologia, a ciência cognitiva não é nada menos que uma teoria científica dos processos que dão início, em alguma medida, a uma atividade de pensamento, consciente ou inconsciente: em suma, uma versão possível da psicologia científica que a noção de órgão mental requer.

---

51. As contribuições da ficção científica no domínio das línguas imaginárias não são muito encorajadoras. As línguas supostamente não humanas que encontramos aí não chegam a se diferenciar das línguas humanas. Sobre esses problemas, cf. LARDREAU, G. *Fictions philosophiques et Science-fiction*. Actes Sud, 1988.

(II) O tratamento da informação é uma manipulação de símbolos; ora, reduzidos à sua estrutura abstrata, os computadores realizam somente manipulações de símbolos segundo as regras que os *software* fixam para eles; o funcionamento do pensamento é, portanto, supostamente homogêneo ao funcionamento informático em sua estrutura; e a base material do pensamento – chamemo-la de cérebro – pode ser representada como um computador ou um conjunto de computadores conectados.

(III) As regras que os computadores seguem são de natureza lógica[52].

O programa cognitivista tem uma importância garantida. De um ponto de vista teórico, sua audácia reside essencialmente no ponto (III), o que significa afirmar o seguinte: a lógica ou, ao menos, algumas de suas partes[53] são um instrumento de conhecimento da natureza. Deveríamos reconhecer aí um desenvolvimento do galileanismo; daqui em diante, a matematização da natureza não passa mais somente pela medida, mas também por uma literalização de natureza lógica. Essa possibilidade estava aberta por direito; ela é, agora, explorada nos fatos. Que a lógica permita isso depende evidentemente do que denominamos a matematização da lógica, ela própria: aquilo que Boole chamava de "álgebra" da lógica, ou, mais geralmente, a iniciativa esboçada por Frege e Russell. Graças a esse movimento e graças às definições propostas nos pontos (I) e (II), o cognitivismo pretende integrar, à ciência galileana, dados que, até agora, resistiam a ela: dados ditos "psíquicos", "psicológicos", "mentais" etc.

De um ponto de vista empírico, a implementação do programa apresenta um valor desigual. Entre as realizações mais notáveis, convém citar os trabalhos de Marr, que já mencionamos (cf. supra, § 3.1.1.2.1). É preciso

---

52. É possível encontrar uma apresentação sucinta, porém clara, do programa e da "filosofia" cognitivistas em VARELA, F.J. *Connaître*. Paris: Éd. du Seuil, 1988.

53. Desde os primórdios da informática teórica, a forma pertinente de lógica foi booleana, uma vez que as instruções dadas aos computadores eram de forma sim/não/e/ou. Veremos que, na teoria das transformações gramaticais, as condições são ditas booleanas, e isso desde os primórdios (1956). Uma das problemáticas dessa restrição aparece aqui claramente; trata-se da relação com aquilo que se chamava ainda de cibernética.

citar também a ciência da linguagem: a linguagem, na condição de órgão mental, engaja o pensamento e cai no campo da psicologia científica. Esta última, na versão cognitivista, permitirá, supostamente, compreender que a atividade de linguagem – assim como a atividade de qualquer órgão mental – apenas é a implementação de instruções de natureza informática.

Entretanto, é interessante constatar que várias vias de pesquisa se desenvolveram a partir de um programa aparentemente tão estritamente definido: elas são fortemente diferentes e suas representações se envolvem, seguidamente, em uma violenta competição sociológica. Uma dessas vias é a Escola de Cambridge. É uma das mais antigas; até mesmo se pode considerar que, nos anos de 1960, Chomsky foi um dos pioneiros da abordagem intelectual que devia determinar a evolução das ciências ditas cognitivas. Além disso, acontece que, entre Marr e Chomsky, relações pessoais e intelectuais estavam imbricadas (cf., a respeito disso, o prefácio de *Vision*), que certamente desempenharam um grande papel na construção do cognitivismo. Ainda que a Escola de Cambridge não esteja, necessariamente, hoje, em posição de força nos aparelhos que governam o cognitivismo, sua importância histórica e intelectual não pode ser negada.

3.2.2 A relação que se estabeleceu entre a Escola de Cambridge e o cognitivismo não deveria surpreender. Na verdade, em um tal programa, encontramos vários traços que eram familiares aos teóricos da Escola de Cambridge.

3.2.2.1 Trata-se de uma epistemologia do dispositivo.
É possível, de fato, expressar uma das proposições fundamentais do programa cognitivista da seguinte maneira: "a teoria científica dos processos de pensamento encontra seu dispositivo adequado no computador".
Esse ponto não escapou aos principais representantes do programa; encontramos, desse modo, em Marr, desenvolvimentos que manifestam uma grande consciência do que seria um dispositivo aparentemente tomado

da técnica, em oposição a uma aplicação tecnológica. Segundo esse autor, convém distinguir o que ele chama de *computer theory* ("teoria do computador") de um computador material. Para que uma teoria mereça o nome de "teoria-computador" é preciso e é suficiente, sustenta Marr, que se definam aí as funções *abstratas* características de um computador; não é, de modo algum, necessário que a tecnologia seja capaz de construir um computador material que se comportasse exatamente como se supõe que a teoria-computador se comporte. Esse computador material seria somente a *implementação* da própria teoria-computador; pode acontecer, por diversas razões, que ele não seja realizado e inclusive seja irrealizável[54]. Percebe-se, evidentemente, que a "teoria-computador" não é nada além do que aquilo que chamamos de um dispositivo.

3.2.2.2 Trata-se de uma epistemologia realista. Falar em computador a propósito do pensamento não é, aqui, uma comodidade de linguagem nem uma metáfora; trata-se, sim, de representar processos reais.

3.2.2.3 Trata-se de uma teoria do pensamento: uma psicologia científica. Ora, a Escola de Cambridge sempre sustentou que a linguagem era uma espécie cujo gênero próximo podia justamente se constituir como o conjunto dos processos de pensamento (ou processos mentais ou processos psicológicos etc.). Foi exatamente nesse sentido que ela interpretou a noção saussureana de "faculdade de linguagem": a linguagem é concebida como uma faculdade, ou seja, como uma classe natural de fatos psíquicos.

3.2.2.4 Trata-se de uma teoria formalizante: a noção de tratamento da informação é, em si mesma, uma noção formal, já que se resume a uma

---

54. Encontramos o *status* da máquina de Turing. Segundo os termos de Marr, ela é uma teoria-computador, cuja implementação se revelou difícil, senão impossível, uma vez que pressuporia um suporte infinito.

manipulação de símbolos. Além disso, essa manipulação deve supostamente obedecer a regras de natureza lógica.

Em matéria de linguagem, o cognitivismo pode, portanto, se apresentar como um desenvolvimento natural do gerativismo. Porém, por meio de um deslocamento: o programa gerativista *stricto sensu* não consiste somente em supor que as propriedades da linguagem são intrinsecamente formais; ele repousa, além disso, fundamentalmente, sobre a superposição estrutural de duas demarcações: a demarcação entre o verdadeiro e o falso (problema de decisão) e a demarcação entre o correto e o incorreto. A gramática de uma língua supostamente enumera (gera) todas as estruturas corretas e somente as estruturas corretas dessa língua. Dito de outro modo, o programa gerativista trata, em termos formais, de um fenômeno e de apenas um: o diferencial de língua. O programa cognitivista, por sua vez, é mais amplo; trata de descrever o conjunto das propriedades da língua, sua organização interna (eventualmente seus módulos constitutivos); o diferencial de língua permanece, certamente, no horizonte, como o sólido de referência, mas não constitui mais o objeto exclusivo da teoria[55]. Ao mesmo tempo, a analogia com o problema da decisão perde sua importância teórica. Aí não reside mais o princípio essencial do dispositivo. Por conseguinte, as regras cognitivistas não têm, necessariamente, o caráter extremamente formalista – e provavelmente excessivamente formalista – das regras gerativas. De resto, a diferença salta aos olhos quando se compara o estilo muito matemático que a Escola de Cambridge adotava nos anos de 1960 com o estilo ainda literalizado, mas muito pouco matemático, que tende a adotar atualmente.

3.2.3 O programa cognitivista é sutil; uma vez mais coube a Marr revelar essa sutileza, graças ao que se pode chamar de teoria da dupla implementação. Um ramo da implementação foi mencionado: um programa

---

55. Acrescentemos que as linguagens informáticas são múltiplas e que algumas não seriam gerativas no sentido de Post.

cognitivista pode falar em computadores, em programas, em regras; entretanto, a construção de computadores reais e de programas executáveis por computadores reais não é o essencial. Na verdade, ela é supérflua e depende da implementação tecnológica. O mesmo raciocínio é feito em relação ao corpo: uma teoria cognitivista fala em fenômenos que têm uma base orgânica; entretanto, essa base anatômica ou fisiológica não é o essencial. De fato, é supérfluo construí-la em detalhe: isso também depende da implementação – podemos chamar de uma implementação somática. O único detalhe legítimo a se esperar do dispositivo diz respeito, portanto, às regras que supomos que representam o funcionamento do objeto – linguagem ou visão. Não diz respeito nem ao substrato orgânico nem ao substrato tecnológico. Sem dúvida, um detrator poderia suspeitar, aqui, de alguma facilidade: ao se furtar a entrar nos detalhes materiais do ser vivo ou da máquina, a teoria não se esquivaria dos testes de observação mínimos? O que significa falar, incessantemente, em computação, em cálculo, em algoritmo, em programa, quando não se computa nada, quando não se propõe nenhum algoritmo digno desse nome, nenhuma máquina que funcione? Nós já tivemos a oportunidade de nos interrogar sobre o que significa falar de órgão, quando descartamos, de antemão, qualquer argumento oriundo da anatomia ou da psicologia.

Seja como for, essa doutrina da dupla implementação tecnológica e somática é central no cognitivismo. Ela permite compreender certas características do programa da Escola de Cambridge. O que foi dito em relação à implementação somática resolve, assim, o paradoxo assinalado em 3.1.1.1 e 3.1.1.2.4: a ciência da linguagem supostamente define a linguagem como um órgão e, no entanto, ela se furta a emitir a menor hipótese precisa sobre um eventual substrato anatômico – seja neuronal, celular, sináptico etc. A partir de agora, isso está justificado: a ciência da linguagem constrói somente uma teoria-computador sem implementação anatômica. É verdade que Marr, por sua vez, não se furta a emitir conjecturas sobre a anatomia da visão: sobre os neurônios, os módulos de neurônios, as sinapses, as células que asseguram funções específicas. Em sua própria apresentação, trata-se somente de uma parte secundária de seu trabalho. Não somos obrigados a acreditar nele. Em todo caso, o cognitivismo, em matéria de visão, não é tão "neutro" quanto à implementação somática que o cognitivismo pode (ou deve) ser em matéria de linguagem; isso poderia levar a pensar que, apesar de tudo, os dois cognitivismos não são exatamente semelhantes, e isso porque o objeto de cada um deles não é, teoricamente, construído da mesma maneira. De fato, uma teoria da visão, cognitivista ou não, dispõe de um observatório, de que uma ciência da linguagem, cognitivista ou não, não dispõe. Isso poderia levar também a pensar que Marr reconhece, para as descrições dos seres vivos, um valor de teste que excede a pura e simples implementação, e isso apesar das declarações explícitas que, ao mesmo tempo, beiram à pura e simples fanfarronice.

O que é proposto em relação à implementação informática tem um alcance sociológico evidente. Assim, ficam esclarecidas certas relações conflituosas entre o cognitivismo – e, particularmente, o cognitivismo linguístico – e um outro programa de pesquisa em que o computador desempenha um papel central: a inteligência artificial.

Em relação ao cognitivismo em geral, o programa de inteligência artificial se distingue em dois pontos.

Por um lado, esse programa defende que, na medida exata em que se pode legitimamente falar de uma atividade de pensamento, na medida exata em que a noção de pensamento é definível de maneira precisa e verificável, os computadores pensam. Reciprocamente, recusar que os computadores pensam é querer conservar, para o pensamento, uma definição inexata, imprecisa, inverificável. Em contrapartida, o cognitivismo defende que o pensamento é a manipulação regrada de símbolos, mas não defende, necessariamente, que toda manipulação regrada de símbolos é pensamento. A partir daí, afirmar ou negar que os computadores pensam (ou falam ou desejam etc.) não tem, nessa perspectiva, importância: trata-se de uma pura questão de fraseologia.

Por outro lado, a inteligência artificial defende que o único teste admissível – que permite julgar se uma formalização proposta é válida – é a construção de um computador que execute operações de acordo com essa tal formalização.

Trata-se, portanto, nesse caso, de um programa duplo:

(a) Assim como ocorre no cognitivismo, uma definição do pensamento também é proposta, mas a definição proposta não é exatamente a mesma e não tem exatamente o mesmo *status*[56].

(b) Diferentemente do cognitivismo, o programa diz respeito aos computadores materiais: a inteligência artificial se apresenta como a teoria adequada da técnica dos informáticos. Compreende-se facilmente o motivo pelo qual ela não pode admitir que a informática seja somente uma implementação da teoria-computador. De fato, a própria noção de teoria-computador não pode lhe parecer séria, uma vez que se dá o direito de se esquivar do teste que a realização de um computador material supostamente constituiria, computador esse que se conforma à teoria e "materializa" suas instruções.

Nesse sentido, a Escola de Cambridge suscitou vivas críticas. De fato, poderíamos assinalar, em seu programa, um paradoxo, muito parecido no fundo com o paradoxo do órgão sem anatomia: define-se a linguagem como um processo submetido a regras; essas regras são apresentadas como intrinsecamente semelhantes às regras de um programa informático; e, no entanto, não se mantém nenhuma relação teórica ou prática com a pesquisa informática efetiva. Certamente, aí não há nada além do explicável: uma

---

56. Levada a sério, a inteligência artificial propõe uma definição propriamente *filosófica* do pensamento. Isso pode ser visto, evidentemente, a partir do artigo fundador de Turing: "Computing machinery and intelligence", publicado em *Mind*, em 1950, e seguidamente republicado desde então. Cf., p. ex., NEWMAN, J.R. (ed.). *The World of Mathematics*. Vol. IV. Nova York: Simon and Schuster, 1956, p. 2.099-2.123. De resto, como não aproximar a aliança moderna de palavras: *inteligência artificial* de uma outra aliança de palavras, mais antiga: *autômato espiritual*. É verdade que os representantes oficiais da inteligência artificial se furtam, geralmente, da preocupação de precisão doutrinal que animava Turing, sem falar, evidentemente, em Spinoza ou Leibniz.

apreciação diferente do papel do computador. De fato, se o computador é um dispositivo, a realização tecnológica não importa. Porém, ao mesmo tempo, a utilidade, para os informáticos, de proposições que, entretanto, fazem uso de noções oriundas da informática é nula. Pior: é preciso, aos olhos de alguns, diagnosticar um charlatanismo, senão um abuso de confiança, no fato de usarem um vocabulário informático, sem se submeterem à dura lei da implementação material dos programas.

Consequentemente, um bom número de práticos e teóricos da informática manifestam a mais profunda indiferença e, por vezes, a mais viva hostilidade em relação aos trabalhos da Escola de Cambridge; e isso é particularmente verdade para os representantes da inteligência artificial[57]. É verdade que, às razões superficiais que foram mencionadas, se acrescenta uma oposição mais profunda: a maior parte dos informáticos (teóricos e práticos) não dá nenhuma importância ao *factum linguae*; de fato, o computador é o que, por sua existência, permite contornar as línguas naturais e a linguagem em geral. Ora, para a ciência da linguagem, a linguagem só pode ser um fenômeno incontornável, do qual se trata de compreender as propriedades. A ciência da linguagem cognitivista usará, certamente, o dispositivo informático para descobrir, interpretar, representar essas propriedades, mas, a partir do momento em que a linguagem é tida como um objeto, obtemos o exato contrário de um programa de inteligência artificial.

3.2.4 *Crítica do cognitivismo em matéria de linguagem*

Não poderíamos tratar, aqui, da avaliação do programa cognitivista em seu conjunto. Isso depende de outras competências. Ao menos, é possível examinar o que esse programa engaja quando toma a linguagem por objeto. É verdade que, fazendo isso, seremos impelidos a levantar algumas questões de alcance mais geral.

---

57. Cf., notadamente, os trabalhos de Winograd. É notável que, em seu *best-seller* teórico *Gödel, Escher, Bach*, Hofstadter não sente necessidade de citar o nome de Chomsky, embora evoque tão longamente o problema da linguagem.

Considerando o dispositivo informático e o papel central que é preciso lhe dar no programa cognitivista, compreende-se que tudo repousa em duas noções centrais: a de regra e a de tratamento da informação.

É porque o pensamento está identificado com um tratamento da informação que se pode representá-lo em termos informáticos; além disso, o elemento característico de todo dispositivo informático reside justamente na regra: o computador segue as regras que seu programa lhe impõe; a partir disso, a teoria cognitiva de um processo psicológico consiste em enunciar as regras que o sujeito segue quando executa esse processo. Assim, Marr define a visão como um tratamento de informação e enuncia as regras seguidas pelo sujeito que enxerga. Da mesma maneira, a ciência da linguagem enuncia as regras seguidas pelo sujeito que fala; e deveria definir a atividade de linguagem como um tratamento da informação.

Nessas condições, o exame deve seguir um caminho simples. Para resumir em poucas palavras, caso fosse revelado que nem a noção de tratamento da informação nem a noção de regras são apropriadas quando se trata da linguagem, então, o programa cognitivista perderia o essencial de suas justificativas.

3.2.4.1 Tratamento da informação

Nada é mais fácil do que empobrecer a noção. De fato, por meio de uma definição ampla, qualquer processo, natural ou artificial, psicológico ou material, pode ser, então, apresentado como um tratamento de informação[58]. É evidente que, tomada nesse sentido amplo, a noção não pode servir para fundar o menor programa de psicologia científica. É preciso, portanto, considerá-la de um sentido estrito. É assim que ocorre em Marr. O ponto de partida é uma certa definição da visão: tomada em seu conjunto, a visão

---

58. Por exemplo, Searle faz a seguinte observação: "Imaginemos um curso de água que desceria de uma colina. Podemos descrever perfeitamente a água como se ela tratasse da informação e inclusive utilizá-la para obter informação; p. ex., sobre as linhas de menor resistência dos contornos da colina" (*Du cerveau au savoir*. Paris: Hermann, 1985, p. 69).

é apresentada como uma resposta à pergunta: "o que está onde?"; tomada em seu detalhe, ela é analisada em um vasto conjunto de respostas tratando das aparências do objeto, da sua posição – imóvel ou móvel – no espaço, da sua identidade para si no decorrer de seus deslocamentos ou de suas modificações de formas e, enfim, eventualmente de sua natureza. A referência a Aristóteles é, devemos lembrar, explícita. E, de fato, uma filosofia de tipo aristotélico enumera as questões propostas por um ser vivo e expõe, ao mesmo tempo, o que torna possíveis essas questões e os elementos de respostas; assim, ela se presta, desde o início, a uma apresentação de tipo cognitivista. Na verdade, o mesmo ocorre com toda filosofia natural[59]. Portanto, assim como a Escola de Cambridge pensou, durante algum tempo, ter encontrado o programa de pesquisa de Descartes, o cognitivismo pode querer encontrar o programa de pesquisa de Aristóteles; ele poderia também, de acordo com as circunstâncias e com as escolhas, reivindicar para si Russell, Whitehead, Nicod, Goodman etc.

Uma dificuldade, no entanto, surge: se for preciso, para fundar o programa cognitivista, raciocinar em termos de tratamento da informação e, se for preciso, para raciocinar em termos de tratamento da informação, chegar a formular uma interrogação, então, o que ocorreria com a linguagem? Parece muito difícil chegar a uma questão simples cujo tratamento seria a linguagem. Chegamos, de fato, aqui, à dúvida que havia sido necessário levantar em relação à eventual *função* do órgão linguagem. E isso se compreende facilmente, visto que o programa cognitivista se propõe justamente a descrever, em termos de dispositivo informático, o funcionamento dos órgãos mentais.

Certamente, uma apresentação por tratamento da informação poderia ser apropriada quando se trata do sujeito interlocutor: em um *perceptum* – ouvido ou, eventualmente, lido –, ele deve reconhecer entidades de língua, lexemas, uma sintaxe, uma semântica etc. Tudo isso, de fato, tem exatamen-

---

[59]. Ou seja, com toda filosofia que propõe uma resposta detalhada para a questão da passagem da percepção sensível ao conhecimento.

te a estrutura de uma resposta dada a uma questão simples do tipo: "qual substância perceptível para qual pensamento?"

Porém, o que ocorreria com o sujeito que fala? Que resposta supostamente daria e para qual questão?

Ora, uma ciência da linguagem digna desse nome não pode se contentar em teorizar sobre o reconhecimento de língua; deve também teorizar sobre a produção de língua. Acrescentemos que a Escola de Cambridge fez inclusive valer sua "neutralidade" entre as duas posições; em sua perspectiva, não é necessário escolher entre reconhecimento e produção, os princípios de um são os princípios da outra. Mas, nesse caso, a noção de tratamento da informação seria adequada?

No máximo, poderíamos propor que, por tratamento da informação, compreendemos somente uma manipulação de símbolos: para que haja tratamento da informação, diríamos que é necessário e suficiente que se possa definir configurações de símbolos e que, para cada uma delas, haja uma regra que a produza a partir de uma outra configuração de símbolos. Em suma, é preciso que renunciemos a justificar a noção de tratamento da informação recorrendo-se à estrutura questão/resposta; abandonamos a noção semântica de tratamento da informação, que, no entanto, parecia central no cognitivismo de Marr, em proveito de uma noção estritamente sintática.

Sim, mas a noção de tratamento da informação remete, então, à noção de regra. Consequentemente, essa noção constitui o único e exclusivo fundamento do cognitivismo em matéria de linguagem. Ora, essa noção não é trivial.

3.2.4.2 A noção de regra

3.2.4.2.1 Essa noção apresenta, desde já, uma dificuldade geral, comum a todo o cognitivismo. É possível lembrar, a esse respeito, a crítica de Searle[60].

---

60. Cf. SEARLE, J.R. Op. cit., p. 57-78.

Esse autor propõe uma definição da regra que está estreitamente relacionada a um conhecimento: em seu ponto de vista, para que se possa falar em regra, é preciso que se possa falar de uma atividade que se reconheça, ela própria, como atividade e que conheça a regra (sua existência e seu conteúdo). Não há dúvida de que essa definição corresponde à maior parte dos usos da noção de regra: regras de jogo, regras da arte, regras jurídicas. É possível, portanto, reconhecer aí a *noção comum* de regra (cf. supra, cap. 1, § 5.5).

Ora, admitida essa noção comum, não é possível dizer, salvo por metáfora, que o computador siga regras. Ele é, certamente, determinado, de maneira literal, por seu programa, mas o conteúdo e a significação das regras formais não desempenham nenhum papel em seu funcionamento. Com certeza, visto do exterior, tudo ocorre como se ele seguisse regras, mas isso é uma simples aparência. Em uma passagem, Searle adverte a respeito de uma confusão fácil: sempre pode acontecer de um comportamento humano, teleologicamente orientado, dar a impressão de que uma regra está sendo seguida, enquanto, na verdade, nenhuma regra está em jogo, pelo menos não no sentido da noção comum. Se, quando se trata do homem, é ilegítimo remontar, por inferência, das aparências de comportamento regrado à efetividade de uma regra, tão mais ilegítimo será a mesma inferência quando se trata dos computadores. O fato de suas "ações" serem regradas não pode e não deve levar à conclusão de que eles sigam regras. Para resumir: "no sentido em que os seres humanos seguem regras [...], os computadores não seguem nenhuma regra" (ibid., p. 65).

A resposta do cognitivista será simples: consistirá em questionar a definição de Searle. Certamente, dirá o cognitivista, existe um vasto conjunto de regras que requerem que as conheçamos para que sejam aplicadas; mas existe pelo menos um tipo de regra que não corresponde a essa definição: justamente, as regras da língua. É possível dizer que o computador segue regras no mesmo sentido em que se pode dizer que o sujeito segue regras ao falar e no sentido em que se pode dizer que o escravo do *Mênon* segue as regras da língua grega ao falar grego. Em suma, o *factum linguae* e o *factum grammaticae* são supostamente suficientes para refutar a noção comum de regra e para fundar a noção de "regra desconhecida", da qual o cognitivismo faz uso.

Uma consequência disso: quando fala em regras – ora, e ele não deixa de falar em regras –, o cognitivista não pode evitar se apoiar, explícita ou implicitamente, na ciência da linguagem. Uma nova dificuldade, então, surge: a noção de regra em geral teria recebido, nessa ciência, uma definição empírica e teórica suficiente? A propriedade que se atribui a ela – de poder ser seguida por um sujeito que não a conhece – estaria suficientemente fundamentada?

3.2.4.2.2 Um primeiro mal-entendido deve ser desfeito. Apesar das aparências, o *factum grammaticae* não desempenha aqui um papel tão importante. Com certeza, a noção de regra, em matéria de língua, é oriunda da gramática tradicional, mas esta não pretende propor uma representação realista da atividade de linguagem. Além disso, é possível considerar que a forma da regra não lhe é, de maneira alguma, essencial; é uma comodidade de exposição (cf. supra, cap. 1, § 5.5); e o fato de Post ter recorrido a isso não muda nada no âmago da questão: uma língua ou um uso têm um funcionamento; o gramático pode descrevê-lo sob a forma de regras; todavia, nada diz que essas regras sejam muito mais do que uma convenção adotada por um único gramático. A partir disso, é verdade que as leis do funcionamento de uma língua ou de um uso podem permanecer desconhecidas do sujeito falante, que, no entanto, a elas se conforma; em contrapartida, não é, de forma alguma, evidente, que essa característica se estenda às regras através das quais o gramático descreve essas leis. Certos gramáticos pensavam, ao contrário, que essas regras só existiam na medida exata em que fossem ensinadas e aprendidas. De fato, como se viu, a regra da gramática tradicional se aproxima, seguidamente, da regra artesanal, aquela que é conhecida pelo artesão – ou inclusive da regra do jogo. Portanto, não existe aí, propriamente falando, doutrina da "regra desconhecida", ou, pelo menos, essa doutrina não é uma parte essencial do *factum grammaticae*.

Na realidade, a doutrina da "regra desconhecida" partiu inteiramente da Escola de Cambridge. Esta última, ao propor uma representação realista da atividade de linguagem, afirma, além disso, que essa representação consiste de regras. Nessa hipótese, as regras da gramática tradicional são apenas um reflexo inadequado das verdadeiras regras, que constituem o objeto próprio da linguística. Dito de outro modo, a palavra *regra* permanece, mas a noção evidentemente mudou de alcance; não se trata mais de convenções de representação, nem de regras artesanais de fabricação das frases; trata-se de uma hipótese de dispositivo sobre a natureza da linguagem. Nesse sentido, as regras da gramática cientificamente adequada e as regras da língua são exatamente uma única e mesma coisa: essa é a ambiguidade sistemática que Chomsky já reivindicava em *Aspectos*[61].

Desde então, afirmar que a regra linguística pode ser ignorada pelo sujeito falante no instante mesmo em que ele a segue é, de fato, introduzir uma inovação radical. O alcance dessa inovação se encontra dissimulado pelo fato de que a Escola de Cambridge conservou um nome tradicional: o movimento de pêndulo próprio ao gerativismo contribuiu para embaralhar ainda mais a configuração, dando a pensar, para um público não prevenido, que as noções da gramática tradicional, simplesmente convertidas em conceitos formais pela lógica de Post, permaneceriam praticamente inalteradas quanto a seu conteúdo, na ciência da linguagem.

De fato, a situação deve ficar clara agora: a noção de "regra desconhecida", da qual o cognitivismo faz uso, somente tem um único apoio nas

---

61. "Empregamos [...] a palavra 'teoria' de maneira sistematicamente ambígua, para designar, ao mesmo tempo, a predisposição inata da criança para aprender uma língua de um certo tipo e a apresentação que o linguista faz dela" (*Aspectos*, p. 44). Notaremos que, em Marr, o termo *visão* é, ele também, sistematicamente ambíguo: pode designar tanto a função visual (resposta à pergunta "o que está onde?") quanto o órgão visual (conjunto de dispositivos anatomofisiológicos que permitem a resposta).

ciências, que é o da linguística de Cambridge[62]. O cognitivismo não pode fundamentá-la, e o linguista entraria em um círculo vicioso se lhe pedisse para fazer isso. De modo mais geral, é possível, até mesmo, questionarmos: dado o lugar central da noção de regra no programa cognitivista, o linguista não entraria, de qualquer maneira, em um círculo vicioso a partir do momento em que se vale do cognitivismo para fundamentar o programa da ciência da linguagem?

Evidentemente, o círculo só poderia ser evitado caso o linguista estivesse em condições – sem fazer qualquer apelo ao cognitivismo – de fundamentar seu próprio uso da noção de "regra desconhecida". Ora, não é evidente que ele possa fazer isso.

---

62. O caráter explícito e declarado da regra parece igualmente essencial na doutrina de Wittgenstein (essa é, em todo caso, a interpretação de Kripke: *Wittgenstein, on Rules and Private Language*. Oxford: Blackwell, 1982, p. 31n.: "nós nos ocupamos de regras que são enunciadas explicitamente, como a regra da adição"). Nesse sentido, Wittgenstein se atém à noção comum de regra; a diferença em relação à Escola de Cambridge é total. A posição polêmica de Baker e Hacker (*Language, Sense and Nonsense*. Oxford: Blackwell, 1984) criticando vivamente Chomsky parece, a esse respeito, mais fundamentada em Wittgenstein do que a posição irônica de Bouveresse (*La Force de la règle*. Paris: Éd. de Minuit, 1987, p. 12) ou de Kripke; caso se seja wittgensteiniano, não se pode, em todo caso, se limitar a sustentar, como esse último (ibid.): "Os problemas são multiplicados se, como em linguística, as regras são consideradas como tácitas". Não há apenas complicação acrescida, mas também contradição verdadeira. É possível que a noção de "jogo de linguagem" se justifique da seguinte maneira: só se pode falar em regras em relação às línguas naturais caso essas regras sejam enunciadas explicitamente, como são as regras de um jogo; isso significa tratar este ou aquele dado de língua *como* um jogo, ainda que se saiba que, em sua realidade empírica, o fenômeno de língua não é da ordem do jogo. Reciprocamente, caso não se trate as línguas em termos de jogo, não se pode falar em regras em relação a elas. Em particular, na própria medida em que a ciência empírica da linguagem não considera seu objeto como um jogo, ela não pode usar legitimamente a noção de regra. Uma teoria como a de Chomsky não pode não ser visada por aqueles que adotam tal posição. Acrescentamos que a possibilidade geral de uma ciência empírica da linguagem – quer se expresse ou não em termos de regras – parece, de qualquer maneira, muito pouco conciliável com a doutrina de Wittgenstein. Outro efeito do conceito de "jogo de linguagem" consiste, de fato, em fazer explodir a unidade da linguagem como fenômeno ou inclusive de uma língua particular. Cf., p. ex., *Philosophische Untersuchungen*. I. Nova York: MacMillan, 1953, § 23, p. 11. Porém, nenhuma linguística pode aceitar tal "explosão", o que significa negar o *factum linguae*.

Aí reside o problema fundamental no que tange à regra. O resto – a forma imperativa da regra, a relação de causalidade que se estabelece entre a regra e os fenômenos de linguagem[63] – é detalhe.

Retomemos a crítica de Searle. Em uma lógica estrita, ela deveria levar à recusa de qualquer uso da noção de regra em matéria de língua[64]. O raciocínio poderia ser o seguinte: o sujeito falante dá a impressão de que "respeita" regras ao falar, mas, na realidade, ele se conforma a *leis* objetivas. Com que direito chamaríamos de regras aquilo que o sujeito "respeita" quando fala? Sem direito algum. Tudo o que se pode dizer é que existe um diferencial e que esse diferencial delineia uma configuração fina. Certamente, é possível produzir essa configuração através de uma combinação de regras, expressas, como convém, sob forma imperativa, mas isso se deve ao estilo. Também seria possível expressá-las sob a forma de leis no indicativo[65]. Com certeza, esse indicativo não deveria ser confundido com a constatação do que é observável na realidade material: a demarcação na língua não corresponde sempre à realidade das formas proferidas. Sabemos, entretanto, que é preciso pensar sobre isso: basta raciocinar em termos de universos de língua múltiplos e distintos, em que cada um obedeceria a suas próprias leis. Como estabelecido no cap. 2, § 2.1.4, tal apresentação, por mais metafórica que seja, mostra, evidentemente, que o vocabulário das leis da natureza é

---

63. De fato, a relação causal acompanha a doutrina do dispositivo. Não é, portanto, porque o linguista formula regras que ele atribui a elas uma característica "causal", é porque essas regras supostamente constituem o dispositivo adequado para representar a linguagem.

64. É verdade que Searle (*Du cerveau au savoir*. Op. cit.) não chega a essa conclusão. Porém, é preciso notar, também, que, nessa obra, ao menos, suas observações, no que tange à linguagem e às línguas, não ultrapassam o elementar.

65. Notaremos, *en passant*, o quanto a oposição de Poincaré entre imperativo e subjuntivo é superficial. Incessantemente, as ciências passam de um a outro. Desse modo, a fonologia de Praga não usava o estilo imperativo para expressar os fenômenos, enquanto a fonologia gerativa preferia se expressar em termos de regras. Por exemplo, a primeira dirá: "em alemão, a oposição surda/sonora é neutralizada nas oclusivas em final de palavra"; a segunda dirá: "reescrever o traço [+ sonoro] em traço [- sonoro] nas oclusivas em final de palavra". Certamente, consideradas em seu conjunto, as duas teorias fonológicas não são empiricamente equivalentes, mas, nesse ponto particular, a diferença é estritamente estilística.

pelo menos tão apropriado às necessidades da ciência da linguagem quanto o vocabulário da regra (quer seja oriundo do direito, do jogo ou da tradição gramatical).

O essencial da regra reside na oposição que ela institui entre dois conjuntos de fenômenos, uns possíveis, outros impossíveis, em língua. Essa oposição não precisa ser consciente para ser efetiva; sim, mas concluir, a partir disso, que a noção de regra não inclui a consciência é um dever de princípio. O raciocínio só vale caso se admita, desde já, que a noção de regra é válida a propósito da linguagem. Ora, uma vez mais, nada obriga a isso: a demarcação pertinente pode ser expressa de uma forma totalmente diferente do que em estilo de regra.

De fato, aqueles que preferem ater-se à noção comum e exigir, de uma regra, que ela seja conhecida pelo sujeito que a respeita não podem ser refutados[66]. É verdade que sempre se pode modificar uma definição. Nada impede, portanto, que se defina uma nova noção de regra, totalmente semelhante à noção comum, exceto em um ponto: o conhecimento. No entanto, é preciso perceber, de modo claro, que a modificação é, nesse caso, estritamente arbitrária e que, apesar da opinião corrente, o *factum linguae* não a justifica de modo algum. A consequência é inevitável: só é possível falar em regra em matéria de linguagem caso essas regras sejam explícitas e conhecidas pelo sujeito. Duas vias se abrem aí: ou se admite que o diferencial de língua pode funcionar fora de qualquer explicação; mas, então, ele não consiste em regras e, se há regras, elas são somente uma representação devida aos gramáticos e aos linguistas. Ou se admite que o diferencial de língua consiste em regras, mas, então, se nega que ele possa funcionar fora de uma instância que o explicite: o mestre na escola, na arte, na política

---

66. Vale a pena lembrar, talvez, que Lorenz revelou, no comportamento animal, processos altamente diferenciados, que se deixariam facilmente resumir, eles também, em termos de regras; de resto, a noção de "gatilho" (*trigger*), utilizada pela Escola de Cambridge, em suas primeiras versões, para formular as regras obrigatórias, parece tomada exatamente dos trabalhos de Lorenz. Isso significaria que devemos acreditar na existência objetiva de regras que o animal seguiria, enquanto este é não apenas incapaz de formular qualquer regra, mas também incapaz de as compreender quando são formuladas?

etc. Em suma, não há diferencial de língua independentemente das regras publicamente expressas por um agente de autoridade; dito de outro modo, o diferencial de língua é um artefato.

Evidentemente, essa segunda posição equivale a esvaziar a ciência da linguagem de qualquer conteúdo. O linguista só pode, portanto, se manter na primeira: não há regras da linguagem, mas leis e propriedades que se pode, caso se queira, expressar em *estilo* de regras.

3.2.4.3 É possível questionar o que levou o gerativismo, depois o cognitivismo, a construir a noção, bastante estranha, acima de tudo, de regra desconhecida. De fato, o movimento tem origens profundas. Na verdade, recorrer às regras e ao dispositivo informático só é, no programa cognitivista, a forma particular de uma doutrina mais geral e mais antiga: de que toda atividade que engaja o pensamento repousa sobre uma *teoria* (cf. SEARLE. Ibid., p. 62). Correndo o risco de tomar as noções de maneira excessivamente imprecisa, falar em teoria supõe duas coisas: (I) que sejam empregados não somente conceitos ou ideias, mas conceitos e ideias articulados entre si através de uma dedução e, mais precisamente, através de um raciocínio hipotético-dedutivo; (II) que haja um agente teorizante: quer o chamemos de entendimento, de espírito, de sujeito conhecedor etc.

Na própria medida em que se vai supor uma teoria do sujeito perceptivo, do sujeito falante, do sujeito agente, essa teoria só poderá ser implícita e subjacente. O sujeito, diremos, é perfeitamente incapaz de expô-la ou mesmo é inteiramente ignorante de sua existência, mas ele não a coloca menos em ação. Consequentemente, a atividade de linguagem supostamente repousa em uma teoria implícita; é nisso que consiste a competência. Da mesma maneira, todas as atividades de cognição – visão, audição, tato etc. Vemos, de passagem, que as noções de órgão e de teoria se entrecruzam[67].

---

67. Naquilo que Lorenz propõe em relação ao *a priori*, é possível mesmo dizer que se identificam. Mas é verdade que Lorenz não é cognitivista no sentido estrito do termo.

Assim, a linguagem deve ser concebida como um órgão mental, e a colocação em atividade desse órgão deve ser pensada em conformidade com uma teoria implícita. A essa doutrina geral, o gerativismo, depois o cognitivismo, acrescentaram somente especificações que dizem respeito à forma que é preciso conferir à teoria implícita.

Portanto, se for verdade que, no cognitivismo, a noção de regra desconhecida supostamente repousa, empiricamente, sobre o *factum grammaticae*, tal como, ao menos, a Escola de Cambridge a interpreta, então, é verdade também que, teoricamente, essa noção repousa na doutrina da teoria implícita. Essa doutrina tem antecedentes. Alguns são ilustres: parece apropriado que Leibniz deva ser citado. Entretanto, um ponto deve ser destacado: não há nada que comprove que ela seja exata e, sobretudo, não há nada que demonstre que ela seja testável.

Suponhamos que seja possível desenvolver proposições interessantes no que tange aos mecanismos neuronais, sinápticos etc., das atividades de visão, de audição, de linguagem etc.; não é, de forma alguma, evidente que seja necessário supor que exista realmente, entre essas atividades e o material neuronal (*hardware*) que as realiza, a espécie de programa intermediário (*software*) que a teoria implícita seria. Sem dúvida, pode ocorrer que, para apresentar de maneira inteligível o funcionamento do conjunto, haja o interesse em fazer como se existisse um programa de computador; pode até mesmo ocorrer que haja o interesse em formular as regras deste último. Porém, trata-se aí de uma questão de pura convenção analógica[68].

Quando se trata da linguagem, a situação é ainda mais complicada, pois é preciso distinguir a linguagem e as línguas: sabemos que somente a primeira pode ser dita inata e universal. Suponhamos, então, que se possa enumerar propriedades características da linguagem, não é evidente que essas propriedades devam ser reagrupadas e reformuladas como as proposições de uma teoria que *a espécie* teria formado no decorrer da filogênese.

---

68. Sobre tudo isso, ler as observações céticas de Searle (Op. cit., p. 70-74).

Suponhamos, em contrapartida, que se possa enumerar propriedades características de uma língua, não é evidente que essas propriedades devam ser reagrupadas e reformuladas como as proposições de uma teoria que o indivíduo teria "formado" inconscientemente no decorrer da ontogênese. Enfim, não é muito mais evidente que se deva apresentar as propriedades da linguagem e as propriedades de uma língua seguindo o mesmo modelo.

A Escola de Cambridge defende que as propriedades de uma língua particular são objeto de uma teoria subjacente (uma gramática particular, adquirida) e que as propriedades da linguagem são objeto de uma teoria subjacente (uma gramática universal, inata). Sabemos que a oposição particular/universal não é evidente, não mais do que a oposição adquirido/inato; em contrapartida, destaca-se menos que também não é evidente o uso do mesmo termo *gramática* para a linguagem e a língua. Poderia ocorrer que o dispositivo adequado para representar as propriedades de uma língua seja, efetivamente, da ordem de uma gramática – isto é, de uma teoria –, mas isso justamente porque uma língua é sempre aprendida pelo indivíduo; poderia ocorrer, inversamente, que as noções de gramática e de teoria não sejam adequadas para a linguagem, caso, efetivamente, a linguagem consista no que o indivíduo não aprende.

Quando se trata da aprendizagem individual, é certamente cômodo se expressar em termos de teoria subjacente. É possível fazer uma imagem sedutora disso: diremos, por exemplo, que o indivíduo forma teorias sucessivas, que ele é levado a rejeitar, sobre a base de refutações sucessivas, até chegar a uma teoria estável. Por extensão, é possível igualmente apresentar dessa maneira os diversos "dialetos" ou "usos" que dividem uma comunidade linguística: diremos, assim, que a teoria subjacente ao francês "correto", no que tange ao emprego das preposições *chez* [em] e *à* [a], não é a mesma que a teoria subjacente ao francês "popular". Ou que a teoria subjacente de Martine, no que tange à negação, não é a mesma do que a teoria explícita de Philaminte.

Nada diz, entretanto, que a noção de teoria não seja, aqui, uma simples metáfora.

Para que ela não seja, seria preciso estabelecer que a estrutura hipotético-dedutiva esteja realmente em ação na implementação disso que chamamos ordinariamente de "conhecimento" de uma língua. Sobretudo, seria preciso estabelecer que não se force os termos ao se falar em uma teoria sem sujeito que teoriza conscientemente.

Na verdade, a ciência da linguagem se depara aqui com uma dificuldade que lhe é essencial. O que é saber uma língua? E se trata inteiramente de um saber?

Constatamos que um sujeito que sabe falar francês é capaz de proferir frases que jamais ouviu e de compreender frases que ouve pela primeira vez. Dizemos que essa capacidade se deve a um saber e que esse saber repousa sobre uma teoria subjacente. No entanto, ao dizer isso, o que se fez senão constatar uma capacidade e batizá-la de saber, em um primeiro momento, e de teoria, em um segundo momento? Ora, ao dizer *saber*, o que se fez senão forçar ainda os termos, pois o que é um saber cujo suporte pode não saber que o detém?

Saber, de fato, aqui, não é saber que se sabe. Mas seria possível dizer, então, sem metáfora, o que seja saber? É preciso dizer que a filosofia estruturalista (que deve ser distinguida do programa estruturalista) tinha, à sua maneira, levantado a questão: o que é, com efeito, uma estrutura senão algo que tem todas as propriedades de construção, de dedução, de produção de uma teoria hipotético-dedutiva, menos a suposição de um teorizador? Apesar das aparências, o pensamento não deu um passo à frente nessa questão: quanto ao vocábulo falsamente límpido do programa, das instruções, das regras, seria fácil mostrar que ele sempre equivale a imaginar um pequeno piloto em um grande avião.

É verdade que a ciência da linguagem não é, talvez, obrigada, aqui, a dispor de conceituações claras. Assim como a física newtoniana durante muito tempo usou a atração sem saber o que era, assim como Maxwell não se proibiu de falar em demônio, ela pode conferir, aos objetos de língua, propriedades opacas. Portanto, quando propõe um fragmento, eventualmente abstrato e formalizado, de dispositivo, ela pode deixar em suspenso a questão de saber quem ou o que faz funcionar o dispositivo. Ela pode, inclusive, sustentar que o dispositivo funciona por si mesmo, assim como o universo de Laplace, que não requereria Deus. Muito mais do que dizer "o indivíduo fala segundo uma teoria que ele construiu, mas ignora", ela colocará a própria língua em posição de agente e dirá: a língua francesa calcula, distingue, confunde, apaga, desloca, acrescenta – em uma palavra: age.

Isso significa reencontrar o que teria sido possível dizer, nos anos de 1960, de um sistema de parentesco. Significa também reencontrar o que, antes do desenvolvimento do cognitivismo estrito, certos teóricos da percepção haviam qualificado de processos *raciomórficos*[69]. É possível, com razão, se surpreender com a característica extremamente sofisticada dos "cálculos" aos quais o mínimo sistema perceptivo se dedica. Não é certo que se deva considerar que esses cálculos sejam verdadeiramente obra do indivíduo vivo em que esse sistema perceptivo funciona. Da mesma maneira para os comportamentos animais: a "linguagem" das abelhas não é nem a única, nem mesmo a mais complexa entre eles. Se condutas comparáveis devessem ser reproduzidas por um agente consciente, sobre a base de uma decisão livre e de uma reflexão, elas demandariam, por sua vez, um raciocínio frequentemente árduo. Com certeza, concordaremos, em geral, que as abelhas não agem conscientemente (ainda que o *pathos* antropomórfico

---

69. O termo é de Egon Brunswick: "Scope and aspects of the cognitive problem". In: BRUNER et al. *Contemporary Approaches to Cognition*. Cambridge: Harvard University Press, 1957. Já no século XIX, Helmholtz havia falado em "raciocínios inconscientes" (*unbewusste Schlüsse*), o que era, em sua visão, uma aliança de palavras. Vale a pena, talvez, citar a seguinte frase: "até agora, eu disse constantemente que a representação nos julga, conclui, avalia etc., em contrapartida, eu me abstive de dizer que nós julgamos, concluímos, avaliamos [...]" ("Ueber das Sehen des Menschen". In: *Vorträge und Reden*. I. Braunschweig: Vieweg, 1896, p. 110. Cf. tb. "Die neueren Fortschritte in der Theorie des Sehens". In: Ibid., p. 265-365; notadamente, p. 358ss.). É interessante notar que, para resolver o paradoxo dos raciocínios inconscientes, Helmholtz recorria à filosofia kantiana, anunciando, assim, a releitura do *a priori* que, mais tarde, Lorenz propôs. No mais, o programa de pesquisa de Lorenz, em seu conjunto, é de inspiração helmholtziana: cf. as últimas páginas de "Die neueren Fortschritte". Evidentemente, a relação de Freud com Helmholtz, singularmente no que tange à noção de inconsciente, foi assinalada há muito tempo por Lacan.

tenha, por vezes, estranhos ressurgimentos), mas o problema é mais radical: deveríamos admitir que as abelhas agem de algum modo?

De uma maneira análoga, é possível, com frequência, nos surpreendermos com "raciocínios" complexos que precisamos, aparentemente, supor no sujeito falante. O itinerário, por exemplo, que se conjectura para dar conta de uma frase francesa simples como *les valises montent* ["as malas estão subindo"] ou da passiva não tem nada de trivial. Do mesmo modo, foi possível mostrar que o emprego do reflexivo *se* em francês repousa em procedimentos lógicos muito finos e em uma manipulação sofisticada das noções de identidade, de distributividade e de estratificação dos tipos[70]. No mais, os exemplos comparáveis são abundantes em todas as línguas, e nenhuma é nem mais nem menos sutil do que a outra. Deveríamos, necessariamente, admitir que o indivíduo falante põe em prática os cálculos supostos? Talvez valesse mais a pena considerar que a língua – a máquina de língua – funciona sem maquinista: em todo caso, tal proposição tem, de preferência, mais significação do que a proposição usual. Todavia, isso significa sustentar que a linguagem é mais raciomórfica do que racional.

Quanto mais árduo é o cálculo perceptivo, mais sofisticado é o comportamento e menos se deve supor que o animal esteja em condições de se apropriar da representação dedutiva que seria possível dar dele. Essa é a característica dos processos raciomórficos, que os distingue dos processos racionais. Talvez ocorra exatamente o mesmo com a linguagem: diríamos que não somente o indivíduo não precisa conhecer as "regras" para segui-las, mas também não é necessário que ele as compreenda quando elas lhe são apresentadas. Uma teoria linguística que poucos compreendem não é, necessariamente, inadequada unicamente por essa razão; um sujeito que fala uma língua não domina, necessariamente, os processos formais que, no entanto, essa língua supostamente põe em prática. Porém, não se deve disfarçar as dificuldades: para o animal, deveríamos facilmente aceitar a

---

70. MILNER, J.-C. "De la coréférence à la réciprocité: la sémantique des pronoms réfléchis em français". In: *Ordres et Raisons de langue*. Op. cit., p. 43-66.

separação entre racionalidade que imita o processo raciomórfico e a racionalidade que supomos existir no próprio animal; porém, para o homem, essa separação traz problemas. Em particular: o raciocínio do qual um sujeito consciente é capaz e o processo raciomórfico que ele coloca, eventualmente, em ação quando fala – sem estar consciente disso – poderiam permanecer disjuntos para sempre? Haveria influência do primeiro sobre o segundo? Ou do segundo sobre o primeiro?

Se for verdade que o sistema do reflexivo em francês repousa sobre uma técnica lógica sofisticada, então aquele que faz uso desse sistema usa também essa técnica, sem que seja capaz de explicitá-la ou, até mesmo, de compreendê-la, uma vez que ela é explicitada por outros (por um linguista, p. ex.). Porém, quando o sujeito falante francês aborda questões em que intervém a relação de identidade – e, principalmente, de identidade de si –, seria possível supor que ele raciocina sem ser afetado pela doutrina "oculta" sobre a qual repousa o sistema do reflexivo francês? Quando se considera a frase passiva, convém, para justificar sua possibilidade, construir encadeamentos de processos que são relativamente complexos. Esses processos permitiriam compreender as representações que são usualmente associadas ao par passiva/ativa, ou, ao contrário, a existência desse par no estoque das representações imaginárias contribuiria para deformar a teoria estritamente linguística da passiva? Sabemos que questões desse tipo foram seguidamente apresentadas a propósito do vocabulário e da morfologia. É possível também apresentar questões desse tipo a propósito da sintaxe. Nenhuma resposta preconcebida é admissível; e não se pode considerar o problema como inteiramente resolvido.

4 CONCLUSÃO

Nada do que precede afeta o cognitivismo, considerado em seu conjunto. Nem mesmo fica excluído que um programa cognitivista de pesquisa possa ser definido a propósito da linguagem e, particularmente, a propósito da sintaxe. Também não está descartado que esse programa se revele frutífero: entendemos, por isso, que ele não se limita a marcar, com a etiqueta cognitivista, proposições que a ciência da linguagem já teria apresentado com total independência e que ele permite obter conhecimentos novos e dificilmente predizíveis. Simplesmente é preciso constatar o seguinte: a maior parte das proposições do tipo "a linguagem é um órgão", "a linguagem é inata", "a linguística é uma ciência cognitiva" etc., não recebe, atualmente, nenhum conteúdo claro. Essas proposições não definem nenhum programa de pesquisa digno desse nome. Elas se reduzem a declarações, de natureza essencialmente sociológica, no que diz respeito ao pertencimento da ciência da linguagem às ciências da natureza.

De fato, como seguidamente ocorre, as declarações apressadas criam obstáculos ao que pretendem anunciar. Poderíamos, a esse respeito, lembrar a aventura cartesiana: a identificação da matéria com a extensão devia permitir uma física matemática; ela fundamentalmente a impediu. Seria melhor proceder com mais prudência.

Se for verdade que a linguística pertence ao conjunto das ciências galileanas, se ela puder, exatamente por essa razão, se passar por uma ciência da natureza, então convém, antes de tudo, entrar em acordo a respeito das palavras e a respeito do que elas designam. O galileanismo da ciência da linguagem depende, inteiramente, do caráter empírico e literalizado de suas proposições. Não depende de empréstimos estilísticos tomados do léxico das ciências positivas reconhecidas. O pertencimento da linguagem à natureza depende inteiramente de critérios estruturais; não depende da noção romanesca ou teológica da natureza: é natural aquilo que, no empírico, é literalizável; isso não tem nada a ver nem com os espetáculos sublimes nem com a criação divina.

Portanto, nada impediria que os sistemas de parentesco fossem considerados como uma natureza, supondo somente que uma ciência, ao mesmo tempo empírica e literalizada que os tome por objeto, seja possível. O mesmo ocorreria com a economia, a sociedade, a história, caso elas pudessem possibilitar ciências galileanas. No entanto, um ponto justifica que se aproxime, de maneira privilegiada, a questão do parentesco e a da linguagem: à universalidade da linguagem – considerada como o conjunto das possibilidades formais que se realizam nas línguas diversas – corresponde a universalidade da proibição do incesto, tratada por diversos sistemas de parentesco. Essa analogia estrutural pode assinalar, nesse caso, um cruzamento de problemas. Afirmaremos, portanto, o seguinte: aquele que esclarecer os fundamentos da proibição do incesto esclarecerá, ao mesmo tempo, a natureza da linguagem.

Eis aqui um programa de pesquisa. O futuro dirá se ele diz respeito às ciências biológicas ou às ciências cognitivas ou a outras versões – mais compreensíveis e mais verdadeiramente racionalistas – do galileanismo.

Obras citadas

BADIOU, A. *L'Être et l'évenement*. Paris: Éd. du Seuil, 1988.

BAKER, G.P. & HACKER, P.M.S. *Language, Sense and Nonsense*. Oxford: Blackwell, 1984.

BENVENISTE, É. *Problèmes de linguistique générale* II. Paris: Gallimard, 1974.

_____. *Vocabulaire des institutions indo-européennes*. Paris: Éd. de Minuit, 1969.

_____. *Problèmes de linguistique générale*. Paris: Gallimard, 1966.

_____. *Hittite et Indo-Européen*. Paris: Adrien/Maisonneuve, 1962.

_____. *Origines de la formation des noms en indo-européen*. Paris: Adrien/Maisonneuve, s.d.

BOUVERESSE, J. *La Force de la règle*. Paris: Éd. de Minuit, 1987.

BRUNOT, F. *Histoire de la langue française*. Paris: A. Colin, 1905-1948.

_____. *Observations sur la grammaire de l'Académie Française*. Paris: Droz, 1932.

_____. *La Pensée et la LANGUE*. Paris: Masson, 1926.

BRUNSWICK, E. "Scope and aspects of the cognitive problem". In: BRUNER et al. *Contemporary Approches to Cognition*. Cambridge: Harvard University Press, 1957.

CHANGEUX, J.-P. *L'Homme neuronal*. Paris: Fayard, 1983.

CHOMSKY, N. "Sur quelques changements concernant les conceptions du langage et de l'esprit". In: PAPP, T. & PICA, P. *Transparence et Opacité*. Paris: Éd. du Cerf, 1988.

_____. *Some Concepts and Consequences of the Theory of Government and Binding*. Cambridge: MIT Press, 1982 [trad.: *La Nouvelle Syntaxe*. Paris: Éd. du Seuil, 1987 [Apresentação e comentário de A. Rouveret]].

_____. *Lectures on Government and Binding*. Dordrecht: Foris, 1981.

_____. *Essais sur la forme et le sens*. Paris: Éd. du Seuil, 1980.

_____. *Rules and representations*. New York: Columbia University Press, 1980.

_____. *Dialogues avec M. Ronat*. Paris: Flammarion, 1977.

_____. *Questions de sémantique*. Paris: Éd. du Seuil, 1975.

_____. *The Logical Structure of the Linguistic Theory*. Nova York:, Plenum, 1975.

_____. *Aspects de la théorie syntaxique*. Paris: Éd. du Seuil, 1971.

_____. *Le Langage et la pensee*. Paris: Payot, 1970.

_____. *La Linguistique cartésienne*. Paris: Éd. du Seuil, 1969.

_____. *Structures syntaxiques*. Paris: Éd. du Seuil, 1969.

_____. "The formal nature of language". In: LENNEBERG, E.H. *Biological Foundations of Language*. Nova York, 1967 [trad. fr.: "La nature formelle du langage". In: CHOMSKY, N. *La Linguistique cartésienne*].

_____. "La notion de règle de grammaire". In: *Langages*, n. 4, 1966.

CHOMSKY, N. & HALLE, M. *Principes de phonologie générative*. Paris: Éd. du Seuil, 1973.

CHOMSKY, N. & MILLER, G.A. *L'Analyse formelle des langues naturelles*, Paris/La Haye/Gauthier/Villars/Mouton, 1968.

CURTISS, S.; FROMKIN, V.; KRUSHEN, S.; RIGLER, D. & RIGLER, M. "The linguistic development of Genie". In: *Language*, n. 50, 1974, p. 528-555.

DAMOURETTE, J. & PICHON, E. *Des mots à la pensée*. Paris: D'Artrey, 1911-1950.

DANCHIN, A. *L'Œuf et la Poule*. Paris: Fayard, 1983.

_____. "Note critique sur l'emploi du terme phénocopie". In: *Théories du langage, théories de l'apprentissage*: le débat Chomsky-Piaget. Paris: Éd. du Seuil, 1979.

DARWIN, C. *L'Expression des émotions chez l'homme et chez les animaux*. Paris: Reinwald, 1877.

_____. *De l'origine des espèces*. Paris: Marpon/Flammarion, s.d.

DELEUZE, G. & GUATTARI, F. *L'Anti-Œdipe*. Paris: Éd. de Minuit, 1972.

DUHEM, P. *Le Mixte et la combinaison chimique*. Paris, 1902 [reed.: *Corpus des œuvres de philosophie en langue française*. Paris: Fayard, 1985].

DU MARSAIS, C.C. *Les Véritables principes de la grammaire et autres textes – Corpus des œuvres de philosophie en langue française*. Paris: Fayard, 1987.

FEYNMAN, R. *Lumière et matiere*. Paris: Interéditions, 1987.

FRANZEN, T. *Étude sur la syntaxe des pronoms personnels sujets en ancien français*. Uppsala: Almqvist, 1939.

FREGE, G. *Écrits logiques et philosophiques*. Paris: Éd. du Seuil, 1971.

_____. *Les Fondements de l'arithmétique*. Paris: Éd. du Seuil, 1969.

GAMOW, G. *M. Tompkins explore l'atome*. Paris: Dunod, 1956.

GREVISSE, M. *Le Bon usage*. Gembloux/Paris: Duculot, 1955.

GROSS, M. "On grammatical reference": In: KIEFER & RUWET (eds.). *Generative grammar in Europe*. Dordrecht: Reidel, 1973.

HAASE, A. *Syntaxe française du XVIIe siècle*. Paris: Delagrave, 1914 [trad. de M. Obert].

HAGEGE, C. *La Structure des langues*. Paris: PUF, 1982 [Coll. "Que sais-je ?"].

HALLYN, F. *La Structure poétique du monde*. Paris: Éd. du Seuil, 1987.

_____. *La Religion cosmique des Indo-Européens*. Milão/Paris: Archè/Les Belles Lettres, 1987.

_____. *L'Indo-Européen*. Paris: PUF, 1979 [Coll. "Que sais-je ?"].

HELMHOLTZ, H. *Vorträge und Reden*. Braunschweig: Vieweg, 1896.

HOFSTADTER, D. *Gödel, Escher, Bach*. Nova York: Basic Books, 1979.

HOLTON, G. *L'Invention scientifique*. Paris: PUF, 1982.

_____. *L'Imagination scientifique*. Paris: Gallimard, 1981.

HUMBOLDT, W. *Introduction à l'œuvre sur le kavi et autres essais*. Paris: Éd. du Seuil, 1974.

JAKOBSON, R. *Essais de linguistique générale*. Paris: Éd. de Minuit, 1963.

JOOS, M. *Readings in Linguistics*. Chicago: University of Chicago Press, 1966.

KELLER, H. *Ma libératrice*: Ann Sullivan. Paris: Payot, 1956.

KOYRE, A. *Du monde clos à l'univers infini*. Paris: Gallimard, 1973.

_____. *Études newtoniennes*. Paris: Gallimard, 1968.

_____. *Épiménide le Menteur (ensemble et catégorie)*. Paris: Hermann, 1947.

KRIPKE, S. *Wittgenstein, on Rules and Private Language*. Oxford: Blackwell, 1982.

KUHN, T. *La Structure des révolutions scientifiques*. Paris: Flammarion, 1972.

LAKATOS, I. "Falsification and the methodology of scientific research programmes". In: LAKATOS, I. & MUSGRAVE, A. *Criticism and the Growth of Knowledge*. Londres: Cambridge University Press, 1970.

LARDREAU, G. *Fictions philosophiques et Science-fiction*. Actes Sud, 1988.

LENNEBERG, E.H. *Biological Foundations of Language*. Nova York: Wiley, 1967.

LORENZ, K. *Évolution et modification du comportement*. Paris: Payot, 1984.

_____. *Les Fondements de l'éthologie*. Paris: Flammarion, 1984.

_____. *L'Homme dans le fleuve du vivant*. Paris: Flammarion, 1981.

_____. *L'Envers du miroir*. Paris: Flammarion, 1975.

_____. *Essais sur le comportement animal*. Paris: Éd. du Seuil, 1970.

_____. *L'Agression*. Paris: Flammarion, 1969.

MACH, E. *La Mécanique*. Paris: Hermann, 1904 [reed.: Gabay, 1987].

MARR, D. *Vision*. São Francisco, 1980.

MARTINET, A. *Des Steppes aux océans*. Paris: Payot, 1986.

_____. *Évolution des langues et reconstruction*. Paris: PUF, 1975.

MARX, K. & ENGELS, F. *L' Idéologie allemande*. Paris: Éd. Sociales, 1968.

MEILLET, A. *Introduction à l'étude comparative des langues indo-européennes*. 7. éd. Paris: Hachette, 1934.

_____. "Linguistique". In: *De la méthode dans les sciences*. 2. série. Paris: Alcan, 1911.

MERLEAU-PONTY, J. *Cosmologie du XXe siècle*. Paris: Gallimard, 1965.

MILNER, J.-C. *Introduction à un traitement du Passif*. Paris: Paris-VII, 1986 [Coll. "ERA 642"].

_____. *Ordres et raisons de langue*. Paris: Éd. du Seuil, 1982.

_____. *L'Amour de la langue*. Paris: Éd. du Seuil, 1978.

_____. *Arguments linguistiques*. Paris/Tours: Mame, 1973.

PERRIN, J. *Les Atomes*. Paris: Alcan, 1913.

_____. "Chimie physique". In: *De la méthode dans les sciences*. 2. série. Paris: Alcan, 1911.

POINCARE, H. *La Science et l'hypothese*. Paris: Flammarion, 1902 [reed com Prefácio de J. Vuillemin. Paris: Flammarion, 1968].

_____. *La Valeur de la science*. Paris: Flammarion, 1905.

POPPER, K. *La Logique de la découverte scientifique*. Paris: Payot, 1973.

POPPER, K. & ECCLES, J.C. *The Self and Its Brain*. Springer-Verlag, 1977.

REINACH, S. *Grammaire latine*. Paris: Delagrave, 1886.

ROSENBLOOM, P.C. *The Elements of Mathematical Logic*. Nova York: Dover, 1950.

ROUBAUD, J. "La mathématique dans la méthode de R. Queneau". In: *Atlas de littérature potentielle*. Paris: Gallimard, 1981.

SAUSSURE, F. *Cours de linguistique générale*. Paris: Payot, 1972 [ed. crítica de Tullio de Mauro. Paris: Payot, 1972].

_____. *Mémoire sur le système primitif des voyelles dans les langues indo-européennes*. Leipzig: Teubner, 1879.

SCHOLZ, H. *Mathesis Universalis*. Darmstadt: Wissenschaftliche Buchgesellschaft, 1969.

SEARLE, J. *Du cerveau au savoir*. Paris: Hermann, 1985.

SENDEN, M. *Raum und Gestaltauffassung bei operierten Blindgeborenen vor und nach der Operation*. Leipzig: J.A. Barth, 1932.

STRAKA, G. *Les Sons et les mots*. Paris: Klincksieck, 1979.

TASSY, A. (ed.). "L'Ordre et la diversite du vivant – Quel statut scientifique pour les classifications biologiques? In: *Encyclopédie Diderot*. Paris: Fayard, 1986.

TURING, A. "Computing machinery and intelligence". In: *Mind*, vol. LIX, n. 236, 1950 [republ.: NEWMAN, J.R. (éd.). *The World of Mathematics*. Vol. IV. Nova York: Simon and Schuster, 1956, p. 2.099-2.123.

VARELA, F.J. *Connaître*. Paris: Éd. du Seuil, 1988.

VAUGELAS, C.F. *Remarques sur la langue française*. Paris: Droz, 1934 [éd. de J. Streicher].

WITIGENSTEIN, L. *Philosophische Untersuchungen*. Nova York: MacMillan, 1953.

Index nominum

Althusser, L. 35n., 43, 152
Annaud, J.-J. 260n.
Aristóteles 42, 65, 188, 241, 246, 290
Arrivée, M. 136n.

Bachelard, G. 35n., 36n.
Bacon, F. 139
Badiou, A. 220n.
Baker, G.P. 295n.
Barthes, R. 43
Beauzée, N. 277n.
Benveniste, E. 112, 114, 163, 170, 171, 227n., 263n.
Benzécri, J.P. 121
Bernard, C. 135
Bloomfield, L. 74
Boole, G. 281
Bopp, F. 21
Bourdieu, P. 82, 94, 154, 217, 251
Bouveresse, J. 295n.
Bragg, W.L. 187

Bréal, M. 259
Brunot, F. 86, 127
Brunswick, E. 302n.
Burgess, A. 260n.

Canguilhem, G. 35
Changeux, J.-P. 231n.
Chomsky, N. 17, 18, 20-22, 25, 115, 118, 121, 133n., 154, 167, 168, 206, 232, 249n., 247, 252, 255n., 273n., 278, 280, 282, 288n., 294, 295n.
Cícero 63
Comte, A. 113n.
Condorcet, M. 161n., 253n.
Copérnico, N. 160n.
Cordemoy, G. 277
Cotes, R. 160n.
Culioli, A. 17
Curtiss, S. 268n.

D'Alembert, J. 161n., 253n.
Damourette, J. 86n., 129, 136, 267n.
Danchin, A. 266n.
Darwin, C. 93n., 244n., 259
Deleuze, G. 166n.
Descartes 160, 161, 168, 169, 176, 183n., 185, 252n., 255n., 277n., 290
Duhem, P. 159, 164, 182, 187-191, 193
Du Marsais, C.C. 277n.

Eccles, J.C. 231n., 270n.
Eibl-Eibesfeldt, I. 243, 261n.
Einstein, A. 39
Engels, F. 212n.
Euclides 43, 114

Feynman, R. 187n.
Foucault, L. 184
Foucault, M. 35n., 76,184
Franzen, T. 223n.
Frege, G. 55, 122, 281
Freud, S. 21, 186, 212, 268, 302n.
Frisch, K. 263n.
Fromkin, V. 268n.
Fustel de Coulanges, N. 113

Galileu 18, 27, 136
Gamow, G. 187n.

Goodman, N. 224, 290
Gould, S.J. 203n., 259
Grevisse, M. 80, 97, 128, 131
Gross, M. 136n.

Haase, A. 86n.
Hacker, P.M.S. 295n.
Hagège, C. 73n.
Hallyn, F. 36n.
Harris, Z. 17
Haudry, J. 260n.
Heimroth, O. 242n.
Helmholtz, H. 302n.
Hémon, L. 86n.
Herder, J.G. 114n.
Hertz, H. 186n.
Hilbert, D. 43
Hjelmslev, L. 43, 44, 120
Hobbes, T. 277n.
Hofstadter, D. 231, 288n.
Holton, G. 36, 37, 175, 182n.
Humboldt, W. 62n., 114n.
Husserl, E. 211
Huxley, J. 244

Jakobson, R. 45n., 144n., 146n., 165, 167
Joos, M. 55

Kant, I. 279
Katz, J. 70n.

Keller, H. 268-269
Kelsen, H. 97
Kintzler, C. 253n.
Koyré, A. 27, 29n., 35n.,159n., 160n., 186n., 189n., 199n., 213n.
Kripke, S. 295n.
Krushen, S. 268n.
Kuhn, T. 21n., 35n.

La Bruyère, J. 63
Lacan, J. 150n., 186, 213n., 239, 302n.
Lakatos, I. 30n., 35n., 36
Laplace, S. 108, 302
Lardreau, G. 280n.
Lehrman, D. 258n.
Leibniz, G.W. 109, 143, 287n., 299
Lenneberg, E.H. 231n.
Lorenz, K. 131n., 232, 242-247, 253, 257-259, 261n., 264, 268-270, 279, 297n., 298n., 302n.

Mach, E. 82, 114n., 159-160, 182, 186n., 187, 189, 224, 250
Marr, D. 240-242, 247, 249, 281-286, 289, 291, 294n.
Martinet, A. 45n., 73, 108n., 114n., 146n., 163n., 165, 171, 259, 274
Marx, K. 43n., 212
Maurois, A. 267n.
Maxwell, J. 301

Meillet, A. 21, 110, 113, 114n., 171
Mendel, G. 238, 243, 257
Mênon 102
Merleau-Ponty, J. 157
Metzger, H. 35n.
Mill, S. 216
Miller, G.A. 118n.
Milner, J.C. 52n., 54n., 86n., 217n., 250, 303n.
Molière 85, 87n., 94n.
Molyneux, W. 255, 256
Montague, R. 17
Musgrave, A. 30

Newman, J.R. 287n.
Newton, I. 160-162, 163n., 183n., 185, 219, 250, 253n.
Nicod, J. 290

Obert, M. 86n.
Occam, G. 42n., 198, 208

Papp, T. 168n., 273n.
Pascal, B. 42n., 161n., 183n., 193
Perrin, J. 181, 182, 187, 189, 190, 193
Pica, P. 168n., 273n.
Pichon, E. 86n., 129, 136, 267n.
Platão 102, 271, 276
Poincaré, H. 162n., 182, 183, 296n.
Popper, K. 28, 161n., 231n., 270n.
Post, E. 115, 117-119, 120n., 284n., 293, 294

Proschiantz, A. 270n.
Proust, M. 81n., 86n., 129
Ptolomeu 25, 160n.

Racine, J. 87n.
Reik, T. 213n.
Reinach, S. 216
Ricardo, D. 93n.
Rigler, D. 268n.
Rigler, M. 268n.
Rorty, R. 26
Rosenbloom, P. 117, 118n.
Rosny, J.H. 260n.
Roubaud, J. 123n.
Rouveret, A. 121, 275n.
Russell, B. 122, 224, 278, 281, 290

Saumjan, S.K. 17
Saussure, F. 21, 43, 47, 74, 109, 111-114, 153, 155, 165, 169, 171, 181, 212
Schleiermacher, F. 114n.
Scholz, H. 41, 42n.
Searle, J. 289n., 291, 292, 296, 298, 299n.
Senden, M. 256n.
Shaw, B. 84

Sócrates 192
Spinoza, B. 50, 107, 287n.
Stalin, J. 83
Straka, G. 216
Streicher, J. 86n.
Sullivan, A. 268

Taine, H. 212
Tassy, P. 124n.
Thèbes, M. 212
Teofrasto 63
Troubetzkoy, N.S. 114n.
Turing, A. 179, 278, 283n., 287n.

Valéry, P. 22
Varela, F.J. 281n.
Vaugelas, C.F. 80, 84-87, 94n., 98, 102
Veblen, T. 93
Veyne, P. 226

Whitehead, A.N. 290
Whitman, C.O. 242n.
Whorf, B. 217n.
Winograd, T. 288n.
Wittgenstein, L. 50, 295n.

Index rerum

Adaptação 238
Adjunção 200
"Aller au coiffeur" [ir ao cabeleireiro] (*vs.* "aller chez le coiffeur" [ir no cabeleireiro]) 80, 88-90
Análise (gramatical, linguística) 67, 131-133, 200
  mínima 71; cf. tb. Gramática mínima, Teoria mínima
Apagamento (supressão) 200-202
Apagógicas (demonstrações) 113-114, 129-130
A priori (teoria biológica do) 242-247
Arbitrário do signo 104
Articulação 201
Asterisco 59, 132, 133-134
Autonomia do possível de língua 63-64, 95-96, 139-142

Baconismo (quadro) 177-178
Baixo latim 216
Biologia 228-232, 234
Bricolagem 243

Cartesianismo 160-163, 167-168, 176, 184-185, 252, 277, 305
Categorias (gramaticais) 65, 72-73
Causalidade 175-177, 215-218
  e acontecimento 218-221, 224
  e heterogeneidade 219-220
  e história 225-226
  explicativa 219, 221, 224
  primária 219-220, 223, 225
Ciência 15-16, 27-28
  critérios extrínsecos da 27, 42
  critérios intrínsecos da 27, 41
  dura 209-211
  empírica 29, 44-46, 60, 73
  experimental 30, 136, 144-146

mole 209-210
rígida 210-212
Ciência da linguagem; cf.
    Linguística.
Ciências humanas 16, 21, 43, 212
Cientificismo 16, 18
Classificação linguística 204-207
Código genético 231, 275n.
Cognitivismo (programa
    cognitivista) 280-282
    e dispositivo 282
    e formalização 283-284
    e linguagem 288-306
    e realismo 283
    e teoria do pensamento 283
Comportamento (teoria do)
    242-245
Comportamentos simbólicos
    261-263
Comutação 73, 134, 146
Conceito 32
Concreção 131, 149
Conexão de intriga 226-228
Conexão explicativa 221-222
Conexão mínima (princípio da) 222
Consoantes intervocálicas em
    francês 216
Contingência 147, 279
    e constância das formas de
    língua 111-112
Convencionalismo 191

Corpus (técnica do) 128, 129
Correspondências fonéticas; cf.
    Gramática comparada
Cruzamento (experiência de)
    257-264

Dado 35, 58
Degenerescência 24-26, 36
Denteado (caractere); cf. Linguagem
Deslocamento (movimento) 200,
    202, 207
Dialeto
    e uso 300
    vs. língua 68
Diferencial gramatical 63-67, 146
    e classe ociosa 93
    e divisão social 82-91, 91-92
    e investimento de valor 104
Dispositivo 163-165, 172-175
    e analogia 180
    e arbitrário 193-196
    e astronomia 182-184
    e atração 184-185
    e estruturalismo 164-168
    e fantasmagoria 197
    e gramática comparada 169-173
    e gramática gerativa 166-169
    e hipótese atômica 182n.,
    186-189
    e limitações metodológicas
    197-198

e procedimentos lógicos 177,
  197-198
e programa de pesquisa 179-181
e psicanálise 186
e restrições materiais 197-199
e tecnologia 178-181
e teleologia 202-205
Distância (ação a) 199
Distintividade 93n., 135
Domínio 85, 86
Dupla articulação 274

Efabilidade 70n.
Empírico(a) 29; cf. tb. Realidade,
  Ciência
  e estruturalismo 43
  epistemologia do *minimum* 44,
    255
Epistemologia padrão 41, 42
Escola de Cambridge 19
Estrutura
  profunda 201
Estruturalismo linguístico 15, 16,
  17, 43-44, 45, 72-76, 93, 106,
  115, 134, 135
  e dispositivo 164-168, 198-200
  e epistemologia do *minimum* 43,
    199
Etimologia 109
Etologia comparada 244
  e gramática comparada 245n.

Evolução 257
  das línguas/da linguagem 249,
    259-260
Exemplo 59, 68, 125-136
  caráter/característica analisado(a)
    do 130-132
  caráter/característica contruído(a)
    do 120-128, 130-132
  caráter/característica inventado(a)
    do 127-130
  caráter/característica opositivo(a)
    do 134
  como repetível 135-136
  e acontecimento 137-138
  e documento 136
  e enunciação 126
  e experimentação 138-139, 149
  e paradigmas 134
  e predição 59
  e refutabilidade 133
  e regra 132, 133
  e teste 59, 135
  impossível 129, 132
  inventado 127-128, 129
Experimentação 30, 136-139
  e acontecimento 137-139, 145,
    146
  e ferramentas 147-148
  em linguística 144-146
  função discriminante da 138-139
  sobre a linguagem 264-271

Factum grammaticae 51, 70, 96, 102, 105, 292-294, 299
Factum linguae 50, 288, 292, 297
Factum linguarum 50
Factum loquendi 47
Falseabilidade (falsificador/ falsificação) 29-31, 35
Ferramentas experimentais 147
Forclusivos 85-86, 143n.
Formalismo lógico
   e formalismo linguístico 17-19, 70-71, 106, 115-123

Galileanismo 18, 27, 43, 114, 121, 209-213, 281, 305-306
Gerativo(a), cf. Gramática gerativa
Gramática 15, 60, 61-69, 70, 300
   das línguas clássicas 100, 127-128
   e citações 129
   e divisão social 82-83
   erro de 97
   mínima 148; cf. tb. Análise mínima, Teoria mínima
   noção analógica de 115-118
   normativa e descritiva 78-82
   tradicional 45, 72, 100, 294
Gramática comparada 17, 20, 21, 108-115
   e dispositivo 168-173, 203-205
   e galileanismo 112-115

Gramática gerativa (programa gerativista) 17-20, 22-24, 70, 115, 121, 123, 195
   como programa empírico 120-121
   e cartesianismo 167, 168n.
   e cognitivismo 284
   e dispositivo 166-168

Hipótese gramatical 63, 96, 128

Ideias inatas 168-169
Implementação (teoria da dupla) 284-286
Impossível de língua; cf. Possível de língua.
Inato(a) 251-258, 273-275; cf. tb. Linguagem
   experimental 253, 257
   inferencial 253-255, 271-273
Individualidade lexical 122
Indo-europeu 110, 171-172, 260
Infinito (linguístico) 272
Inteligência artificial 286-287
Intriga 226

Jogo de linguagem 295n.
Julgamento gramatical (julgamento de gramaticalidade) 59, 66, 97, 145
   bivalência do 64, 117-118, 145

e problema da decisão 115, 118
implícito 62

Laringais 163n., 164, 171
Língua 46, 49-55, 57-69
   definição nominalista da 77
   e hereditariedade "epigenética" 265
Linguagem 46, 47-49, 55, 57
   caractere denteado 205
   como específica 233, 275-280
   como inata 233, 251, 258-275
   como órgão 232-234
   como órgão mental 234-237, 249-250
   como *res única* 153, 232, 267
   e experiências de cruzamento 268
   e experiências de privação 265, 268-271
   e filogênese 259-263
   e o inato experimental 264-271
   e o inato inferencial 271-275
   e proibição do incesto 306
   e teoria implícita 302
   e tratamento da informação 289-291
   função da 247-249, 290
   origem da 48, 49
   propriedades sintéticas da 57, 120-122, 273
Linguagem animal 261-263

Linguística
   como ciência da natureza 16, 213-214, 228-230, 305
   como ciência empírica 17, 44-46, 60, 74, 119-121, 136, 144
   como ciência experimental 136, 144-148
   como ciência sem ferramentas 147, 156-157
   como ciência sem observatório 148, 151-157, 162, 164, 190-192, 194
   como *scientia infima* 151, 155
   como *scientia unica* 152, 153, 155, 224
   e biologia 154, 228, 231-234
   e causalidade 215-228
   e circularidade 150
   e cognitivismo 229, 288-306
   e cosmologia 151, 157-158, 163
   e dispositivo 162, 164, 172
   e epistemologia 15, 16
   e hipóteses de substância 190-191
   e hipóteses detalhadas 191-193
   e história 223, 225
   e psicologia 154, 229
   e semiologia 153
   objeto da 46, 55-56
   variabilidade da 211
Linguística industrial 37-41
Linguística para engenheiros 39

Literalização 28-29, 106, 122-125, 210
  e taxionomia 124-125
Leis 41, 142, 143n., 144, 296-298
Luneta astronômica 147

Matematização 28-29, 105, 107,
  121, 123, 164
Metalinguagem 150n.
Modularidade 240-241
Monter [subir] 303
Movimento; cf. Deslocamento.

"Nada se cria, nada se perde" 199,
  202
Natureza 213-214, 305
Negação (sistema da) 84-88, 143n.
Neodarwinismo 230-234
  em linguística 232
Neutralização em alemão 220
Norma (gramatical) 58-60, 64,
  78-79, 95-99

Objetividade linguística 69, 77, 103
Observação (em linguística)
  bruta 73
Observatório 147-149
  ausência de 148, 150-157, 162,
  164, 190-192, 195
Oposição (opositivo(a)/
  opositividade) 134
Órgão 232, 236-241
  e função 238-241, 243, 247-249

e mendelismo 238
mental 234-235
não somático 240-245
somático 234, 238, 240-241
teoria sofisticada do 239, 240, 242

Palavra 75
Paradigma 134
Partes do discurso 32, 76
Passiva 303
Possível de língua (impossível
  de língua) 63, 64, 96-97, 139,
  141-142
Predição 30
  e exemplo 59
Primeiro observador (tema do) 72
Princípio de separação das
  representações 175
Privação (experiência de) 258, 265,
  268-271
Produtivismo linguístico 92-95
Profissões delirantes 22
Programa (de pesquisa) 34-35
Projeção (máxima) 122
Pronome reflexivo em francês 303
  sujeitos átonos em francês 51-53,
  223n.
Propriedades analíticas (sintéticas)
  46, 57
Psicologia científica 283

/r/uvular em francês 218n.
Raízes; cf. Indo-europeu, Gramática comparada
Raciomórficos (processos) 302
   na linguagem 303-304
Realidade empírica 31, 191
Realismo 77, 78, 159
   detalhado 159, 192, 195, 196
   e refutabilidade 191
   hipotético 250
   provisório 161-162
Refutabilidade (refutação) 30, 35, 106
   e bivalência 145, 146
   e exemplo 132-133
Regra 58
   compreensão (*vs.* extensão) de uma 207
   desconhecida 293-295
   gramatical 67, 99-101, 293-294
   não gramatical 99-101
   noção comum de 291-298
   vs. lei 142, 298
Ritualização 244

Saber (uma língua) 301-302
Schibboleth 62
Semiologia geral 153
Separação de repartições; cf. Princípio de separação das representações
Sobredeterminação 219, 222n.

Sólido de referência (gramatical) 78, 91-96
Substância 31
Supressão; cf. Apagamento

Tábula rasa (doutrina da) 251, 254
Taxionomia 124-125, 203, 230, 238, 244, 246
Teste 30
   e exemplo 59, 134-136
Teoria mínima 35
Teoria-computador (*computer theory*) 283, 286-288
Théma (*themata*) 36, 175
Tradição gramatical 60, 62, 71-72, 74-78, 125, 127, 130, 132, 154
   filtragem empírica da 71, 72, 76-77
   história da 76
Transformacionalismo (teoria transformacional, gramática transformacional) 24, 196, 200-202, 204-207
   e astronomia de Ptolomeu 25
   especificado 206
   evolução do 206-208
   indeterminado 206-207
Transformações 24
Tratamento da informação 289-291
Tratamento de texto 40

Uso 97, 141-144, 300
   bom 80-82
   como universo de língua
     142-144, 296
   princípio sanitário relativo ao
     141-144

Variação; cf. Experimentação
Visão (teoria da) 240-241, 285-286, 289
Vestígios 202

Coleção de Linguística

- *História concisa da língua portuguesa*
Renato Miguel Basso e Rodrigo Tadeu Gonçalves

- *Manual de Linguística – Fonologia, morfologia e sintaxe*
Luiz Carlos Schwindt (org.)

- *Introdução ao estudo do léxico*
Alina Villalva e João Paulo Silvestre

- *Estruturas sintáticas*
Noam Chomsky

- *Gramáticas na escola*
Roberta Pires de Oliveira e Sandra Quarezemin

- *Introdução à Semântica Lexical*
Márcia Cançado e Luana Amaral

- *Gramática descritiva do português brasileiro*
Mário A. Perini

- *Os fundamentos da teoria linguística de Chomsky*
Maximiliano Guimarães

- *Uma breve história da linguística*
Heronides Moura e Morgana Cambrussi

- *Estrutura da língua portuguesa – Edição crítica*
Joaquim Mattoso Camara Jr.

- *Manual de linguística – Semântica, pragmática e enunciação*
Márcia Romero, Marcos Goldnadel, Pablo Nunes Ribeiro e Valdir do Nascimento Flores

- *Problemas gerais de linguística*
Valdir do Nascimento Flores

- *Relativismo linguístico ou como a língua influencia o pensamento*
Rodrigo Tadeu Gonçalves

- *Mudança linguística*
Joan Bybee

- *Construcionalização e mudanças construcionais*
Elizabeth Closs Traugott e Graeme Trousdale

- *Introdução a uma ciência da linguagem*
Jean-Claude Milner

CULTURAL
Administração
Antropologia
Biografias
Comunicação
Dinâmicas e Jogos
Ecologia e Meio Ambiente
Educação e Pedagogia
Filosofia
História
Letras e Literatura
Obras de referência
Política
Psicologia
Saúde e Nutrição
Serviço Social e Trabalho
Sociologia

CATEQUÉTICO PASTORAL
Catequese
 Geral
 Crisma
 Primeira Eucaristia

Pastoral
 Geral
 Sacramental
 Familiar
 Social
 Ensino Religioso Escolar

TEOLÓGICO ESPIRITUAL
Biografias
Devocionários
Espiritualidade e Mística
Espiritualidade Mariana
Franciscanismo
Autoconhecimento
Liturgia
Obras de referência
Sagrada Escritura e Livros Apócrifos

Teologia
 Bíblica
 Histórica
 Prática
 Sistemática

REVISTAS
Concilium
Estudos Bíblicos
Grande Sinal
REB (Revista Eclesiástica Brasileira)

VOZES NOBILIS
Uma linha editorial especial, com importantes autores, alto valor agregado e qualidade superior.

PRODUTOS SAZONAIS
Folhinha do Sagrado Coração de Jesus
Calendário de mesa do Sagrado Coração de Jesus
Agenda do Sagrado Coração de Jesus
Almanaque Santo Antônio
Agendinha
Diário Vozes
Meditações para o dia a dia
Encontro diário com Deus
Guia Litúrgico

VOZES DE BOLSO
Obras clássicas de Ciências Humanas em formato de bolso.

CADASTRE-SE
www.vozes.com.br

EDITORA VOZES LTDA.
Rua Frei Luís, 100 – Centro – Cep 25689-900 – Petrópolis, RJ
Tel.: (24) 2233-9000 – Fax: (24) 2231-4676 – E-mail: vendas@vozes.com.br

UNIDADES NO BRASIL: Belo Horizonte, MG – Brasília, DF – Campinas, SP – Cuiabá, MT
Curitiba, PR – Fortaleza, CE – Goiânia, GO – Juiz de Fora, MG
Manaus, AM – Petrópolis, RJ – Porto Alegre, RS – Recife, PE – Rio de Janeiro, RJ
Salvador, BA – São Paulo, SP